Beiträge zur
Dialogforschung

Band 7

Herausgegeben von Franz Hundsnurscher und Edda Weigand

Modellbildung für die Auswertung der Fokusintonation im gesprochenen Dialog (MAFID)

Herausgegeben von
Jaap Hoepelman und Joachim Machate

Max Niemeyer Verlag
Tübingen 1994

Die Deutsche Bibliothek – CIP-Einheitsaufnahme

Modellbildung für die Auswertung der Fokusintonation im gesprochenen Dialog (MAFID) / hrsg. von Jaap Hoepelman und Joachim Machate. – Tübingen : Niemeyer, 1994
(Beiträge zur Dialogforschung ; Bd. 7)
NE: Hoepelman, Jakob [Hrsg.]; GT

ISBN 3-484-75007-3 ISSN 0940-5992

Printed in Germany.
Druck: Weihert-Druck GmbH, Darmstadt
Buchbinder: Industriebuchbinderei Hugo Nädele, Nehren

Inhaltsverzeichnis

Vorwort

In der Zeit vom 01.03.1988 bis 28.02.1991 wurde am Fraunhofer Institut für Arbeitswirtschaft und Organisation in Stuttgart mit Unterstützung der Deutschen Forschungsgemeinschaft (DFG) ein Forschungsvorhaben zur Entwicklung eines integrierten Modells für die Auswertung der Fokusintonation im gesprochenen Dialog durchgeführt. Diese Entwicklung fand statt im Rahmen des DFG-Schwerpunktprogramms „Modelle und Strukturanalyse bei der Auswertung von Bild- und Sprachsignalen". Das Forschungsvorhaben widmete sich der Modellbildung für ein sprachverstehendes Dialogsystem unter besonderer Berücksichtigung der durch die Intonation signalisierten Fokussierung im Satz. Fokussierung im Satz ist ein Phänomen, das besonders im zwischenmenschlichen Dialog oder Informationsaustausch eine große Rolle spielt. Mit ihr werden die wichtigsten oder auch neuesten Bedeutungselemente von Äußerungen hervorgehoben und ihre logische Rolle im Satz klargestellt. Die Fokussierung sollte einerseits auf der prosodischen Ebene erkannt, andererseits sollte ihre steuernde Wirkung auf der semantischen Ebene im natürlichsprachlichen Dialog analysiert werden. Für die Fokuserkennung auf prosodischer Ebene wurde eine neuentwickelte und an neues Intonationsmodell verknüpfte Methode der Interpretation tonaler Bewegung im akustischen Signal verwendet. Die semantische Funktion des Fokus wurde im Rahmen der Theorie der Dialogspiele behandelt. Dementsprechend gliederte sich das Forschungsprojekt, mit Namen MAFID (Modellbildung für die Auswertung der Fokusintonation im Dialog) in zwei Teilbereiche, deren Integration eines der Hauptziele des Projekts war. Zum einen wurde ein Algorithmus zur Erkennung der Fokusakzente eines gesprochenen Satzes entwickelt und implementiert (Bannert, Schmidt, Smude) und zum anderen wurde ein Modell zur Interpretation der Fokusintonation entworfen (Machate, Schnitzer, Hoepelman) und implementiert (Machate, Nitsche). Darüber hinaus wurde das MAFID-System um einen Spracherkenner für kontinuierlich gesprochene Sprache und um ein Sprachausgabesystem erweitert, so daß nicht nur ein Ansatz zur Behandlung der Fokusintonation seitens des Systems gezeigt werden konnte. Nach unserem Wissensstand ist das Ergebnis des Projektes, die prototypische Implementierung eines Sprachdialogsystems, das in der Lage ist die Information, die in der intonatorischen Fokussierung enthalten ist, im Dialog korrekt zu verarbeiten, hier zum ersten Mal geglückt. Wie auch die Organisation der ELSNET "Summer School in Prosody" im Juli 1993 in London gezeigt hat, wird immer mehr anerkannt, daß die Prosodie ein Schlüsselelement in der Spracherkennung darstellt. Dies hat uns ermutigt den zum Projekt MAFID gehörenden Arbeitsbericht einer breiteren Leserschaft in der vorliegenden Form zugänglich zu machen. Der folgende Bericht teilt sich entsprechend den behandelten Teilbereichen in die Teile „Intonationserkennung", „Übersicht über linguistischen Ansätze in der Fokustheorie", „Interpretation der Fokusintonation" und in ein weiteres Kapitel zur Implementierung der entwickelten Verfahren.

April 1994 — Jaap Hoepelman

1. Intonationserkennung

Seit längerer Zeit herrscht in der Phonetik und der Perzeptionsforschung allgemein Übereinstimmung darüber, daß gesprochene Sprache durch die Prosodie strukturiert wird, was dem Hörer die Verarbeitung des ankommenden Sprachsignals erleichtert. Dies geschieht durch die zielgerichtete prosodische (tonale und temporale) Aufteilung der Lautketten in Takte und prosodische Einheiten (Phrasen), deren Teile aber gleichzeitig tonal zusammengehalten werden. Prosodie umfaßt den Rhythmus und die Melodie (Intonation) der gesprochenen Sprache. Unter dem Sprachrhythmus versteht man die temporale Struktur von Segmenten und Silben. Die Intonation, die sich akustisch als Variation der Grundfrequenz (Fo) manifestiert, umfaßt im Deutschen erstens die Wortintonation, die sich im Wortakzent einer Silbe des Wortes oder Taktes äußert und zweitens die Satzintonation, die die größere Ebene des Satzes oder die Äußerung als Domäne hat und die den Satztyp, den Fokus, die Phrasierung und die Textverknüpfung signalisiert.

Der Fokus markiert das bedeutungswichtigste Wort einer Äußerung. Fokussierte Wörter sind also die semantischen Stützpfeiler sprachlicher Kommunikation. Der Fokus wird auch im Deutschen durch verschiedene phonetische Mittel signalisiert: in erster Linie tonal (Bannert 1983), aber auch temporal, spektral und durch höhere Intensität. Auf Grund seiner kommunikativen Bedeutung kommt dem Fokus eine wichtige Rolle bei der Spracherkennung zu. Seine deutliche phonetische Ausprägung macht ihn zum geeigneten Kandidaten experimenteller Arbeit.

Wörter und Silben in gesprochenen Sätzen scheinen dem Hörer unterschiedlich stark hervorzutreten. Ohne uns in die unübersichtliche Diskussion über Hervorhebung (stress) usw. zu begeben, wollen wir feststellen, daß die als deutlich hervorgehobenen Silben im Deutschen auf eine klare Bewegung der Fo zurückzuführen sind, die sich in dieser Silbe direkt vor oder nach der hervorgehobenen Silbe vollziehen kann. Damit sagen wir wie Bolinger (1958, 1972), daß jedem als akzentuiert aufgefaßten Wort in deutschen Äußerungen ein Wortakzent zugrunde liegt. Synonym für den Begriff Wortakzent benutzen wir den Ausdruck Fokusakzent, da alle wortakzentuierten Wörter der Dialogtheorie nach fokussiert sind. Somit kann eine Äußerung einen oder mehrere Fokusakzente enthalten. Die Wertigkeit von Kontrast und Emphase sowie die Frage des Hauptakzents im Deutschen (von Essen 1956) werden hier ausgeklammert.

Die prosodische Strukturierung des Sprachsignals ist auch in die Spracherkennung integriert worden. Für das Amerikanische verwendeten Lea et al. (1975) in der Voranalysestufe ihres Spracherkennungssystems eine allgemein-prosodische Komponente, die u.a. Energie und Grundfrequenz extrahiert. An Hand der Eigenschaften der „Gesamtprosodie" werden die betonten Silben, d.h. die durch den Wortakzent hervorgehobenen Silben, bestimmt. Der Fokus als Exponent der semantisch-tonalen Hauptbeziehung wird dabei aber nicht behandelt.

Für eine Reihe von Sprachen liegen Intonationsmodelle vor. Ausgehend von einer linguistisch definierten Eingabe, generieren sie mit Hilfe von phonologischen und phonetischen

Regeln und Algorithmen die Intonation von Äußerungen. Als Beispiele solcher Modelle seien genannt: für das Amerikanische Pierrehumbert (1980), für das Niederländische 't Hart und Cohen (1973), für das Schwedische Bruce (1977) und Gårding (1983) und für das Deutsche Bannert (1983a, 1985b).

Wortakzente äußern sich als markante Bewegungen der Fo im Sprachsignal. Fo-Bewegungen sind in verschiedener Hinsicht untersucht worden. Allerdings haben diese Arbeiten nur einen indirekten Bezug zu unserem Vorhaben der Fokuserkennung. Die kleinsten hörbaren Tonunterschiede (JND = just-noticeable difference) zwischen Tönen und Klangspektren haben Klatt (1973) und 't Hart (1981) in eher psycho-akustischer Zielsetzung geprüft. Eine zusammenfassende und kritische Stellungnahme zur tonalen Deklination in Äußerungen geben Cohen et al. (1982). Direkt linguistisch relevante Fo-Bewegungen sind der Gegenstand der Arbeiten von Aull und Zue (1985), die die Bewegungen der Wortakzente bei der Erkennung großer Lexika mit gutem Erfolg heranziehen.

Voraussetzung für die Auswertung der Fo und deren Struktur ist die Bestimmung der Fo (pitch extraction) aus dem Signal. Hierfür gibt es eine Reihe von verschiedenen Algorithmen und Methoden, von denen jedoch noch keine vollendet ist, vgl. z.B. die übersichtliche Besprechung von Hess (1982). Das Hauptproblem liegt in der Genauigkeit der Analyse, d.h. in der Vollständigkeit der analysierten Fo-Kurve in jedem Punkt, die besonders an den Grenzen von Sonorant und Obstruent nur selten gegeben ist. Dies sollte jedoch für die eigentliche Erkennung der Fokusakzente kein Hindernis sein, da wir für die Erkennung der relativ großen Tonbewegungen des Fokus nicht auf jeden Punkt der Kurve angewiesen sind.

Bis jetzt ist unseres Wissens nach die wichtige Information des Fokus bei der Wort- und Spracherkennung noch nicht genutzt worden. Nach den bisher vorliegenden Fo-Analysedaten zu urteilen, müßten die deutlich ausgeprägten tonalen Bewegungen der Wortakzente eine sichere und zuverlässige Information über die Fokusstruktur von Äußerungen darstellen. Ebensowenig ist uns eine Integration der Fokuserkennung mit der semantisch-syntaktischen Dimension der Sprache bekannt. Aus diesen Gründen bietet es sich geradezu an, in einer innovativen Arbeit den modellbildenden Versuch zu unternehmen, die rein tonale Information im Sprachsignal für ein computer-implementiertes System des gesprochenen Dialogs auszuwerten.

1.1 Die Grundfrequenz (Fo) als akustisches Mittel der Fokussierung

Grundlage und theoretischer Ausgangspunkt für die Erkennung von Fokusakzenten im Deutschen ist die akustisch-phonetische Modellskizze für die deutsche Prosodie. Die darin enthaltene Intonationskomponente generiert in Regelschritten die Grundintonation von einfachen Äußerungen vom Satztyp Frage und Antwort (Bannert 1983a, 1985a, b). Der Fokus, der im Hauptakzent oder Schwerpunkt der prosodischen Phrase seinen Niederschlag findet, erfährt dort ebenfalls seine theoretische und phonetische Würdigung. Auf die Zusammenhänge zwischen den tonalen und temporalen Dimensionen des Fokus wird in den Arbeiten von Bannert

(1979, 1982, 1986) eingegangen. Grundfrequenzverläufe von Antworten und Fragen mit dem Fokus in verschiedenen Positionen zeigt Abbildung 1.

Die Abbildung zeigt abgezeichnete und überlagerte Fo-Kurven des Satzes „Der französische König war ein launischer Geselle", gesprochen als Aussage, Echo- und Informationsfrage. Der Fokusbereich des Satzes wurde durch geeignete Kontexte schrittweise verringert. Der größte Fokusbereich umfaßt jeweils den ganzen Satz, in dem ein Fokusakzent jeweils auf die vier Inhaltswörter fällt (unterstrichen). Im kleinsten Bereich hat nur noch das Wort „französische" den Fokusakzent. Jeder Fokusakzent zeigt sich also deutlich durch eine Fo-Bewegung (Anstieg, Fall) in der Kurve. Dies gilt für die Antwort, die mit einem tiefen Ton endet, aber auch für die Fragen, die mit einem hohen Ton enden. Dieser Fokusakzent ist nicht identisch mit dem Kontrastakzent oder der Emphase (Bannert 1985b).

Ein tonales Charakteristikum des Deutschen ist die Tatsache, daß nach dem letzten Fokusakzent keine tonale Bewegung in der prosodischen Phrase mehr folgen kann. Der eventuell folgende Rest der Tonkurve verläuft als schwach geneigte Fo-Deklination bis hin zum Tiefpunkt bei Antworten. Dieser tonale Tiefpunkt weist für jeden Sprecher einen typischen und überraschend konstanten Wert auf.

Ein zweites, für unsere Belange wichtiges Charakteristikum des Fokus ist seine Verknüpfung mit dem Wort (der lexikalischen Einheit), da der Fokus im Tonakzent des Wortes manifestiert wird. Die akzentuierte Silbe wiederum ist im Deutschen stark durch die morphologische Struktur der lexikalischen Einheit, die oft strukturell komplex ist, determiniert. Der Wortakzent trifft normalerweise die Stamm- oder Wurzelsilbe, oder ein akzentuierbares Affix (Bannert 1987). Durch die Verknüpfung von Fokus und Wort über dem Wortakzent liegt eine direkte Beziehung vor, die bei der Worterkennung von großem Nutzen sein kann.

Wenn auch grundlegende Erkenntnisse über die tonale Manifestation des Fokus im Rahmen eines generativen Intonationsmodells für das Deutsche vorliegen, zeichnen sich doch noch deutliche Wissenslücken ab. Ein solches unerforschtes Gebiet liegt in den komplexen Beziehungen zwischen der prosodischen Domäne des Fokus und der syntaktischen Struktur der Äußerung vor. Hier hinein fällt auch die Frage nach einfachem oder/und multiplem Fokus, ebenso wie die Frage nach der Größe und Definition der tonalen Grundeinheiten. Ein zweites zu erforschendes Gebiet ist die Kontextabhängigkeit des Fokus, d.h. die Beziehungen von Wortakzent, Fokus, Phrasenton usw. und deren Zusammenwirken mit der Silbenstruktur von Takten, Phrasen und tonalen Einheiten.

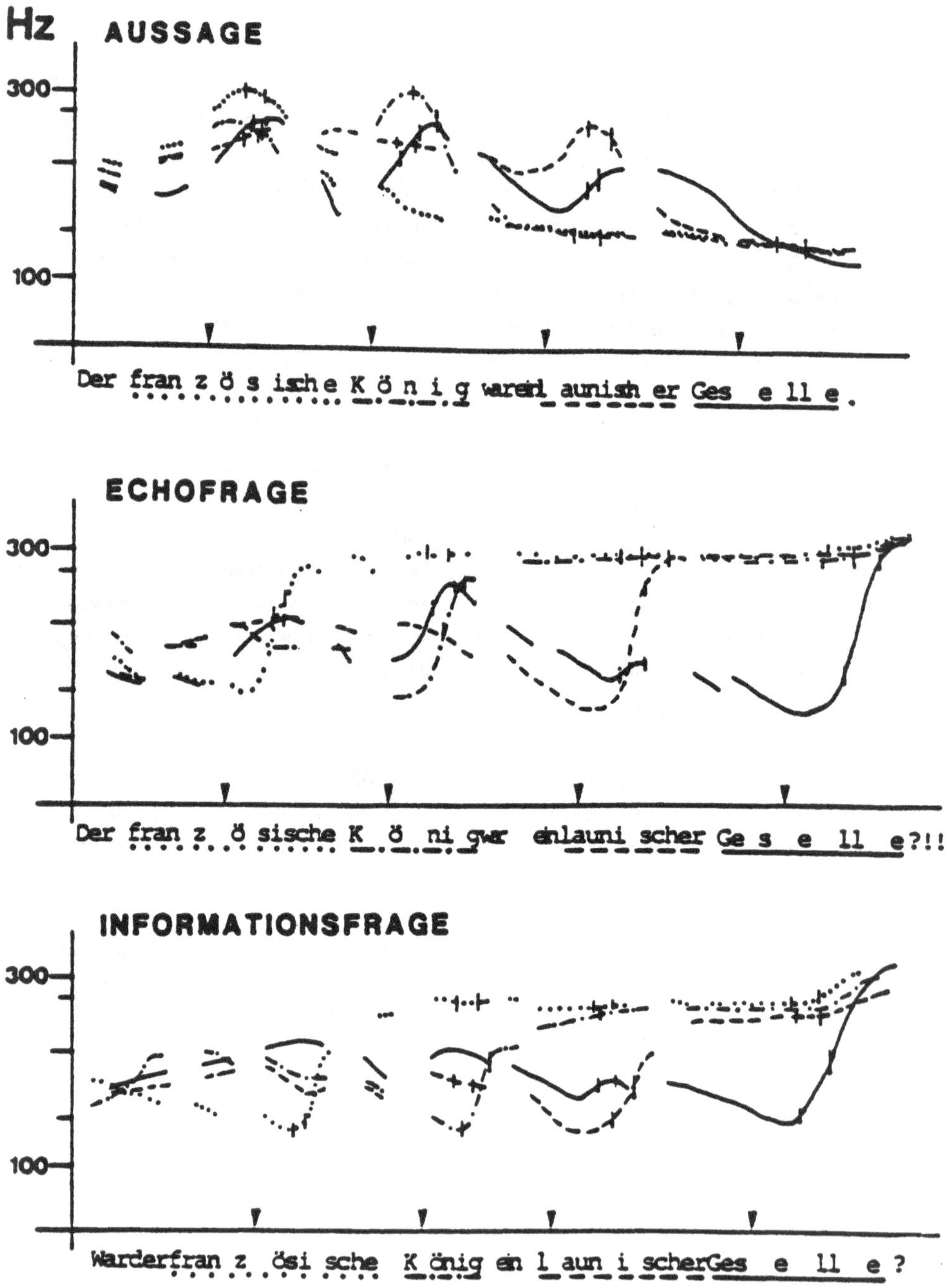

Abb. 1: **Überlagerte Fo-Kurven von abgeschlossenen und nicht abgeschlossenen Äußerungen: Antworten oben, Fragen Mitte und unten, mit dem Fokus in verschiedenen Positionen**

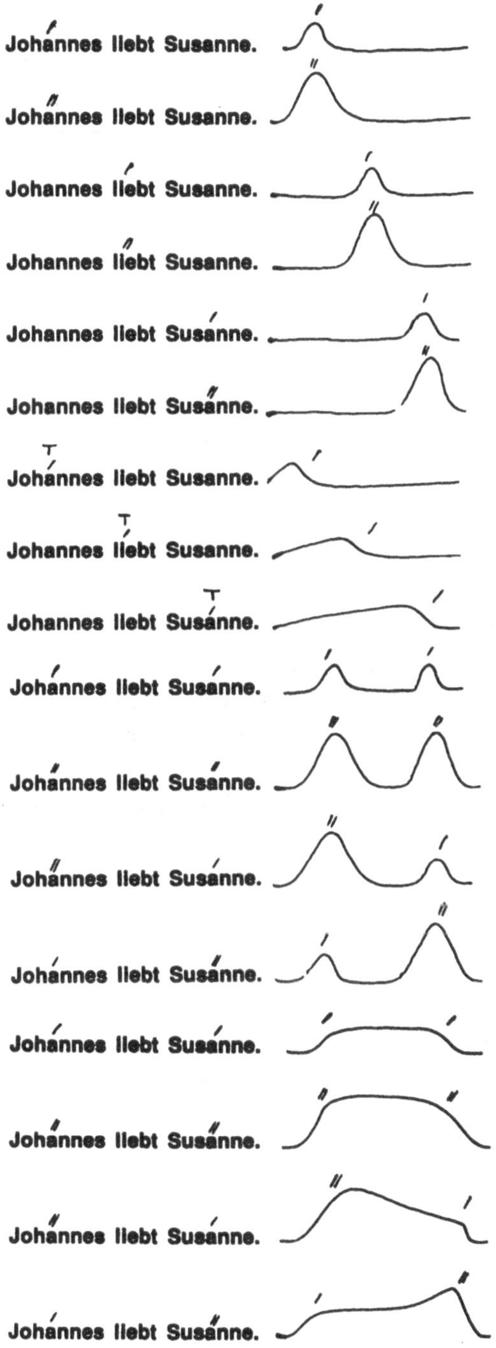

Abb. 2: **17 Intonationstypen des Satzes „Johannes liebt Susanne.“**

1.2 Akzent- und Intonationsmuster

Ein syntaktisch eindeutig definierter Satz tritt in verschiedenen Kontexten mit unterschiedlicher Prosodie, z.B. in Bezug auf das Akzentmuster und die Intonation, auf. Um dies zu beleuchten, gehen wir von folgendem einfachen Aussagesatz aus:

(1) Johannes liebt Susanne.

Die große Zahl der Akzentuierungsmöglichkeiten dieses Satzes läßt sich durch Variation folgender Parameter systematisch aufzeigen:

- Art des Wortakzents: Gipfelakzent
  Brückenakzent
- Form des Akzents: Hochakzent
  Tiefakzent
- Zahl der Akzente im Satz und deren Distribution
- Sprechart: normale, sachliche (Vorlese-) Intonation
  emphatische Intonation

Von den zahlreichen Möglichkeiten haben wir 17 Akzent- und Intonationsmustern für Beispielsatz (1) ausgewählt, deren Intonationskurven (Fo-Kurven) in Abbildung 2 schematisch dargestellt sind. Normaler Akzent wird durch das Symbol ´, emphatischer Akzent durch das Symbol ˝ über der Orthographie angegeben. Das Symbol T gibt den Tiefakzent an. Sonst werden die Wortakzente als Hochakzente bzw. als Brückenakzent realisiert. Eine mögliche Deklination des Fo-Verlaufs über die gesamte Äußerung wird hierbei nicht berücksichtigt, da diese eine von den Akzentbewegungen unabhängige Größe darstellt.

1.3 Syntax und Prosodie

Heute ist allgemein bekannt, daß zwischen der syntaktischen und prosodischen Struktur von Äußerungen bestimmte Beziehungen bestehen. Wie Nespor und Vogel (1986) für das Italienische und Englische gezeigt haben, liegt für jede Äußerung eine eigene prosodische Struktur vor, die hierarchisch organisiert ist: von der Silbe als kleinste prosodische Einheit der untersten Ebene bis hinauf zu den makroprosodischen Einheiten Phrase, Äußerung und Text (Diskurs).

Unsere Kenntnisse über die prosodische, besonders intonatorische Struktur des Deutschen sind demhingegen noch sehr unzureichend. So lagen in der Literatur bisher noch keine akustischen Daten zur Intonation in komplexen deutschen Sätzen vor, die aus zwei oder mehr prosodischen Phrasen bestehen.

Die im folgenden Abschnitt verkürzt dargestellten Forschungen verfolgten somit ein doppeltes Ziel: (1) die Beziehung zwischen Syntax und Prosodie von Sätzen formal an deutschen Beispielen zu erfassen und (2) die Unterschiede zwischen einfachen und komplexen prosodischen Äußerungen darzustellen. Damit wird es auch möglich, das von Bannert (1985a) vorgestellte generative Modell für die deutsche Intonation, das nur für einfache prosodische Äußerungen galt, zu erweitern und auszubauen.

1.3.1 Prosodische und syntaktische Einheiten

Heute wird allgemein anerkannt, daß semantische, morphologische und syntaktische Einheiten auf der phonologischen Ebene in hierarchisch strukturierte Einheiten gegliedert werden, die größer als das spektral definierte Segment sind. Die prosodische Struktur von Äußerungen, die auf ein und denselben syntaktischen Satz zurückgehen, hängt von verschiedenen, nicht nur linguistischen und pragmatischen Faktoren ab, wie z.B. Sprechgeschwindigkeit, Register und psychologischer Zustand des Sprechers. Die prosodische Struktur einer Äußerung muß deshalb auch nicht unbedingt mit der syntaktischen Struktur des entsprechenden Satzes übereinstimmen. Bedingt durch die hierarchische Struktuierung der prosodischen Einheiten kann es vorkommen, daß eine gesprochene Äußerung auf verschiedenen Ebenen der Hierarchie auftritt. So kann z.B. die Äußerung „Ja" gleichzeitig Silbe, Wort, Takt, Phrase, Äußerung (und auch Text) darstellen. Im folgenden soll nun kurz die Definition der für das Intonationsmodell aktuellen prosodischen Einheiten gegeben werden. Dabei werden die früher gebrauchten Begriffe formal erfaßt, in Beziehung zu anderen prosodisch-phonologischen Einheiten gesetzt und ihre Entsprechung auf syntaktischer Ebene gezeigt.

Eine grundlegende prosodische Analyseeinheit ist die prosodische Phrase, wie sie in Bannert (1985a) verwendet wird. Dort werden prosodische Phrasen analysiert, die prosodisch (d.h. rhythmisch und tonal) eine abgeschlossene Einheit bilden, die aber syntaktisch sehr verschieden sind. Die prosodischen Phrasen entsprechen teils ganzen Sätzen, z.B.:

(2) Das Gemälde von Kandinsky ist gestern versteigert worden.

(3) Der Müller will die Männer immer Lümmel nennen.

und teils elliptischen Sätzen, ähnlich einer Nominalphrase, z.B.

(4) Die längeren Männer. (Bannert 1983a: 12)

Dabei zeigen die prosodischen Phrasen prosodische Muster, was die Zahl und Distribution der Wortakzente und den (finalen) Grenzton betrifft.

Zur prosodischen Phrase in (4), die nur einer syntaktischen Phrase entspricht, also als verkürzter Satz in einem Dialog auftreten könnte (vgl. Bannert 1985b: 295, 301f.), lassen sich leicht vollständige Sätze finden, die eine identische prosodische Struktur aufweisen, was die Distribution der Wortakzente und den Intonationstyp (= finaler Grenzton) angeht:

(5) Die Sángerinnen schwéigen.

oder

(6) Ihr Sóhn kann nicht tót sein.

In diesen Fällen stellt die prosodische Phrase die gesamte Äußerung dar; hier fällt also die phonologische Einheit „Prosodische Phrase" mit der phonologischen Einheit „Prosodische Äußerung" zusammen.

Eine Äußerung muß aber nicht nur aus einer prosodischen Phrase bestehen. Oft und normalerweise besonders bei längeren Äußerungen wird die gesamte Äußerung in prosodische Phrasen aufgeteilt. Als Beispiel sei hier eine prosodisch komplexe Äußerung aus Bannert (1985b: 296) gegeben. Die Aufteilung in prosodische Phrasen wird durch einen senkrechten Strich angezeigt; die Indizes geben die laufende Nummer der prosodischen Phrase an:

(7) $_1$|Manchmal aber|$_1$, $_2$|und dann ohne große Ankündigung|$_2$, $_3$|blickte er sie finster unter seiner gerunzelten Stirn an|$_3$, $_4$|so daß sie beinahe das Fürchten bekam.|$_4$

Die gesamte Äußerung, die einem syntaktisch sehr komplexen Gebilde entspricht, wird in vier kleinere, prosodisch zusammengehörige Teile, die prosodischen Phrasen, aufgeteilt. Die Unterteilung wird durch verschiedene prosodische Ausdrucksmittel signalisiert. Gleichzeitig erscheint die gesamte Äußerung prosodisch (vor allem wohl tonal) als untrennbares Ganzes. Daraus folgt, daß die „Prosodische Äußerung" eine Stufe über der „Prosodischen Phrase" steht.

Der Begriff der „Prosodischen Phrase" entspricht nach unserer Auffassung der „Intonationsphrase" (intonational phrase) bei Nespor und Vogel (1986), der Begriff der „Prosodischen Äußerung" deren Begriff der „phonologischen Äußerung" (phonological utterance).

Auf der nächsthöheren Stufe sollte die Einheit des „Prosodischen Textes" eingeführt werden. Wie verschiedene Arbeiten gezeigt haben (Lehiste 1975, Thorsen 1984, Bruce 1982), bildet zumindest ein Text aus einigen Sätzen ebenfalls eine prosodische Einheit mit u.a. ganz charakteristischen temporalen und tonalen Merkmalen. Als Illustration diene folgender Text:

(8) Die Sonne scheint. Mein Vater, der heute frei hat, mäht den Rasen. Peter geht baden.

Dieser prosodische Text besteht aus drei prosodischen Äußerungen, die jeweils durch ein Grenzsignal (Tiefton) am Ende gekennzeichnet sind. Die erste und letzte prosodische Äußerung sind gleichzeitig prosodische Phrasen. Die mittlere prosodische Äußerung enthält drei prosodische Phrasen, die durch innere (mediale) Grenzsignale getrennt werden, die aber trotzdem der prosodischen Äußerung untergeordnet sind.

Aus Gründen der Parallelität der Bezeichnungen als Ausdruck der Zusammengehörigkeit in der prosodischen Hierarchie haben wir es vorgezogen, die eingeführten deutschen Bezeichnungen beizubehalten.

Für die folgende Untersuchung interessieren in erster Linie die beiden Einheiten „Prosodische Äußerung (utterance - U)" und „Prosodische Phrase (P)".

Als Untersuchungsobjekt gehen wir vom mittleren Satz des Textes (8) aus:

(9) Mein Vater, der heute frei hat, mäht den Rasen.

Die syntaktische Darstellung dieses komplexen Satzes sei in (10) angedeutet:

(10)

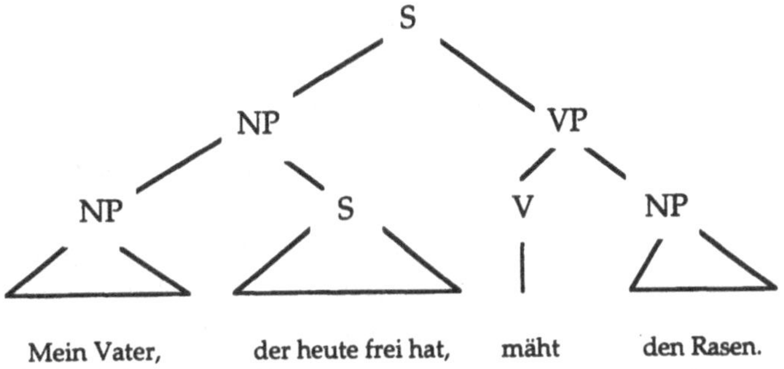

Die erste NP des komplexen syntaktischen Satzes enthält einen Nebensatz.

Als prosodische Repräsentation ergibt sich

(11) $[_U\ [_P \text{ Mein Vater,}]_P\ [_P \text{ der heute frei hat,}]_P\ [_P \text{ mäht den Rasen.}]_P\ ]_U$

oder

(12)

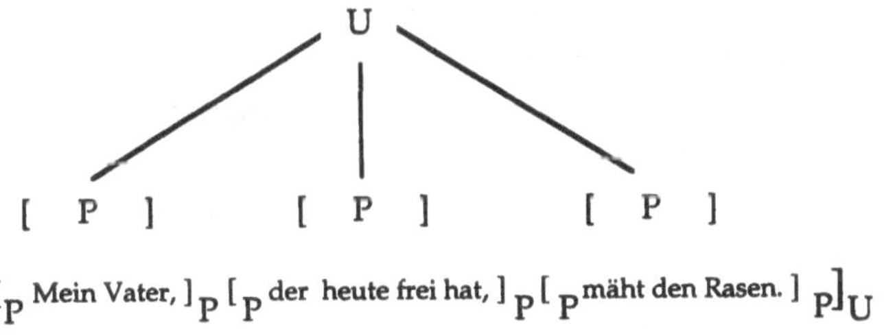

Die drei prosodischen Phrasen der prosodischen Äußerung erscheinen in einer offensichtlich linearen Anordnung. Ein Vergleich mit der syntaktischen Struktur der prosodischen Äußerung zeigt deutlich das allgemein bekannte Prinzip, daß die Intonation von Äußerungen viel einfacher strukturiert ist als deren syntaktischer Aufbau.

Dieses Prinzip der Einfachheit soll auch bei der Regelformulierung angewendet werden. In der linguistischen Struktur der Eingabe liegt aber nicht nur die prosodisch-phonologische Angabe der hierarchisch abhängigen prosodischen Einheiten U und P vor. Jedem U bzw. P ist jeweils einer von zwei Werten zugeordnet. Die Prosodische Äußerung kann vom Intonationstyp abgeschlossen (Antwort, tiefer Grenzton) bzw. nicht abgeschlossen (Frage, hoher Grenzton) sein. Deshalb erscheint das Symbol U jeweils mit einem Index, A für Antwort und F für Frage. Die prosodische Phrase kann mit der folgenden prosodischen Phrase verknüpft, oder von ihr getrennt sein.

1.3.2 Prosodische Komplexität

Unsere Kenntnisse zur deutschen Intonation stammen in erster Linie von den Arbeiten zum Modell der deutschen Intonation von Bannert (1982, 1983a, b, 1985a, b). Nach der groben prosodischen Struktur von Äußerungen unterscheiden wir:

A: Prosodisch einfache Äußerungen. Sie bestehen aus **einer prosodischen Phrase** (einer ganzen intonatorischen und rhythmischen Einheit, „intonational phrase"), die in sich dem Satztyp ausdrückt (Antwort mit Tiefton am Ende, Frage mit Hochton am Ende). Die einfache prosodische Phrase ist also mit der Äußerung identisch. Als nächste kleinere prosodische Einheit weist sie die Akzentgruppe (= „stress group") auf. Beispiele solcher einfachen prosodischen Äußerungen in verschiedenen Satzmodi sind im folgenden dargestellt.

(13) Walter hat eine BMW gekauft. (Antwort)
(14) Fahr mich doch bitte nach Hause! (Aufforderung, Bitte)
(15) Kannst du mir 50 Mark leihen? (Ja/Neinfrage)

B: prosodisch komplexe Äußerungen. Sie bestehen aus mindestens **zwei prosodischen Phrasen.** Solche Äußerungen werden durch innere Grenzsignale in kleinere Einheiten aufgeteilt. Diese Signale auf der akustischen Ebene können sein:

- Pause von unterschiedlicher Dauer
- Grenzton (hoch bzw. tief)
- Verlängerung der Segmente vor der Phrasengrenze
- Intensitätsabnahme
- Veränderung der Formantenstruktur (spektrale Reduktion)
- Veränderung der Stimme

Für uns sind die Merkmale Pause und hoher Grenzton relevant. Nicht-finale prosodische Phrasen in prosodisch komplexen Äußerungen werden durch die weiterführende oder progrediente Intonation („continuation rise") charakterisiert (vgl. Bannert 1984, Essen 1956). Beispiele solcher komplexer prosodischer Äußerungen, bestehend aus zwei einfachen prosodischen Phrasen, in verschiedenen Satzmodi:

(16) Wir hörten eine Geschichte, die uns sehr rührte.
(17) Wenn es regnet, bleiben wir zu Hause.
(18) Aber Manfred, sag doch endlich auch etwas!

Um unseren Kenntnisstand zur deutschen Intonation zu ergänzen, arbeiten wir vor allem mit folgende Variablen:

- verschiedene Sprecher
- Variation der Eigenschaften der Konsonanten, Sonoranten bzw. der stimmlosen Obstruenten (durchlaufende, praktisch ungestörte Fo-Kurve bei Sonoranten bzw. unterbrochene, lückenhafte Fo-Kurve und gestörte Fo-Werte links und rechts dieser Lücken)
- Art des Akzents: Hoch- bzw. Tiefakzent
- Satztyp: Antwort, Frage
- Position des Wortakzents, Fokus
- Akzentmuster: Gipfelakzent, Brückenakzent
- Zahl der Wortakzente in der prosodischen Phrase: 1 bzw. 2
- Semantische Elemente wie Negation
- Anteilnahme: neutrale bzw. emphatische Intonation
- Silbenzahl des akzentuierten Wortes mit 1, 2 bzw. 3 Silben vor der internen Phrasengrenze
- Prosodische Komplexität: Äußerungen mit unterschiedlicher syntaktischer Struktur bestehend aus 1-3 prosodischen Phrasen

Die angesprochenen Aspekte von syntaktischer und prosodischer Struktur sowie der prosodischen Komplexität werden im Abschnitt 1.4.2 dargestellt.

1.4 Das Sprachmaterial

Eine Zielsetzung des Projekts war es, neue Kenntnisse zur akustischen Struktur der deutschen Intonation, besonders in Bezug auf die Fokusakzente in einfachen und komplexen prosodischen Äußerungen, zu gewinnen. So wurden, ausgehend von den vorhandenen phonetischen Daten in der Literatur (besonders Bannert 1985 a, b; Altmann et al. 1989) und den Strukturvorgaben der semantischen Dialogkomponente, vier Sprachkorpora erstellt, einer auditiven und akustischen Analyse unterzogen und durch Messungen von Dauerwerten und relevanten Fo-Punkten ausführlich beschrieben. Diese Sprachmaterialien, von verschiedenen Sprechern gesprochen, bildeten die Basis für die Entwicklung und Erprobung der Erkennungsprogramme für Fokusakzente.

Die vier Sprachkorpora heißen JOHANNES, PORTIX, NAALEN und LANG. Die beiden ersten enthalten Sätze, die als einfache prosodische Phrasen gesprochen wurden, die beiden anderen enthalten komplexe prosodische Äußerungen, die aus zwei bzw. drei prosodischen Phrasen bestehen. Bei der Erstellung der Sprachkorpora wurde besonderes Augenmerk auf das Problem der stimmlosen Konsonanten gelegt. Da bei der Produktion von stimmlosen Konsonanten (im Deutschen vor allem Plosive, Frikative und Affrikaten) die Stimmlippen nicht schwingen, entsteht auch keine Grundfrequenz für die Dauer dieser Konsonanten. Die deutsche Silbenstruktur erlaubt eine Häufung von Konsonanten. So geschieht es oft in der natürlichen Sprache, daß eine Gruppe von drei oder vier stimmlosen Konsonanten auftritt. Informationstechnisch bedeutet dies, daß teilweise große Teile der eigentlichen Fo-Kurve einfach fehlen. Dieses Problem addiert sich zu den Schwierigkeiten, die sowohl bei der automatischen Fo-Analyse aus dem Sprachsignal entstehen als auch in den gefundenen Fo-Werten als Folge segmenteller Auswirkungen vorliegen. In den Korpora PORTIX und LANG wurde dem Problem der stimmlosen Konsonanten ausführlich Rechnung getragen. Den Extremfall stellt hierbei der Satz „Der Wicht sticht mich nicht" dar. Neben der großen Zahl stimmloser Konsonanten, kommt nur der geschlossene, kurze Vokal /i/ vor, der die kürzeste inhärente Dauer hat und auch die geringste Intensität. Als Referenz enthalten diese beiden Korpora einen Satz mit praktisch nur stimmhaften Sonoranten.

Eine Übersicht über die vier Sprachkorpora mit den sprachlichen Variationen und anderen Angaben bildet Tabelle 1.

Das Sprachmaterial und die phonetischen Daten werden wie folgt dargestellt: Die Sätze mit den charakteristischen Variationen von Fokusakzent (Distribution, Zahl, Kombination usw.) und Intonationstyp werden jeweils übersichtlich in einem Strukturschema beschrieben. Dazu erfolgen alle nötigen Angaben zu den Sprechern.

	Name des Materials	Zahl der Variationen (Akzentmuster, Intonationstypen)	Zahl der Produktionen je Sprecher/in	Satztypen	Sprecher/in
Einfache prosodische Äußerung (= eine prosodisch Phrase)	JOHANNES	17	85	Antwort	RB
		5	25	Antwort	PS*
	PORTIX	61	122	Antwort und Frage	RB PS*
Komplexe prosodische Äußerung (= zwei bzw. drei prosodische Phrasen)	LANG	48	96	Antwort	RB
	NAALEN	11	93	Antwort (H%, T%) und Frage	PS* BW* PZ* PA

Zeichenerklärung: H% Hoher Phrasenton
T% Tiefer Phrasenton
* Sprecherinnen

Tabelle 1: Gesamtübersicht über alle Korpora

Zur Illustration der Intonation in den jeweiligen Sätzen erscheinen einige repräsentative Originalkurven der Fo. Ausführlich wird die Intonation mit den Fokusakzenten als schematisierte, teilweise überlagerte Fo-Kurven aufgezeigt. Dabei ist die Zeitdimension in Bezug auf die tonalen Meßpunkte normalisiert. Auf diese Weise ist es leicht, die Systematik der Intonation zu erkennen. Einige aufschlußreiche Dauerwerte sind in Tabellen zusammengestellt. Sie geben Aufschluß über die temporale Dimension der Äußerungen und ermöglichen Erkenntnisse über eine mögliche Änderung der Dauer bezogen auf die prosodischen Variationen, die im Material enthalten sind.

Abschließend werden die wichtigsten Ergebnisse zur Grundfrequenz und Dauer zusammengefaßt. Diese phonetischen Daten zur deutschen Intonation sind in doppelter Hinsicht bemerkenswert. Zum einen bestätigen sie die früheren Daten zur Intonation in einfachen deutschen Sätzen, die zur Formulierung des ersten Modells zur deutschen Intonation führten (Bannert 1983a). Zum zweiten stellen sie neue Daten dar, in erster Linie zur distributionellen Variation des Fokusakzents in Sätzen und zur Intonation in prosodisch komplexen Äußerungen, in denen nun Phrasenton und Fo-Deklination gut zu quantifizieren sind.

Alle Sätze wurden von den Versuchspersonen in einem schallarmen Raum gesprochen und nach phonetischem Standard auf Tonband aufgenommen. Die Versuchspersonen lasen die Sätze vom Blatt, der jeweilige Intonationstyp wurde ihnen vorgegeben. Jeder Satz wurde drei, fünf bzw. sieben Mal gesprochen.

Die gesamten Aufnahmen wurden einer sorgfältigen auditiven Kontrolle unterzogen. Damit wird gewährleistet, daß jede Äußerung, die später der akustischen Analyse unterworfen wird, auch wirklich den vorgegebenen prosodischen Bedingungen wie Wortakzent, Intonationstyp und Phrasengrenzmarkierung entspricht.

Alle Äußerungen wurden auf einer VAX 11/750 mit einer Abtastrate von 10 kHz digitalisiert und der akustischen Analyse mit Hilfe des ILS-Progammpaketes unterworfen. Dabei kam das Programm API (Autoregressive spectral modeling with cepstrally based periodicity estimation) zur Anwendung.

Nach der Analyse erfolgte die graphische Darstellung des Oszillogramms und der Fo-Kurve jeder Äußerung mit einem eigens entwickelten Plot-Programm. Zur Kontrolle wurde das gesamte Material analog mit einem Frøkjaer-Jensen Pitch Meter analysiert, bei dem zusätzlich zu der Fo-Kurve ein Duplex-Oszillogramm und eine Schallpegelkurve gezeichnet wird.

An wichtigen Punkten der Fo-Kurve, wie dem Beginn und Ende von Phrasen, Minima und Maxima, die Wortakzenten und Phrasentönen entsprechen, sowie sonst relevanten Punkten der Fo-Kurve, wurden die Fo-Werte zur Zeitreferenz in Frames (Kontext = 64 Punkte bei einer Abtastrate von 10 kHz, entspricht 6,4 ms) in Hz gemessen. Diese Meßpunkte wurden visuell am Monitor bestimmt und mit Hilfe des Fadenkreuzes entlang der beiden Dimensionen Zeit und Fo definiert. An Hand dieser Punkte läßt sich die Fo-Kurve auf ihre essentiellen Teile reduziert wiedergeben, ohne daß wichtige Eigenschaften fehlen.

Die Meßwerte der Zeit und der Grundfrequenz, gerundet auf 1 ms bzw. 1 Hz, wurden in Tabellen eingetragen. Zu jedem Meßpunkt wurde das arithmetische Mittel der gemessenen

Fo-Werte gebildet. Für jeden Sprecher wurden Tabellen erstellt. An Hand der Mittelwerte wurden jeweils die entsprechenden Kurven der Sätze überlagert gezeichnet, wobei die Zeit normalisiert wurde. Die Fo-Verläufe werden also in schematisierter Form dargestellt. Das hat den Vorteil, daß die für uns wichtige Variation der Fo in den Blickpunkt gerückt werden kann. Die Dauerwerte der Äußerungen, Phrasen und Pausen wurden ermittelt.

1.4.1 Einfache prosodische Äußerungen

1.4.1.1 Das Korpus JOHANNES

Der Satz „Johannes liebt Susanne" wurde von einem Mann (Sprecher RB) und einer Frau (Sprecherin PS) gesprochen. Die Variationen im Material zeigt Tabelle 2. Das gesamte Material, bestehend aus 17 Äußerungstypen, wurde jeweils mindestens siebenmal gesprochen. Von jedem der 17 Äußerungstypen wurden 5 einwandfreie Produktionen ausgewählt und wie oben beschrieben behandelt.

Einige repräsentative Fo-Kurven des Sprechers RB sind in den Abbildungen 3a-3d wiedergegeben, die Abbildung 4a-4e zeigen schematisierte und überlagerte Fo-Kurven des Materials JOHANNES beider Sprecher. Die horizontale Achse gibt den Zeitverlauf an, die vertikale die Fo in Hz. Tabelle 3 gibt die Dauerwerte des Satzes mit den verschiedenen Akzentmustern beider Sprecher in Millisekunden (ms) an. Die akzentuierten Wörter sind unterhalb der Zeitachse angezeigt.

	Johannes	**liebt**	**Susanne.**
1 Hochakzent (Gipfelakzent)	H*		
	E		
	T		
		H*	
		E	
		T	
			H*
			E
			T
2 Hochakzente (Gipfelakzent)	H*		H*
	E		E
	H		E
	E		H
Brückenakzent	B*		B*
	E		E
	E		B
	B		E

<u>Zeichenerklärung:</u>

H	Hochakzent
T	Tiefakzent
B	Brückenakzent
E	Emphase
*	Sprecherin 2

Tabelle 2: Übersicht über das Material JOHANNES

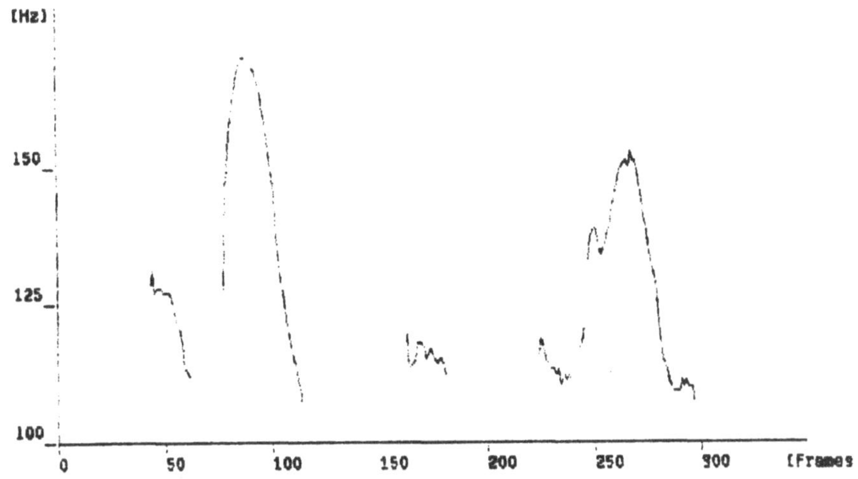

Abb. 3a: **Repräsentative Fo-Kurven prosodisch einfacher Äußerungen. Material JOHANNES (Sprecher RB): „Johánnes liebt Susánne." (Hochakzent)**

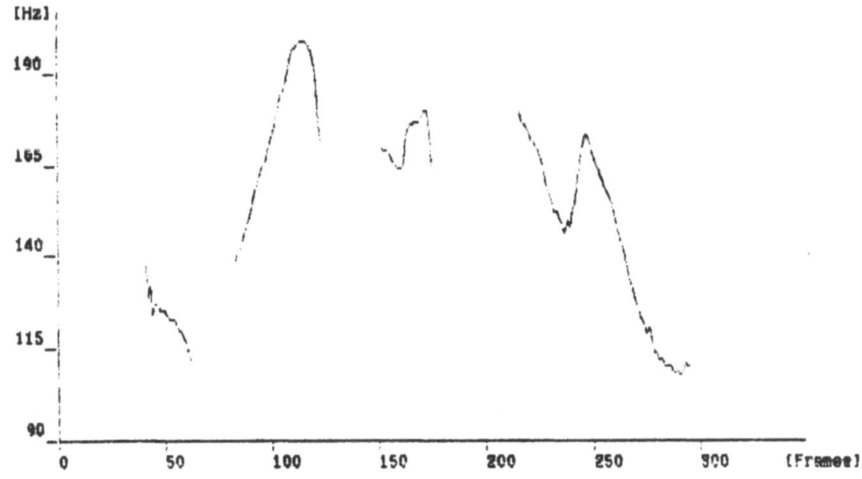

Abb. 3b: **Repräsentative Fo-Kurven prosodisch einfacher Äußerungen. Material JOHANNES (Sprecher RB): „Johánnes liebt Susánne." (Brückenakzent)**

Abb. 3c: Repräsentative Fo-Kurven prosodisch einfacher Äußerungen. Material JOHANNES (Sprecher RB): „Johannes líebt Susanne.“ (Hochakzent)

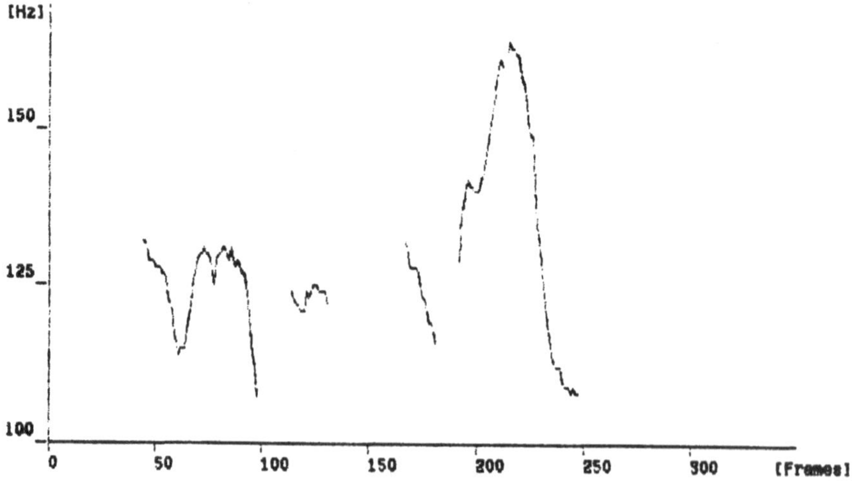

Abb. 3d: Repräsentative Fo-Kurven prosodisch einfacher Äußerungen. Material JOHANNES (Sprecher RB): „Johannes liebt Susánne.“ (Hochakzent)

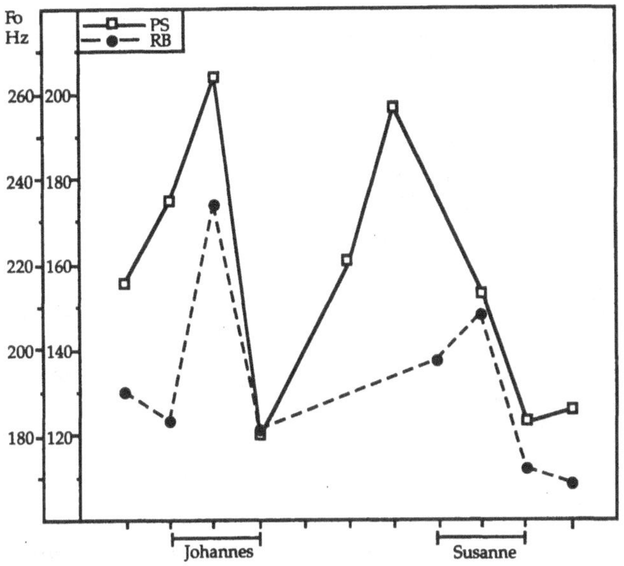

Abb. 4a: **Überlagerte Fo-Kurven der Sprecher RB und PS: „Johánnes liebt Susánne." (Hochakzent)**

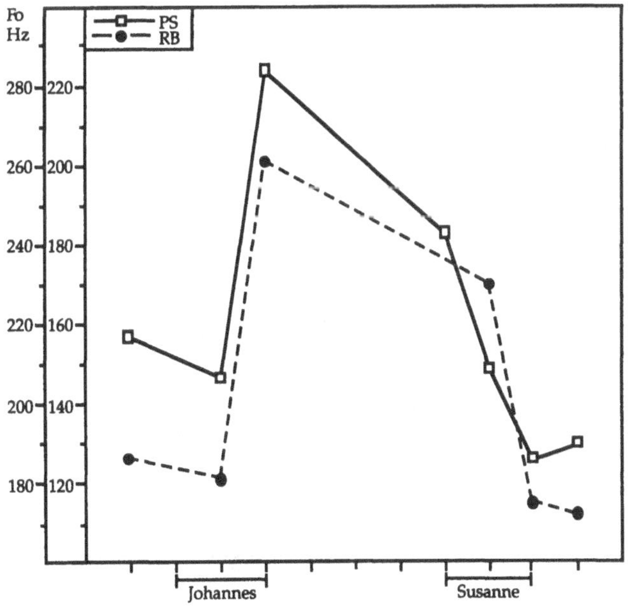

Abb. 4b: **Überlagerte Fo-Kurven der Sprecher RB und PS: „Johánnes liebt Susánne." (Brückenakzent)**

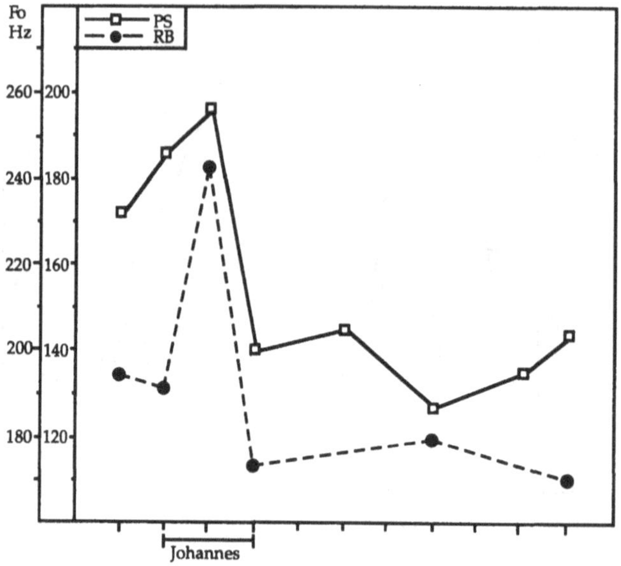

Abb. 4c: **Überlagerte Fo-Kurven der Sprecher RB und PS: „Johánnes liebt Susanne." (Hochakzent)**

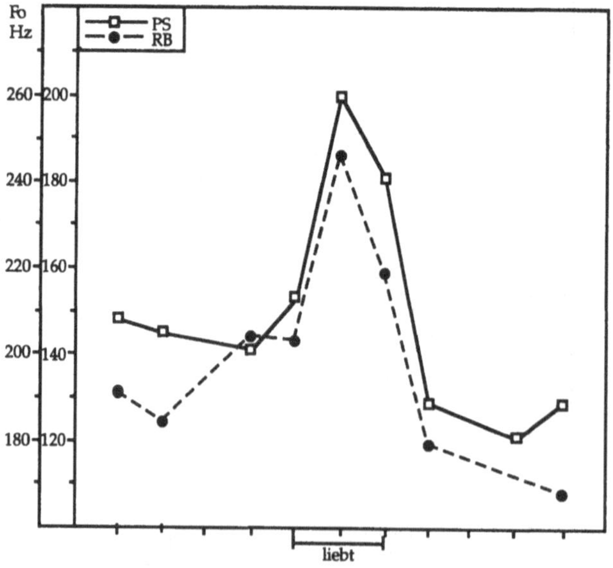

Abb. 4d: **Überlagerte Fo-Kurven der Sprecher RB und PS: „Johannes líebt Susanne." (Hochakzent)**

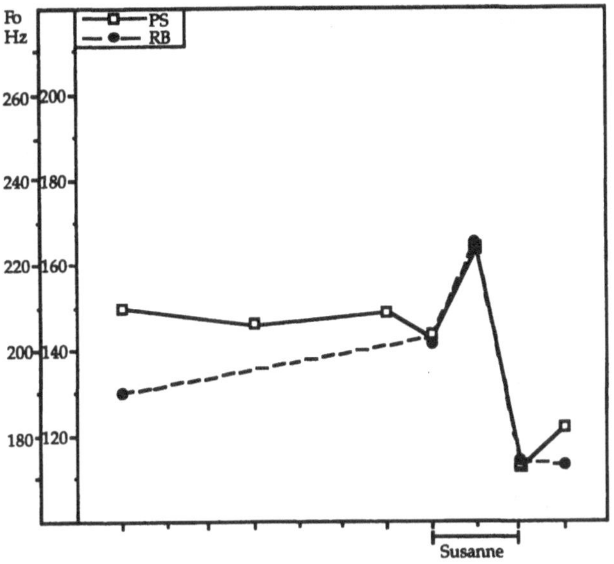

Abb. 4e: **Überlagerte Fo-Kurven der Sprecher RB und PS: „Johannes liebt Susánne." (Hochakzent)**

Ergebnisse

Fo. Die überlagerten Fo-Kurven beider Sprecher sind sich sehr ähnlich. Sie machen deutlich, daß die Akzentmuster im Grunde tonal in gleicher Weise manifestiert werden. Hierin findet sich eine Bestätigung der frühen Daten in der Literatur.

Die Fo-Kurven spiegeln die anvisierten Akzenttypen und die Akzentmuster wieder. Hoch-, Tief- und Brückenakzente sind deutlich ausgeprägt, wenn ihre akustische Projektion in einen Abschnitt stimmhafter Segmente fällt. In der medialen Satzposition sind die Akzente weniger deutlich ausgeprägt (der Akzent trifft das Verb „liebt"). Der Akzentgipfel ist links und rechts von Lücken umgeben, die von stimmlosen Konsonanten stammen. Allgemein betrachtet zeigen die Fo-Kurven eine ständige, relativ geringe Fluktuation; sie sind niemals glatt. Diese Störungen werden durch verschiedene phonatorische, artikulatorische und akustische Faktoren hervorgerufen. Die analysierten Fo-Kurven (vgl. Abbildung 3) enthalten außerdem noch Fehler, die vom Fo-Analyse-Algorithmus stammen.

Dauer. Die wenigen Daten lassen keine endgültige Feststellung über die Beziehung zwischen den Akzent- und Intonationsverhältnissen der Äußerungen und ihrer Dauer zu. Auf Grund phonetischer Kenntnisse anderer Korpora läßt sich jedoch als Tendenz für beide Sprecher folgendes aussagen: Zahl und Position der Fokusakzente in diesem prosodisch einfachen Satz scheinen nur schwach mit der Dauer der jeweiligen Äußerung korreliert zu sein. Der

Satz mit den beiden Hochakzenten hat die größte Dauer, der Satz mit dem einzigen Akzent auf dem letzten Wort die kürzeste. Die Gesamtdauervariation beträgt für Sprecher RB 256 ms (etwa 16%) und für Sprecherin PS 451 ms (etwa 25%) bezogen auf die größte Satzdauer.

Akzentmuster	**Sprecher RB**	**Sprecherin PS**
Johánnes liebt Susánne.(Hochakzent)	1606	1792
Johánnes liebt Susanne.(Hochakzent)	1480	1702
Johannes líebt Susanne.(Hochakzent)	1491	1395
Johannes liebt Susánne.(Hochakzent)	1350	1338
Johánnes liebt Susánne.(Brücke)	1588	1421

Tabelle 3: Dauerwerte des Satzes „Johannes liebt Susanne“ in Millisekunden

1.4.1.2 Das Korpus PORTIX

Dieses Korpus enthält 6 Sätze. Sie wurden hauptsächlich nach drei Erwägungen ausgewählt:

- größere semantische und pragmatische Natürlichkeit,
- positive und negative Sätze,
- Maximum an stimmlosen Obstruenten und damit lückenhafte Fo-Kurve.

Die Variation in diesem Material zeigt Tabelle 4, weitere Informationen zur Dauer findet sich in Tabelle 5.

Die Sätze mit stimmlosen Obstruenten, und die mit stimmhaften Sonoranten, entsprechen einander prosodisch fast genau. Somit lassen sich die Effekte der stimmlosen Obstruenten auf die Fo-Kurve deutlich erkennen und beschreiben. Diese Sätze wurden maximal variiert, was jeweils 15 Äußerungstypen ergab. Insgesamt liegen 61 Äußerungstypen vor, die von den beiden Sprechern wie oben jeweils mehrmals gesprochen wurden. Für die Bearbeitung wurden jeweils 2 einwandfreie Produktionen ausgewählt. Dieses Korpus umfaßt also 61 x 2 x 2 = 244 Äußerungen. Aufnahme, Analyse und Auswertungen erfolgte wie oben.

Einige repräsentative Fo-Kurven sind in Abbildung 5 wiedergegeben, je zwei für den Maler- bzw. Portix-Satz, jeweils ein Gipfelakzent auf dem Wort „Maler“ bzw. „Portix“, bzw. zwei Gipfelakzente auf den Wörtern „Maler“ und „Grünen“, bzw. „Portix“ und „ersten“.

In Anhang A, Abbildung 1a-n finden sich die schematisierten und überlagerten Fo-Kurven der Sprecher RB und PS für alle Akzentmuster des Korpus PORTIX und für die Intonationstypen Antwort und Frage.

+	Die Maler	wohnen		im	Grünen	Mann.
+	{Portix / Suffix}	steht		im	{ersten / zweiten}	Stock.
o	{Portix / Suffix}	steht	nicht	im	{ersten / zweiten}	Stock.
•	Der Wicht	sticht			mich	nicht.
ANTWORT	+o•					
1 Akzent		+•				
			o			
				+		
					+o•	
						+o•
2 Akzente	+o•		o		+	•
	+					+
Brückenakzent	+o•		o		+•	
FRAGE	+•		o			
1 Akzent		+				
				+		
					+	
						+•
2 Akzente	+o•		o		+	•
	+					+

Zeichenerklärung: + o • } Akzentpositionen

Tabelle 4: Übersicht über das Material PORTIX

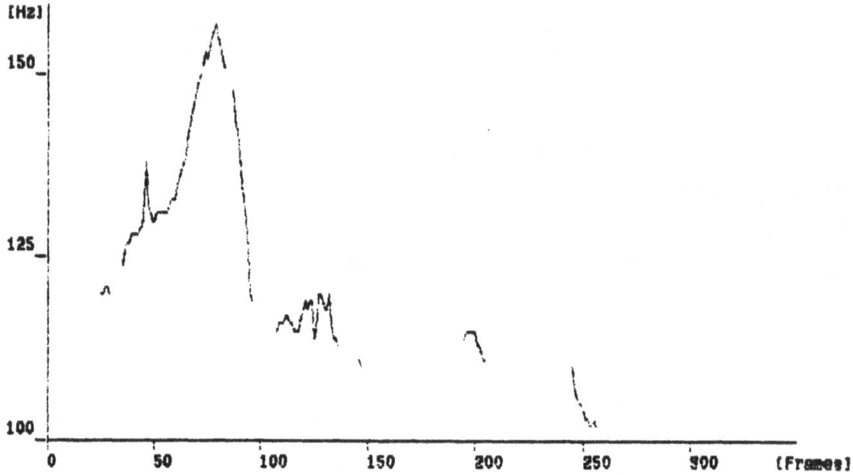

(19) Die Máler wohnen im Grünen Mann.

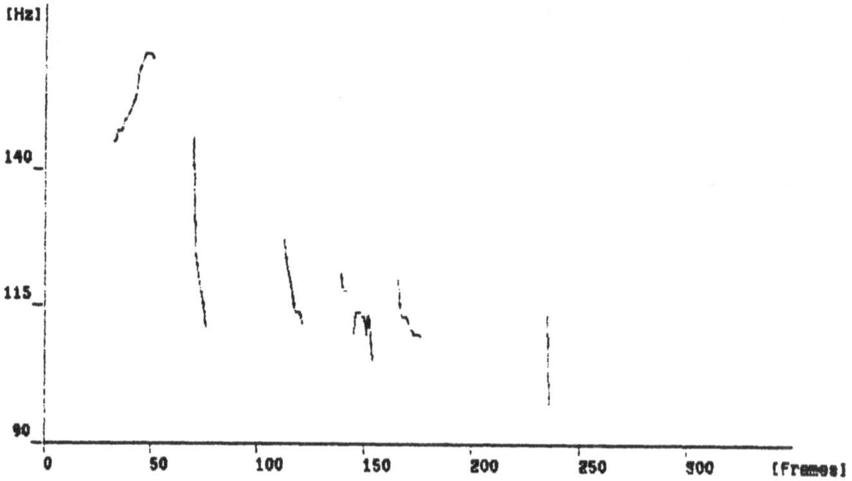

(20) Pórtix steht im ersten Stock.

Abb. 5a: Repräsentative Fo-Kurven prosodisch einfacher Äußerungen des Materials PORTIX (Sprecher RB): Gegenüberstellung von Äußerungen mit Sonoranten und Obstruenten

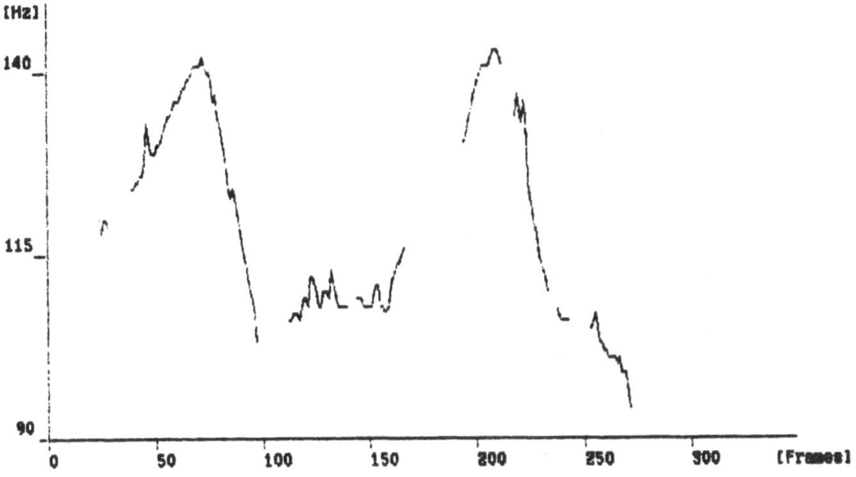

(21) Die Máler wohnen im Grǘnen Mann.

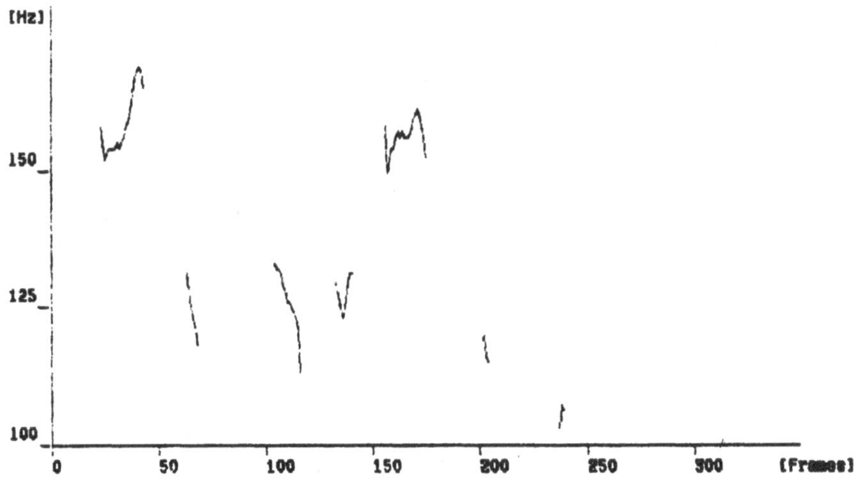

(22) Pórtix steht im érsten Stock.

Abb. 5b: **Repräsentative Fo-Kurven prosodisch einfacher Äußerungen des Materials PORTIX (Sprecher RB): Gegenüberstellung von Äußerungen mit Sonoranten und Obstruenten**

	Satztyp	
Akzentmuster	**Antwort**	**Frage**
Die Máler wohnen im Grünen Mann./?	1606	1651
Die Maler wóhnen im Grünen Mann./?	1709	1760
Die Maler wohnen im Gǘnen Mann./?	1747	1702
Die Maler wohnen im Grünen Mánn./?	1715	1568
Die Máler wohnen im Grǘnen Mann./?	1696	1670
Die Máler wohnen im Grünen Mánn./?	1677	1632
Die Máler wohnen im Grǘnen Mann. (Brücke)	1709	–

Tabelle 5: Dauerwerte des Satzes „Die Maler wohnen im Grünen Mann" in Millisekunden (Sprecher RB)

Ergebnisse

Fo. Auch hier zeigen sich die Fo-Eigenschaften, die bereits oben im Material **JOHANNES** angesprochen wurden. Im Material **PORTIX** wird nun ein besonderes Augenmerk auf die Rolle der stimmlosen Obstruenten gerichtet. Vergleichbare Sätze mit stimmhaften bzw. stimmlosen Konsonanten werden einander gegenübergestellt. Ein Vergleich zeigt, wie wenig tonale Information in den Obstruentensätzen vorliegt. Dazu muß noch bedacht werden, daß die Anzeige der Fo in den kurzen stimmhaften Fragmenten (hier handelt es sich vor allem um kurze Vokale, wobei der Satz „Der Wicht sticht mich nicht" durch die inhärent kürzeste Dauer des geschlossenen i-Vokals ein Optimum darstellt) normalerweise stark mit Fehlern behaftet ist. Diese Unzulänglichkeiten der als Eingabe vorliegenden tonalen Information (der Fo-Werte) wirken sich natürlich auf das optimale Arbeiten des Erkennungsalgorithmus aus.

Den vorausgegangenen Annahmen entsprechend erweist es sich, daß die Negation „nicht" auf die Intonation der Äußerung keine Wirkungen zeigt. Wird die Negation fokussiert, zeigt sich ein deutlicher Akzent, bleibt sie unbetont, verläuft die Fo-Kurve verbindend über die Negation hinweg.

Und auch hier zeigt sich wieder, daß die beiden Sprecher, von geringfügigen Abweichungen abgesehen, in den verschieden Sätzen die Akzentmuster in Antwort und Frage auf praktisch gleiche Weise manifestieren. Somit verstärkt sich die Vermutung, daß die Fokusakzentuierung von verschiedenen Sprechern auch im Deutschen grundsätzlich einheitlich in der tonalen Dimension gemacht wird.

Dauer. Wie bereits im Korpus JOHANNES scheint auch in diesem Material kein starker Zusammenhang zwischen dem Akzent- und Intonationsmuster der Äußerung und deren Dauer vorzuliegen. Die Dauervariation über die verschiedenen Akzentmuster bei Antwort und Frage ist gering; bei der Antwort 8%, bei der Frage 11% bezogen auf die größte Satzdauer. Der Intonationstyp Antwort bzw. Frage unterscheidet sich nicht nach der Dauer.

1.4.2 Komplexe prosodische Äußerungen

1.4.2.1 Das Korpus NAALEN

Das Ende prosodischer Phrasen als Teil einer prosodischen Äußerung kann vom Sprecher mit verschiedenen prosodischen Mitteln signalisiert werden. Es ist anzunehmen, daß im Deutschen in erster Linie die tonale Markierung durch einen hohen Grenzton steht. Daneben dürfte auch die finale Längung eine Rolle spielen sowie auch andere akustische Parameter wie Intensität, spektrale Struktur der finalen Segmente und Stimmqualität, wobei diese Parameter sicher nicht unabhängig voneinander auftreten können. Bei entsprechender Sprechgeschwindigkeit und anderen Voraussetzungen kann das Ende einer prosodischen Phrase außerdem auch noch durch eine physische Pause, d.h. eine klare Unterbrechung der Phonation angezeigt werden. Aus methodischen Gründen wird für diese Untersuchung die Grenzmarkierung der prosodischen Phrase durch eine echte Pause angenommen. Zum Vergleich und als Bezug wird aber auch der Fall untersucht, daß das Ende der prosodischen Phrase tonal, aber ohne Pause manifestiert wird.

Das Material besteht aus drei Teilen. Die prosodische und grobe syntaktische Struktur sind jeweils angegeben:

A. Unterschiedliche Markierung von Phrasengrenzen
B. Prosodische Phrasen mit unterschiedlichen syntaktischen Strukturen
C. Länge der prosodischen Phrase

A. Unterschiedliche Markierung von Phrasengrenzen

(23)

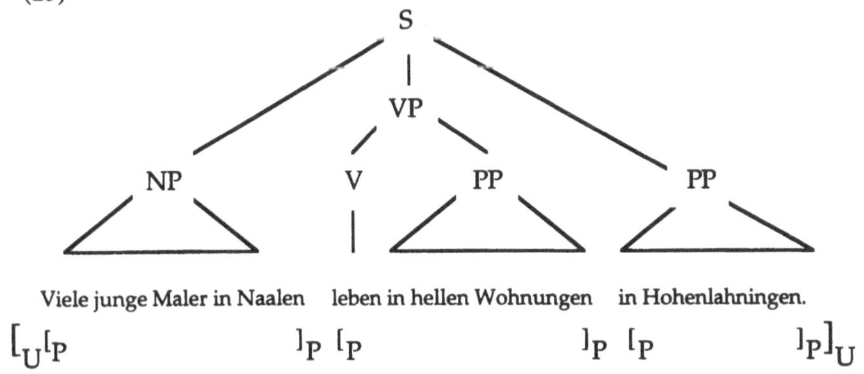

Der Kernsatz (23) zeigt hinsichtlich der prosodischen Phrasenstruktur die gleiche prosodische Gliederung wie (24), weist jedoch eine völlig verschiedene syntaktischen Struktur auf.

Als Bezug und Vergleich wird Satz (23) zusätzlich als (23*) ohne physische Pause an den Enden der ersten bzw. zweiten prosodischen Phrase, und als (23**) ohne prosodische Gliederung, d.h. als eine einzige prosodische Phrase - was identisch ist mit einer prosodischen Äußerung - gesprochen.

(23*) Tonale Grenzmarkierungen der Phrasen, aber ohne physische Pause:

$[_U\ [_P \qquad]_P\ [_P\ ]_P\ [_P\ ]_P\ ]_U$

(23**) Die prosodische Äußerung entspricht der prosodischen Phrase:

$[_U\ [_P \qquad]_P\ ]_U$

Dieser Teil des Materials, bestehend aus dem Satz (23) mit seinen unterschiedlichen Markierungen der Phrasengrenzen, wird der Übersichtlichkeit halber nach der Struktur der prosodischen Phrasen wie folgt dargestellt.

Das Korpus NAALEN, Material A:

	Viele junge Máler in Náalen	leben in hellen Wóhnungen	in Hohenláhningen.	
23a	$[_U\ [_P$			$]_P\ ]_U$
23b	$[_U\ [_{P_1}$	$]_{P_1}\ [_{P_2}$	$]_{P_2}\ [_{P_3}$	$]_{P_3}]_U$
23c	$[_U\ [_{P_1}$	$]_{P_1}$ # $[_{P_2}$	$]_{P_2}$ # $[_{P_3}$	$]_{P_3}]_U$

B. Prosodische Phrasen mit unterschiedlichen syntaktischen Strukturen

(24) Der eingebettete Satz (Relativsatz), der zum NP-Knoten gehört, entspricht der medialen prosodischen Phrase:

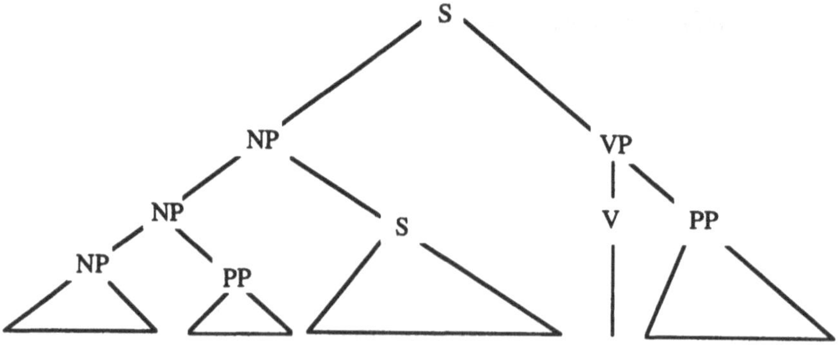

Viele junge Maler in Naalen, die in hellen Wohnungen leben fahren nach Hohenlahningen.

$[_U\ [_P \qquad]_P\ [_P \qquad]_P\ [_P \qquad]_P\ ]_U$

(25) Der Nebensatz (Relativsatz), der zum VP-Knoten gehört, entspricht der zweiten und letzten prosodischen Phrase:

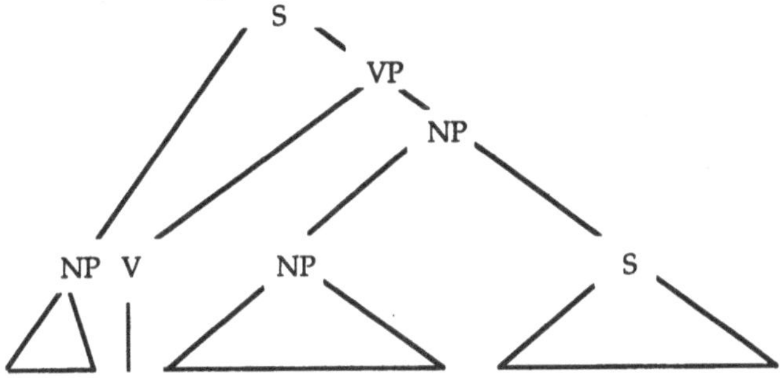

Die Loni kennt viele junge Maler in Naalen, die in hellen Wohnungen leben.

$[_U [_P$ ... $]_P$ $[_P$ ... $]_P]_U$

(26) Der konjunktionale Nebensatz entspricht der ersten prosodischen Phrase:

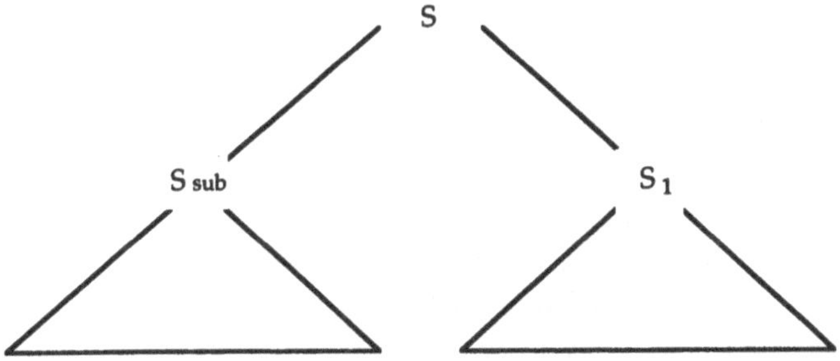

Wenn es die jungen Maler mal wagen werden alle in hellen Wohnungen leben

$[_U [_P$ ... $]_P$ $_P[$ ... $]_P]_U$

Dieser Teil des Materials wird der Struktur der prosodischen Phrasen nach wie folgt dargestellt:

Das Korpus NAALEN, Material B:

24 Viele junge Máler in Náalen, die in hellen Wóhnungen leben, fahren nach Hohenláhningen.

$[_U [_{P_1}$ ... $]_{P_1}$ $[_{P_2}$ ... $]_{P_2}$ $[_{P_3}$ ... $]_{P_3}]_U$

25 Die Lóni kennt viele junge Máler in Naalen, die in hellen Wóhnungen leben.

$[_U [_{P_1}$ ... $]_{P_1}$ $[_{P_2}$ ... $]_{P_2}]_U$

26 Wenn es die jungen Máler mal wágen, werden alle in hellen Wóhnungen leben.

$[_U [_{P_1}$ ... $]_{P_1}$ $[_{P_2}$ ... $]_{P_2}]_U$

C. Länge der prosodischen Phrase

In einer prosodischen Äußerung, bestehend aus zwei prosodischen Phrasen, wird die Länge der ersten prosodischen Phrase verändert. Von sechs Silben mit einem Wortakzent ausgehend (Satz 28), wird die Länge über neun Silben mit zwei Wortakzenten (Satz 29) auf 17 bzw. 19 Silben mit drei Wortakzenten erhöht (Satz 30 und 31) Die zweite prosodische Phrase bleibt jeweils unverändert. Als Bezugssatz dient die Phrase

(27) Viele Máler.

auf die hier aber nicht eingegangen wird.

(28)

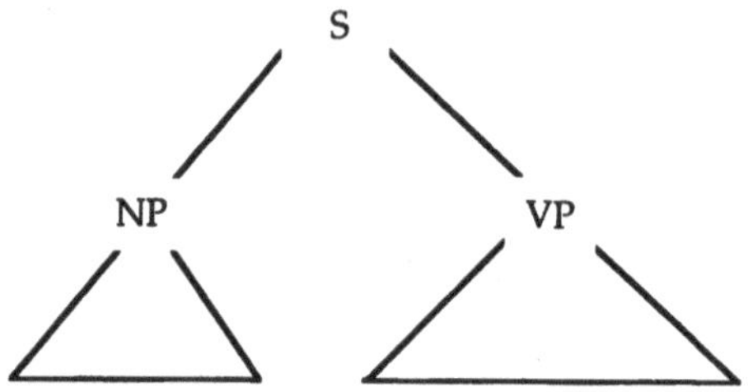

Viele junge Maler fahren nach Hohenlahningen.

$[_U [_P$ $]_P$ $[_P$ $]_P]_U$

(29) Viele junge Máler in Náalen fahren nach Hohenláhningen.

(30) Viele junge Máler und dumme Máhner aus dem alten Náalen fahren nach Hohenláhningen.

(31) Viele junge Máler mit einem großen Námen aus dem alten Náalen fahren nach Hohenláhningen.

Die Nominalphrasen in (30) und (31) unterscheiden sich in syntaktischer Hinsicht. Dieser Teil der Materials stellt sich mit seiner prosodischen Phrasenstruktur wie folgt dar:

Das Korpus NAALEN, Material C:

28	Viele junge Máler	fahren nach Hohenláhningen.
29	Viele junge Máler in Náalen	fahren nach Hohenláhningen.
30	Viele junge Máler und dumme Máhner aus dem alten Náalen	fahren nach Hohenláhningen.
31	Viele junge Máler mit einem großen Námen aus dem alten Náalen	fahren nach Hohenláhningen.
	$[_U [_{P_1}$ … $]_{P_1}$	$[_{P_2}$ … $]_{P_2}]_U$

Wie üblich bei phonetischen Untersuchungen zur Prosodie, tritt ein Konflikt auf zwischen den phonetischen Anforderungen an die segmentalen Wortstrukturen und der semantischen Natürlichkeit des Materials. Meistens muß hier ein Kompromiß eingegangen werden. Ideal aus phonetischer Sicht für die Beschreibung von Fo-Verläufen wäre ein Material, das die Fo-Kurve durch die gesamte Äußerung hindurch ohne Unterbrechung und Beeinflussung anderer Faktoren als der gewählten Variablen zeigt. Die segmentale Voraussetzung dazu wäre, Sätze zu finden, die nur Sonoranten und Vokale gleichen Öffnungsgrades und gleicher Quantität enthalten. Dies war bei den langen Sätzen, die die Zielsetzung notwendig macht, im Hinblick auf semantische Forderungen aber nicht möglich. Auf jeden Fall wurde versucht, der phonetischen Forderung in den akzentuierten Wörtern gerecht zu werden.

Die Testsätze wurden mit folgenden Intonationstypen gesprochen:

(a) als Frage mit hohem finalen Grenzton,
(b) als Antwort mit hohem medialen Grenzton,
(c) als Antwort mit tiefem medialen Grenzton (Ausnahme: Äußerung 23a).

Der Intonationstyp (c) wird hier nicht behandelt. Die Antworten endeten mit tiefem finalen Grenzton. Vier Versuchspersonen sprachen die Sätze jeweils viermal hintereinander auf Band. Ihnen war die Distribution der Wortakzente sowie der Ort und die Art des medialen Grenztones vorgegeben.

Ergebnisse

Fo. Die vier Sprecher zeigten ein tonal sehr ähnliches Verhalten. Aus diesem Grund und aus Platzgründen wird nicht das Gesamtmaterial in allen Einzelheiten dargestellt. Es wird vielmehr eine repräsentative Probe (der Sprecherin BW) ausgewählt, deren Daten zur Veranschaulichung graphisch vorgestellt werden. Von diesen graphischen Darstellungen werden jeweils zwei (geplottet und schematisiert) hier im Haupttext wiedergegeben, der Rest wird in Anhang B reproduziert. Die Aussagen zur Intonation in syntaktisch und prosodisch komplexen Sätzen sind jedoch allgemeiner Art und gelten für alle Sprecher.

Die Intonation aller Sätze werden in zwei Arten von Graphiken dargestellt, die parallel angeordnet sind. Die Abbildungen 6 und 7, sowie 8-11 in Anhang B zeigen die analysierten Fo-Kurven jeder Äußerung als Antwort bzw. Frage zusammen mit dem jeweiligen Oszillogramm. Die Abbildungen 12, und 13-14 in Anhang B zeigen die schematisierten, überlagerten Kurven aus den Mittelwerten der Fo-Meßwerte. Dabei ist jeweils die horizontale Achse die Zeitachse (bei den Abbildungen 12-14 normalisiert), die vertikale Achse die Fo-Achse, linear in Hz dargestellt. Die Phrasengrenzen in den Äußerungen sind durch das Symbol # angegeben.

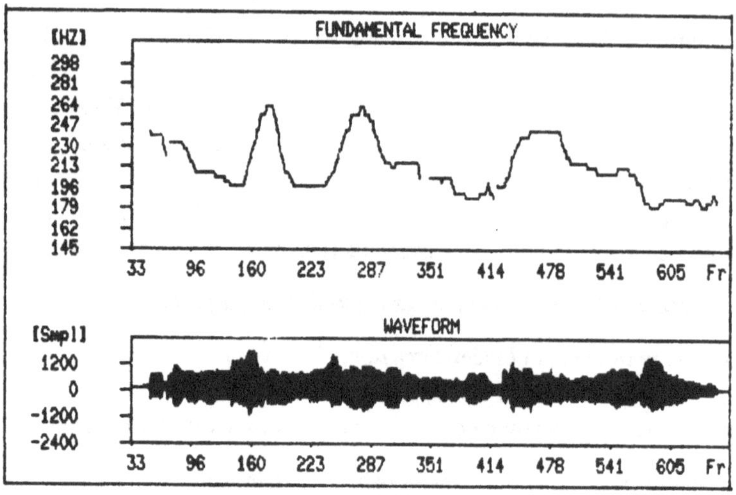

Abb. 6a: Fo-Kurven des Materials NAALEN - A. Aussagesatz (Sprecherin BW), Satz (23a): „Viele junge Máler in Náalen leben in hellen Wóhnungen in Hohenláhningen."

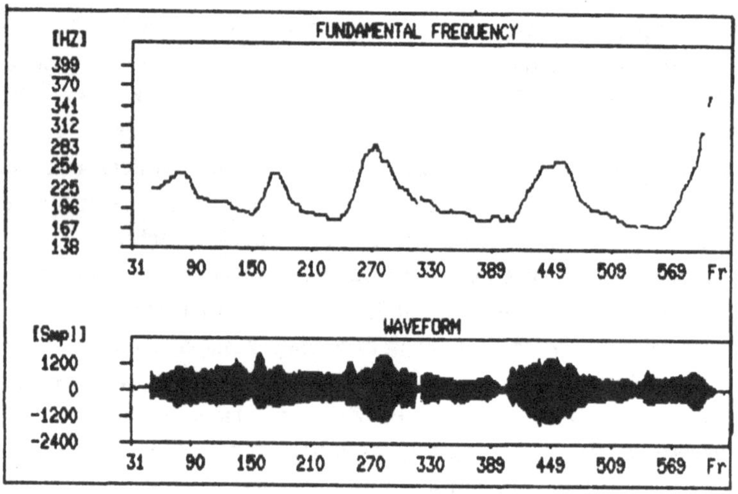

Abb. 7a: Fo-Kurven des Materials NAALEN - A. Fragesatz (Sprecherin BW), Satz (23a): „Viele junge Máler in Náalen leben in hellen Wóhnungen in Hohenláhningen?"

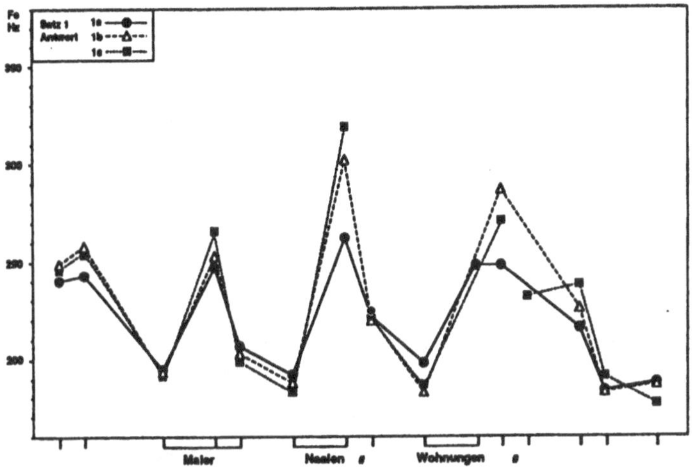

Abb. 12a: Überlagerte, schematisierte Fo-Kurven des Materials NAALEN - A. Antwort- und Fragesatz (Sprecherin BW), Satz (23): „Viele junge Máler in Náalen leben in hellen Wóhnungen in Hohenláhningen."

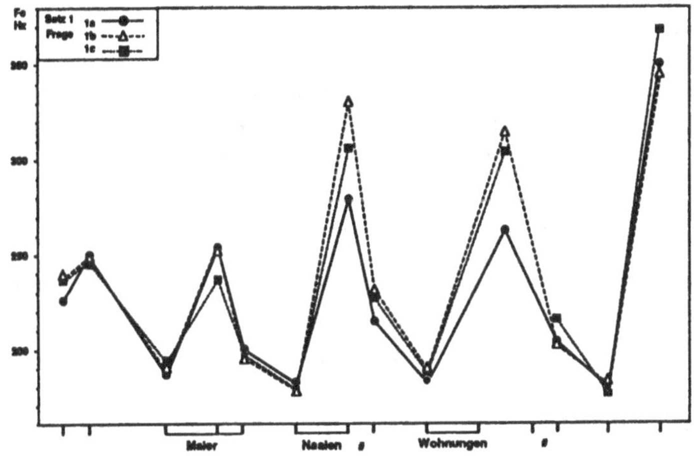

Abb. 12b: Überlagerte, schematisierte Fo-Kurven des Materials NAALEN - A. Antwort- und Fragesatz (Sprecherin BW), Satz (23): „Viele junge Máler in Náalen leben in hellen Wóhnungen in Hohenláhningen?"

Die schematisierten Kurven

Die an der waagerechten Zeitachse angebrachten Markierungen bezeichnen die Zeitpunkte der Fo-Meßwerte. Die Punkte, die Wortakzenten entsprechen, sind miteinander verbunden, und das akzenttragende Wort ist angegeben.

An Hand der schematisierten, überlagerten Kurven sollen nun die Ergebnisse aufgezeigt werden, und zwar getrennt nach den Materialien A, B und C. Satz (31) wird ausgeschlossen, da die Fo-Kurve trotz der syntaktischen Unterschiede zwischen den Sätzen (30) und (31) in beiden Sätzen gleich erscheint.

Material A: Unterschiedliche Markierung von Phrasengrenzen

Die Phrasengrenzen sind jeweils neben der Pause bei Satz (23c) deutlich durch den Hochton, d.h. den deutlich erhöhten Wert der Fo in der letzten Silbe vor der Phrasengrenze gekennzeichnet. Zu beachten ist hier, daß das Wort direkt links vor der Phrasengrenze den Wortakzent trägt. Weiter ist der von anderen Einflüssen nicht betroffene erste Wortakzent in der ersten Phrase (Máler) deutlich als Hochakzent (Anstieg - Fall) oder Gipfelakzent ausgeprägt. Ein Vergleich der Fo-Werte des Hochtons an den Phrasengrenzen der zwei Sätze (23b, c) ergibt, daß die tonale Markierung des Phrasentones von einer physischen Pause nicht beeinträchtigt wird. Im Satz (23a), wo keine tonal markierte Phrasengrenze vorliegt, liegt der Fo-Wert bedeutend tiefer. Der klar erhöhte Fo-Wert signalisiert tonal die Phrasengrenze.

Material B: Prosodische Phrasen mit unterschiedlichen syntaktischen Strukturen

Hier ist deutlich zu sehen, daß die Phrasengrenze in allen drei Sätzen tonal gleich manifestiert wird, obwohl diese Grenzen auf syntaktischer Ebene einen völlig unterschiedlichen Status haben. Auch die Gipfel der ersten Wortakzente sind schön zu sehen.

Material C: Länge der prosodischen Phrase

Eine Verlängerung der ersten prosodischen Phrase bei konstant gehaltener finaler prosodischer Phrase ergibt ein einfaches Bild: Anfang und Ende der ersten Phrase behalten ihr Aussehen, die Wortakzente werden sozusagen dazwischen als tonale Gipfel nur eingeschoben. Die Fo-Kurve der finalen Phrase bleibt unverändert.

Für das gesamte Material läßt sich zusammenfassen: Phrasengrenzen unterschiedlicher Art werden tonal durch den gleichen Hochton realisiert. Allerdings sind gewisse Variationen des aktuellen Fo-Endwertes zu beobachten. Diese dürften jedoch keine linguistische Information beinhalten, sondern eher auf individuelle Eigenheiten des Sprechers zurückzuführen sein.

Die Dauerwerte diese Materials unserer Sprecherin zeigen die Tabellen 6 und 7. Tabelle 6 enthält die Dauerwerte der Phrasen, Pausen und der gesamten Äußerung des Satzes (23), der ohne und mit unterschiedlicher Phrasierung gesprochen wurde. Tabelle 7 zeigt die Dauerwerte der Sätze mit zwei Phrasen, in denen die erste Phrase schrittweise verlängert wurde. Die zweite Phrase bleibt unverändert.

Dauer. Ein Vergleich der Dauerwerte von prosodischen Phrasen und Phrasierungsbedingungen dieser Sprecherin zeigt eine deutliche Tendenz. Alle drei Phrasen und die Gesamtäußerung in allen drei Bedingungen zeigen eine kürzere Dauer für die Frage-Intonation. Das ist eine interessante Tatsache, da sich Fragen tonal praktisch nur am Ende durch den Hochton von Antworten unterscheiden. Allerdings sind die Dauerunterschiede zwischen den beiden Intonationstypen keineswegs von der Größenordnung, daß sie für die Erkennung von Fokusakzenten Auswirkungen hätten.

Diese Dauerbeziehung zwischen Antwort und Frage in Phrasen und der Gesamtäußerung besteht auch in den Sätzen, in denen die Länge der ersten Phrase variiert wurde. Außerdem ist hier deutlich zu sehen, daß die zweite und finale Phrase im Grunde ihre Dauer beibehält. Im Hinblick auf die Angaben in der Literatur, z.B. Lindblom et al. (1981), wäre zu erwarten gewesen, daß bei steigender Gesamtdauer die zweite Phrase verkürzt worden wäre.

	Intonations-typ	1. Phrase	1. Pause	2. Phrase	2. Pause	3. Phrase	gesamte Äußerung
Gesamt-Äußerung = 1 Phrase	Antwort	1530	–	1299	–	992	3827
	Frage	1418	–	1203	–	845	3552
3 Phrasen ohne Pause	Antwort	1658	–	1568	–	1050	4282
	Frage	1594	–	1446	–	979	4006
3 Phrasen mit Pausen	Antwort	1594	582	1293	499	941	4851
	Frage	1517	531	1299	422	934	4710

Tabelle 6: Dauerwerte des Satzes (23) „Viele junge Maler in Naalen leben in hellen Wohnungen in Hohenlahningen" in Millisekunden (Sprecherin BW)

Satz	Intonations-typ	1.Phrase	1. Pause	2. Phrase	gesamte Äußerung
(6) Viele junge Máler fahren nach Hohenláhningen.	Antwort Frage	1120 1037	1216 250	1350 1178	2880 2470
(7) Viele junge Máler in Náalen fahren nach Hohenláhningen.	Antwort Frage	1722 1600	422 461	1312 1274	3456 3334
(8) Viele junge Máler und dumme Máhner aus dem alten Náalen fahren nach Hohenláhningen.	Antwort Frage	3181 2989	544 410	1395 1261	5120 4653
(9) Viele junge Máler mit einem großen Námen aus dem alten Náalen fahren nach Hohenláhningen.	Antwort Frage	3635 3373	627 467	1408 1210	5670 5056

Tabelle 7: Dauerwerte des Materials NAALEN - C in Millisekunden (Sprecherin BW)

1.4.2.2 Das Korpus LANG

Das Korpus LANG enthält komplexe Äußerungen, die aus drei prosodischen Phrasen bestehen. Die Hälfte des Materials umfaßt sechs Sätze mit stimmlosen Obstruenten, die andere Hälfte sechs Sätze mit stimmhaften Konsonanten. In beiden Materialhälften ist die finale Phrase jeweils konstant. Variiert wird vor den beiden medialen Phrasengrenzen die Silbenzahl (1-3) sowie die Position des Wortakzents. Diese Anordnung wurde getroffen, um die Zusammenhänge zwischen Fokusakzent und Grenzton deutlich herauszustellen. Die Variationen im Material zeigt Tabelle 8.

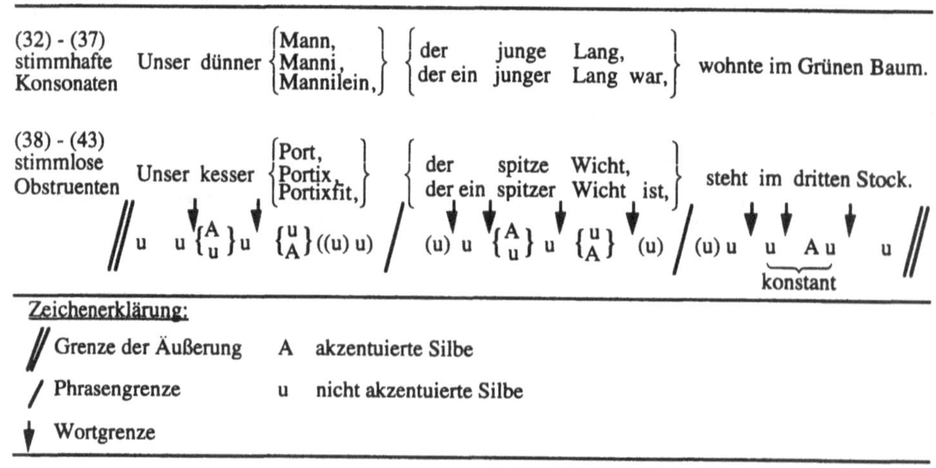

Tabelle 8: Übersicht über das Material LANG

Festgelegt wurde in diesem Korpus die Signalisierung der internen Phrasengrenze: durch eine deutliche physische Pause (= akustische Stille) und durch den hohen Grenzton (= weiterweisende = progrediente Intonation).

Das Material wurde vom Sprecher RB produziert. Es enthält 12 Sätze mit jeweils 4 Akzentuierungsvarianten und jeweils 2 bearbeiteten Produktionen = 96 Äußerungen. Aufnahme und Analyse erfolgte wie oben.

Einige repräsentative Fo-Kurven sind in den Abbildungen 15a-h wiedergegeben, davon zwei im Haupttext, die restlichen in Anhang C. Vier Sätze enthalten Sonoranten (Mann, Mannilein), vier Sätze (Port, Portixfit) stimmlose Obstruenten.

Das letzte, nicht akzentuierte Wort der ersten Phrase enthält einen bzw. drei Akzente. Der Akzent liegt auf dem Adjektiv. Die zweite Phrase ist jeweils konstant, nur der Platz des Fokusakzents wechselt. Es ist wiederum deutlich zu sehen, daß den Fo-Kurven der obstruentischen Äußerungen sehr viel tonale Information fehlt. Die schematisierten und überlagerten Fo-Kurven, getrennt für jeden der beiden Sprecher, geben die Abbildungen 16a-e und 17a-e, von denen wiederum jeweils zwei im Haupttext und die restlichen in Anhang C dargestellt werden.

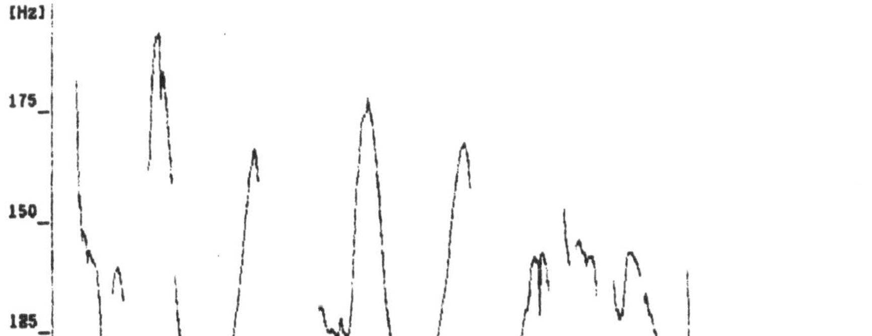

Abb. 15a: **Prosodisch komplexe Äußerung des Materials LANG mit Sonoranten (Sprecher RB), Satz (32a): „Unser dünner Mann, der junge Lang, wohnte im Grünen Baum."**

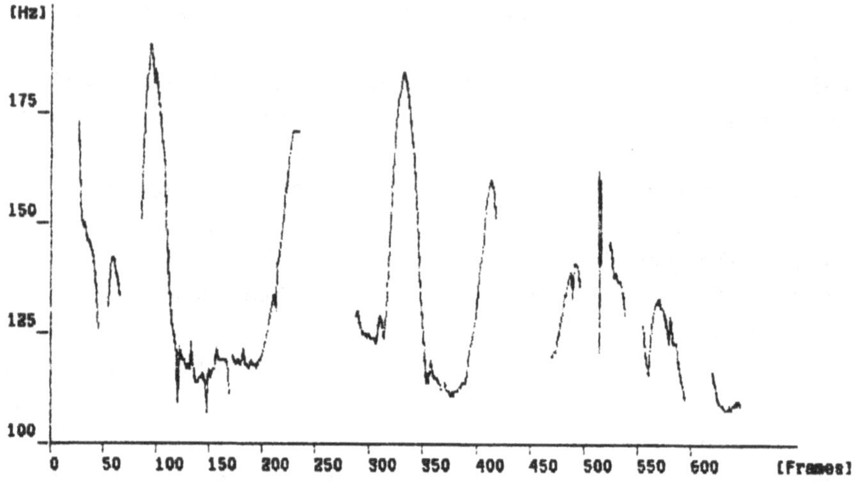

Abb. 15b: **Prosodisch komplexe Äußerung des Materials LANG mit Sonoranten (Sprecher RB), Satz (34a): „Unser dünner Mannilein, der júnge Lang, wohnte im Grünen Baum."**

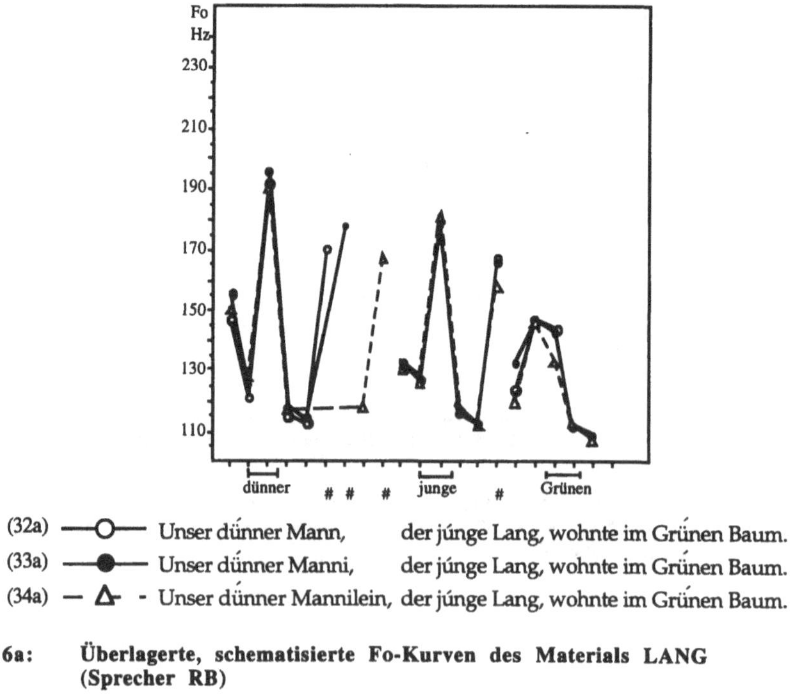

Abb. 16a: **Überlagerte, schematisierte Fo-Kurven des Materials LANG (Sprecher RB)**

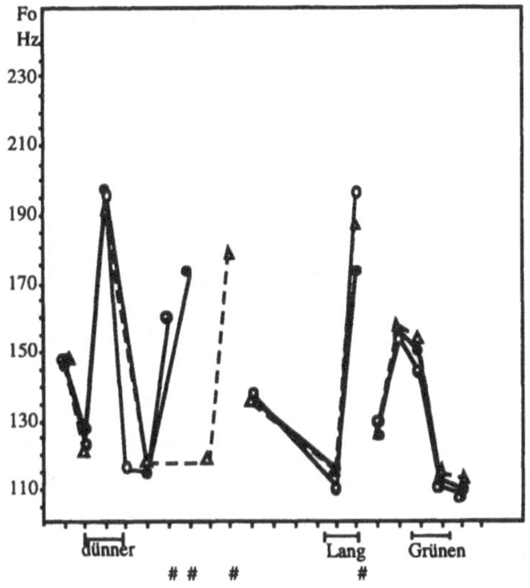

(32b) —○— Unser dǘnner Mann, der junge Láng, wohnte im Grǘnen Baum.
(33b) —●— Unser dǘnner Manni, der junge Láng, wohnte im Grǘnen Baum.
(34b) – △ - Unser dǘnner Mannilein, der junge Láng, wohnte im Grǘnen Baum.

Abb. 16b: Überlagerte, schematisierte Fo-Kurven des Materials LANG (Sprecher RB)

Satz	Akzent-muster	
32	1 2	Unser dǘnner { Mann, der júnge Lang, / Mannilein, der junge Láng, } wohnte im Grǘnen Baum.
34	3 4	Unser dünner { Mánn, der junge Láng, / Mánnilein, der júnge Lang, } wohnte im Grǘnen Baum.

Satz	Akzent-muster	1. Phrase	1. Pause	2. Phrase	2. Pause	3. Phrase	gesamte Äußerung
32	1	1018	442	915	301	1338	4000
	2	1005	275	877	378	1306	3904
	3	915	314	800	218	1299	3552
	4	960	269	838	211	1229	3520
34	1	1363	301	1293	358	1293	4614
	2	1299	314	1184	403	1209	4410
	3	1235	294	1210	160	1242	4160
	4	1306	160	1235	173	1261	4160

Tabelle 9: Dauerwerte der Sätze (32) und (34) des Materials LANG in Millisekunden (Sprecher RB)

Zur Illustration der Dauercharakteristika dieses Materials wurden zwei Sätze (32 und 34) des Sprechers RB mit ihren gesamten Variationen ausgewählt. Die Dauerwerte werden nach Phrasen- und Pausenlänge und Länge der gesamten Äußerung in Tabelle 9 zusammengestellt.

Ergebnisse

Fo. Auch in diesem Material werden die Fo-Kurven der Sätze mit vorwiegend stimmhaften Konsonanten denen mit stimmlosen Obstruenten gegenübergestellt. Wieder ist die lückenhafte tonale Information deutlich zu sehen. In den mehr vollständigen Kurven treten die Hochakzente in den beiden nicht finalen Phrasen deutlich hervor, ebenso der fallende Akzent auf „Grünen“ in der finalen Phrase. Deutlich zu erkennen sind die Pausen und die hohen Phrasentöne davor. Es ist zu beachten, daß zwei Fälle allein tonal, d.h. aufgrund der Fo-Kurve, nicht zu unterscheiden sind. Sie sind dem Aussehen nach identisch: die unbetonte Silbe vor der Phrasengrenze mit dem Phrasenton allein und die gleiche akzentuierte Silbe vor der Phrasengrenze mit dem zusätzlichen Phrasenton. Solche tonal zweideutigen Fälle sind nur mit Hilfe weiterer akustischer (spektraler und temporaler) Information zu klären.

Die Äußerungen im Material LANG haben durch die größere prosodische Komplexität auch eine deutlich größere Dauer. In diesen langen Äußerungen macht sich die Deklination der Fo, d.h. das allmähliche Absinken der Fo-Werte durch die Äußerung hindurch, deutlich bemerkbar.

Es ist auch deutlich zu bemerken, wie der Umfang der gesamten tonalen Variation immer kleiner wird, je näher man an das Ende der Äußerung kommt. Ganz offensichtlich ist die tonale Bewegung des Akzents der finalen Phrasen (Akzent auf „Grünen“) linear gesehen geringer als in den Akzenten davor. Diese linear ungleiche, aber perzeptuell gleiche Gewichtung der semantischen Inhalte dieser Wörter wird bei der Entwicklung des Algorithmus für die Erkennung der Fokusakzente gebührend Rechnung zu tragen sein.

Dauer. Bei dieser systematischen Variation des Akzentmusters in der ersten bzw. zweiten Phrase tritt ein ziemlich komplexes Wechselspiel zwischen Akzentmuster und den Phrasendauern auf. Allerdings sind auch hier die relativ geringen Dauerunterschiede ohne Folgen für die Erkennung der Fokusakzente.

Die Dauer der dritten Phrasen scheint im großen und ganzen gleich zu bleiben. Die Gesamtdauer beider Sätze fällt offensichtlich in zwei Kategorien: längere Dauer für die Akzentmuster 1 und 2, kürzere Dauer für die Akzentmuster 3 und 4 für beide Sätze. Die wenigen Meßwerte lassen auch hier keine sichere Aussage zu. Als plausible Hypothese läßt sich aber annehmen, daß Phrasen mit nur einem Akzent auf dem letzten Wort eine geringere Dauer aufweisen als Phrasen, in denen der Akzent auf einem initialen Wort liegt. Außerdem müßte sich die Phrasendauer ändern, wenn Akzente über den Phrasengrenzen, allerdings gesprochen ohne Pause, direkt aufeinander stoßen.

Über die Dauer der Pausen läßt sich keine regelhafte Aussage treffen. Abgesehen von den wenigen Meßwerten, konnten die Sprecher in der vorgegebenen Aufnahmesituation die Pausenlängen steuern.

1.5 Der Algorithmus zur Erkennung der Fokusakzente

Bei der Entwicklung eines Programmpaketes zur automatischen Erkennung von Fokusakzenten gingen wir von einem traditionell phonetischen Ansatz zur Behandlung der analysierten Fo-Kurve aus. Aus verschiedenen Gründen haben wir im Laufe der Forschungsarbeit noch zwei weitere Strategien aufgegriffen.

Die Fo-Werte, die der Analyse-Algorithmus automatisch aus dem Sprachsignal extrahiert, haben charakteristische Eigenschaften. Da sich die Fokusakzente hauptsächlich in der Fo einer gegebenen Äußerung niederschlagen, sollen zuerst die phonetisch-akustischen Aspekte der Wortakzenterkennung dargestellt werden.

1.5.1 Phonetisch-akustische Aspekte der Wortakzenterkennung

Bedingt durch die Sprachproduktion, enthält das Sprachsignal stimmhafte und stimmlose Segmente. Die Grundfrequenz Fo ist also im akustischen Bereich nur an den Stellen der Äußerung zu finden, wo die Stimmlippen bei der Lautbildung schwingen. Auch bei fehlenden Teilen der Fo in einer Äußerung perzipiert der Hörer eine vollständige, ununterbrochene Melodie. Dies wird deutlich an folgenden Sätzen (die unterstrichenen Buchstaben repräsentieren stimmlose Konsonanten):

(44) Die Moni will malen lernen.
(45) Der Pappi packt den Pickel.

Im ersten Satz liegt nach der Fo-Analyse eine (meistens) vollständige Fo-Kurve vor. Im zweiten Satz dagegen ist die Fo-Kurve an sechs Stellen, die den stimmlosen Konsonanten (bzw. Konsonantengruppen) entsprechen, unterbrochen. Trotzdem klingt hier die Intonation nicht „durchlöchert". Beim Spracherwerb haben wir gelernt, diese Lücken in der Fo zu interpolieren.

Eine analysierte Fo-Kurve enthält aber auch noch andere Eigenschaften, die als Folge der Lautproduktion der eigentlichen Fo-Kurve superponiert sind. Es handelt sich hier um die Erscheinung der sog. Mikrointonation, die durchaus als Störung der ursprünglichen, idealen Fo-Kurve zu sehen ist.

Generell ist festzustellen, daß jeder Laut durch seine spezifischen Eigenschaften die Frequenz der Stimmlippenschwingungen - und damit die Fo - in unterschiedlichem Maße beeinflußt. Diese Beeinträchtigungen der eigentlichen Fo zeigt sich besonders deutlich vor bzw. nach den Lücken in der Fo, die von stimmlosen Konsonanten stammen. Aber auch voll stimmhafte Konsonanten, vor allem stimmhafte Obstruenten wie z.B. [v, z, b] verändern lokal die Fo, indem die Fo in ihrem segmentalen Bereich stark absinkt, um gleich wieder stark zu steigen.

Weitere Fehler finden sich in den Werten der Fo-Analyse, die durch den Algorithmus der Fo-Analyse hervorgerufen werden. So kommt es vor, daß Fo-Werte überflüssigerweise angezeigt werden, z.B. mitten in stimmlosen Konsonanten, wo ja der Fo-Wert gleich Null ist, oder aber, daß Fo-Werte vereinzelt fehlen.

Bei der traditionellen Bearbeitung der Fo-Kurven versteht es der Phonetiker, diese genannten Fehler bzw. Abweichungen von der idealen, d.h. vollständigen und ungestörten Fo-Kurve, dank seiner Kenntnisse, seines Wissens und seiner Erfahrung visuell zu berichtigen.

Deshalb erweist es sich als notwendiger Schritt, die Fo-Werte der Analyse automatisch zu berichtigen und zu ergänzen. Hierbei bieten sich verschiedene Verfahren an: Die phonetische Restaurierung und Rekonstruktion der Fo-Kurve sowie deren Stilisierung. Bei der Stilisierung werden die größeren Veränderungen der Fo-Kurve, die sprachlich relevant sind, durch Geraden ersetzt, wobei gleichzeitig die Fo-Kurve ergänzt wird. Bei der phonetischen Restaurierung und Rekonstruktion wird versucht, es dem Phonetiker gleichzutun, indem von den Fo-Werten der Analyse die richtigen Werte bzw. Wertfolgen (d.h. Teile der Kurve) beibehalten, die gestörten Teile der Kurve aber berichtigt bzw. ergänzt werden.

Nach der Berichtigung bzw. Nachbesserung der Fo-Werte einer Äußerung ergaben sich die Fokusakzente der Äußerung als relativ deutliche und große tonale Veränderungen in der Fo-Kurve der gesamten Äußerung. Die auftretenden tonalen Veränderungen können verschiedener Art sein: Ein Fokusakzent zeigt sich als Gipfelakzent durch einen tonalen Anstieg, dem unmittelbar ein Fall folgt. Als Brückenakzent besteht der erste Akzent aus dem Anstieg, der zweite aus dem Fall. So gesehen, ließe sich der Brückenakzent aus den beiden Hälften von zwei Gipfelakzenten betrachten.

Aus phonetisch-akustischer Sicht sind zur erfolgreichen automatischen Erkennung der Wortakzente allein mit Hilfe tonaler Information (Intonation) folgende Schritte notwendig: Aufbereitung der aktuellen Fo-Kurve und die eigentliche Fokusakzenterkennung.

1.5.2 Aufbereitung der Fo-Kurve

1.5.2.1 Phonetische Restaurierung der Fo-Kurve

Die aus dem akustischen Signal analysierte Fo-Kurve weist zweierlei Abweichungen auf: Direkte Fehler des Fo-Analyse-Algorithmus und Fo-Werte, die auf Grund von aerodynamischen Bedingungen bei der Produktion von Lauten von der idealen Kurve abweichen. So verursachen z.B. stimmhafte Obstruenten eine kräftige, momentane Absenkung der Fo gerade in einem Segment. Teile der Fo-Kurve fehlen, wenn stimmlose Konsonanten vorliegen oder die Intensität des Signals, besonders am Ende von Äußerungen sehr niedrig ist. Deshalb müssen falsch angezeigte Fo-Werte gestrichen und fehlende Fo-Werte ergänzt werden. Verzerrte Fo-Werte nach bzw. vor Lücken in der Kurve, die stimmlosen Konsonanten entsprechen, werden geglättet. Die Fo-Kurve über die lokale Störung (Fall-Anstieg) von stimmhaften Obstruenten ist zu begradigen. Die Lücken der stimmlosen Konsonanten werden überbrückt. Die Vervollständigung der Kurve erfolgt, indem Ende und Beginn der Kurve um eine Lücke nicht linear (d.h. interpoliert), sondern mit einer Kurve höherer Ordnung (z.B. Parabel) verbunden werden.

Bei der Anwendung der Methode der phonetischen Restaurierung ergaben sich große Schwierigkeiten, als es darum ging, eben diese Lücken in den Fo-Kurven phonetisch sinnvoll zu schließen. Wir verwendeten die Anpassung einer Parabel der Form $y = ax^2+bx+c$ an die Kurvenstücke links und rechts einer Lücke. Die Probleme ergaben sich aus der Tatsache, daß die Kurvenwerte links und rechts der Lücke trotz Korrektur sehr ungenau und damit unzuverlässig waren. Dadurch entstanden oft Kurvenergänzungen, die phonetisch nicht sinnvoll waren. Phonetisches Wissen lehrt, daß die Fo-Kurve im Grunde, d.h. wenn alle störenden Einflüsse eliminiert werden, einen sehr gleichmäßigen Verlauf hat.

1.5.2.2 Feststellung der prosodischen Komplexität von Äußerungen

Zur vorbereitenden Bearbeitung der Fo-Kurve gehört auch die Feststellung der prosodischen Komplexität von Äußerungen. Prosodisch komplexe Äußerungen bestehen aus zwei oder mehreren prosodischen Phrasen. Nicht finale prosodische Phrasen werden durch die sog. Fortsetzungsintonation gekennzeichnet. Sie werden tonal durch den sog. Phrasenton signalisiert, der meistens ein Hochton ist. Häufig werden diese Phrasen auch durch Pausen von den folgenden Phrasen getrennt. Diese beiden Merkmale, hoher Phrasenton und Pause, sind in unseren komplexen Sätzen enthalten. Das Modul zur Erkennung der prosodischen Komplexität von Äußerungen baut auf diese Merkmale auf.

Ein zusätzliches Charakteristikum von Äußerungen ist deren Gesamtlänge. Dabei ist es grundsätzlich so, daß einfache prosodische Äußerungen eine kürzere Dauer haben als komplexe. Auch dieses Kennzeichen wird für die Erkennung der Komplexität von Äußerungen benützt.

Nach der Fehlerkorrektur und Restaurierung der Fo-Kurve sortiert der Algorithmus die Äußerungen in lange (= komplexe) und kurze (= einfache). Der Grenzwert wurde für das untersuchte Material und die verwendeten Sprechproben auf 2240 ms (= 350 Frames) festgelegt.

1.5.3 Die Wortakzenterkennung

Nachdem die Fo-Werte berichtigt und ergänzt worden sind, beginnt die eigentliche Suche nach den Wortakzenten. Sie schlagen sich in den lokalen und relativ großen tonalen Veränderungen der Fo-Werte nieder, und zwar entweder als Anstieg oder als Fall der Fo-Kurve. Dabei wird der grobe Kurvenverlauf, d.h. die Veränderung des Kurvenverlaufs nach oben bzw. unten, festgestellt und bewertet. Es wird untersucht, ob in der Fo-Kurve ein sprachlich relevanter Verlauf vorliegt. Dabei sind zwei Bedingungen zu erfüllen: (a) die tonale Veränderung muß über eine genügend große Zeitspanne erfolgen und (b) die tonale Veränderung muß eine bestimmte Größe überschreiten.

1.5.4 Die drei Programmpakete

Der erste Ansatz zur Entwicklung einer automatischen Methode zur Erkennung von Fokusakzenten folgte dem phonetischen Prinzip der Rekonstruktion der eigentlichen Fo-Kurve. Die Variation der Fo, wie sie von Sprechern gesteuert wird, ist im Sprachsignal nicht vorzufinden. Die tatsächlich analysierte Fo-Kurve enthält überlagert verschiedene Effekte, die bei der Produktion der Laute entstehen. Es wird daher versucht, in dieser „gestörten" Fo-Kurve die ursprüngliche Kurve wiederzufinden. Die größten Schwierigkeiten ergeben sich hier bei der Überbrückung der Lücken, die durch stimmlose Konsonanten und Konsonantengruppen verursacht werden. Der zweite Ansatz, die vollständige Stilisierung der Fo-Kurve durch Geraden, vermeidet dieses Problem. Eine dritte Strategie zielt direkt auf die größten tonalen Bewegungen, hinter denen die Fokusakzente zu vermuten sind. Mit dieser Methode umgeht man einige Probleme der anderen Ansätze. Kritisch hierbei ist jedoch die Definition der tonalen Eigenschaften, die genau den Fokusakzenten entsprechen.

Als Folge der drei verwendeten Strategien - phonetische Rekonstruktion der Fo-Kurve, vollständige Stilisierung der Fo-Kurve und direktes Auffinden der Fokusakzente in der Fo-Kurve - wurden drei Programmpakete entwickelt, wobei die Restaurierung der Fo-Kurve allen gemeinsam ist. Bei der Methode der phonetischen Rekonstruktion bleibt ein Großteil der ursprünglichen Fo-Kurve erhalten. Bei den beiden anderen Methoden wird die ursprüngliche Fo-Kurve durch Geraden stilisiert, teils vollständig, teils nur im Bereich der steilen Kurvenbewegungen, hinter denen die Fokusakzente verborgen sind

Die Programmpakete bestehen aus mehreren Modulen zur Anzeige der Eingabedaten sowie der Ausgabedaten, jeweils in verschiedenen Formaten und dem eigentlichen Analyseprogramm.

1.5.4.1 Restaurierung der Fo-Kurve

Die Schritte 1-6 sind allen drei Programmpaketen gemeinsam.

1. Streichen falsch angezeigter Fo-Werte. Sie treten vereinzelt in größeren Lücken der Kurve auf (bedingt durch die Fo-Analyse).

2. Ergänzen fehlender Fo-Werte. Sie treten vereinzelt auf und sind ebenfalls durch die Fo-Analyse bedingt.

3. Glättung verzerrter Fo-Werte nach bzw. vor Lücken in der Kurve, die stimmlosen Konsonanten entsprechen. Diese falschen Fo-Werte sind eine Folge von Segmenteigenschaften.

4. Entfernen von „Zacken" aus der Kurve. Dabei handelt es sich um Abweichungen von mehr als 10 Hz zwischen zwei aufeinander folgenden Fo-Werten. Der übernächste Fo-Wert ist dann entweder wieder im richtigen Bereich, oder er weicht in die andere Richtung ab. (z.B.: 222 Hz, <u>256</u> Hz, 225 Hz; 180 Hz, <u>230</u> Hz, 140 Hz, 185 Hz).

5. Ergänzung der großen Akzentbewegungen (Anstieg bzw. Fall) über Lücken der stimmhaften Obstruenten. Hinter diesen Lücken verbergen sich oft Wortakzente. Folgende Bedingungen müssen erfüllt sein:
   (a) Fo-Veränderungen $\Delta Fo > 14$ Hz
   (b) Zeitspanne (= Dauer der Lücke) $\Delta t \leq 36$ Frames (= 230,4 ms).

6. Auffinden von Phrasengrenzen. Dazu werden die Pausen zwischen den Phrasen gesucht und markiert. Folgende Bedingungen gelten: Wenn die Äußerung kürzer als 350 Frames (= 2240 ms) ist, kann es sich in unserem Material nicht um eine mehrphrasige Äußerung handeln. In diesem Fall wird mit dem nächsten Schritt fortgefahren. Wenn die Äußerung länger als 350 Frames ist, werden alle stimmlosen Kurvenstücke untersucht. Ist ein solches Kurvenstück länger als 50 Frames (= 320 ms), handelt es sich zweifellos um eine Pause in der Äußerung. Ist das Kurvenstück dagegen nur länger als 25 Frames (= 160 ms), muß unmittelbar vorher ein Anstieg von 20 Hz erfolgen. Dies ist der Anstieg des Phrasentons. Ist die Pause kürzer als 25 Frames, kann es sich nicht um eine Pause zwischen zwei Phrasen handeln. Alle Werte wurden im Material empirisch ermittelt.

1.5.4.2 Das Programmpaket mit der vollständigen Stilisierung der Fo-Kurve

Nach der Restaurierung der Fo-Kurve (Schritte 1-6) erfolgt die Stilisierung als Zwischenschritt zur eindeutigen Beurteilung des groben Kurvenverlaufs.

Die Methode der Stilisierung ist gerechtfertigt durch die Tatsache, daß die relativ kleinen Variationen der Fo-Kurve, die nicht auf tonale phonologisch-linguistische Elemente zurückzuführen sind, vom menschlichen Ohr nicht bewußt registriert werden. Dies haben uns die bereits klassischen Versuche der niederländischen Phonetiker gezeigt (vgl. 't Hart und Cohen 1973). Die Stilisierung der Fo-Kurve hat den Zweck, gerade diese sprachlich irrelevanten Variationen der Fo-Kurve auszuschalten. Dabei geht es darum, daß die linguistisch relevanten Bewegungen der Kurve, die z.B. einen Fokusakzent oder Phrasenton ausdrücken, zu

Geraden approximiert, erhalten bleiben, während der Rest der Kurve zu so großen Teilen wie möglich durch Geraden ersetzt wird. Wenn dies gelingt, auch über die Lücken der stimmlosen Konsonanten hinweg, treten die linguistisch relevanten Bewegungen der Fo in der Äußerung deutlich hervor und können somit leicht und eindeutig erkannt werden. Die Stilisierung der Fo-Kurve durch Geraden umfaßt die folgenden drei Schritte:

7a. Auffinden der Akzentmaxima bzw. -minima. Es werden die Fo-Werte gesucht, die höher bzw. niedriger sind als die sie umgebenden Werte, wenn folgende zwei Bedingungen erfüllt sind: Der Fo-Unterschied zwischen dem gesuchten Maximum und dem Wert, der 24 Frames (=153,6 ms) links bzw. rechts davon liegt, muß gleich oder größer als 20 Hz sein. Dies gilt für alle Positionen in der Äußerung ohne Berücksichtigung ihrer Dauer und damit ihrer möglichen Fo-Deklination. Durch das Maximum und die Punkte links bzw. rechts davon wird eine Gerade gelegt. Wenn ein steiles Kurventeil nach Punkt 5 der Restaurierung (oben) in die Gerade eingeht, werden beide Geraden zu einer neuen steilen Gerade vereinigt.

   Die verbleibenden Kurventeile bis zu den Lücken der stimmlosen Konsonanten werden in Teile von jeweils 48 Frames (= 307,2 ms) aufgeteilt, und eine Gerade wird angepaßt. Reststücke werden dabei angehängt.

8a. Zusammenfassung der aufeinander folgenden, nicht steilen Geraden über 48 Frames zu einer einzigen, langen Gerade, auch über die verbliebenen Lücken hinweg.

9a. Verhinderung von Schnittpunkten der Geraden beim Zusammenfassen, die völlig außerhalb des Kurvenbereichs fallen würden.

Somit liegt eine vollständige Kurve aus Geraden vor, die grundsätzlich zwei Neigungsgrade aufweist: Geraden mit großer positiver bzw. negativer Steigung (Anstieg bzw. Fall von Fokusakzenten und/oder hohem Phrasenton) sowie Geraden mit geringer Steigung als Verbindung zwischen den Steilstücken.

10. Feststellung der Steilheit der gefundenen Geraden. Die steilen Geraden werden mit Bewegungen von Fokusakzenten gleichgesetzt. Zwei Fälle kommen vor:

    (1) eine steile Gerade mit positiver Steigung, der eine mit negativer Steigung unmittelbar folgt (Anstieg und Fall = Gipfelakzent)

    (2) es liegt nur eine steile Gerade entweder mit positiver oder negativer Steigung vor (Anstieg bzw. Fall des Brückenakzents; Fall = Tiefakzent)

1.5.4.3 Das Programmpaket mit dem direkten Zugriff auf die Fokusakzente

Auch bei der vollständigen Stilisierung der Fo-Kurve treten Probleme auf. Deshalb wurde versucht, nur die Steilstücke der ursprünglichen Fo-Kurve durch Geraden zu stilisieren. Der Rest der Kurve wird nicht bearbeitet.

Nach den Schritten 1-6 werden folgende Schritte getätigt:

7b. Auffinden der Fo-Maxima bzw. Minima der Fokusakzente. Bedingungen wie Schritt 7a.

8b. Ergänzung der Steilstücke der Kurve. Von den Teilstücken und Schritt 7b ausgehend wird das anschließende Fo-Minimum bzw. Maximum gesucht. Dieses steile Kurvenstück, dessen Dauer variiert, wird als Gerade stilisiert dem Stück nach 7b angeschlossen.

9b. Bewertung des Kurvenverlaufs. In den gefundenen steilen Geraden der Akzentteile der Fo-Kurve wird die Frequenzdifferenz nicht konstant wie in (9c unten) angesetzt, sondern vielmehr variiert je nach der Länge der Äußerung, die oft mit ihrer prosodischen Komplexität zusammenhängt, sowie der Position des Akzents in Bezug auf Anfang und Ende der Äußerung.

Ausgehend vom Wert der Frequenzdifferenz für den Fokusakzent von 30 Hz werden die Werte der weiteren Akzente wie folgt verringert:

Der erste Akzent in einer einfachen Äußerung bzw. Akzente der 1. Phrase einer komplexen Äußerung erhält 100% des Ausgangswertes von 30 Hz. Akzente in der 2. Phrase von komplexen Äußerungen erhalten nur 80% des Ausgangswertes (= 24 Hz). Der letzte Akzent in einer einfachen prosodischen Äußerung bzw. in der letzten Phrase einer komplexen prosodische Äußerung erhält 60% (= 18 Hz).

Diese nach rechts wirkende Absenkung der Fo-Werte spiegelt die Auswirkung der Fo-Deklination auf die Manifestation der Akzente in Äußerungen unterschiedlicher prosodischer Struktur und Länge wieder.

1.5.4.4 Das Programmpaket mit der phonetischen Rekonstruktion der Fo-Kurve

Die natürlichen Bewegungen der Fo-Kurve gleichen Sinuskurven bzw. Geraden. Um die korrigierte Fo-Kurve zu vervollständigen, erfolgt der nächste Schritt:

7c. Überbrückung der Lücken in der Fo-Kurve. Fehlende Werte der Fo, die auf stimmlose Konsonanten und Konsonantengruppen zurückgehen, werden ergänzt indem eine Parabel an die Kurvenstücke zu beiden Seiten der Lücke angepaßt wird.

Nachdem die Fo-Werte durch die Schritte 1-6 und 7c berichtigt und ergänzt worden sind, beginnt die eigentliche Suche nach den Wortakzenten:

8c. Feststellung des groben Kurvenverlaufs. Die Veränderung des Kurvenverlaufs nach oben bzw. unten wird festgestellt.

9c. Bewertung des Kurvenverlaufs. Es wird festgestellt, ob in der Fo-Kurve ein sprachlich relevanter Verlauf vorliegt. Dabei sind zwei Bedingungen zu erfüllen:

(1) die tonale Veränderung muß über eine genügend große Zeitspanne erfolgen. Für unseren männlichen Sprecher wurden ermittelt: Δ t = 18 Frames = 114,4 ms mit höchstens 9 Frames Ausnahmen.

(2) die tonale Veränderung muß eine bestimmte Größe überschreiten. Für die nicht emphatische Intonation wurden ermittelt: Δ Fo = 30 Hz.

Beide Bedingungen spiegeln die temporale bzw. tonale Dimension der Intonation wieder. Das Charakteristikum der Fokusakzente ist es eben, daß sie im Fo-Verlauf einer Äußerung als relativ große Veränderungen der Kurve über 1-3 Silben wiederzuerkennen sind, was sie deutlich von Auswirkungen irrelevanter Faktoren, wie Mikrointonation und Mängeln der Fo-Analyse, unterscheidet.

1.5.5 Ergebnisse

Die Wirkungsweise der Programmpakete wird an den verschiedenen Sprachkorpora durch Beispiele in den Abbildungen 18-20 dargestellt. Für das Material JOHANNES wurde der phonetische Algorithmus verwendet, für die anderen der Algorithmus der vollständigen Stilisierung. Gezeigt werden Äußerungen des Sprechers RB, teils mit einfacher, teils mit komplexer prosodischer Struktur. Die Abbildungen zeigen die analysierte Fo-Kurve nach den Schritten der Fehlerkorrektur, die durch Geraden stilisierte Kurve, die Markierung der erkannten Fokusakzente entlang der Zeitachse, sowie bei prosodisch komplexen Äußerungen die Phrasengrenzen. Der hohe Phrasenton der nicht finalen Phrasen, der als steiler Fo-Anstieg in der Kurve zu sehen ist, wird aufgrund der akustisch-tonalen Information ebenfalls als Fokusakzent gewertet.

Eine qualitative Auswertung der Wirkungsweise der vorgestellten Algorithmen zur Erkennung von Fokusakzenten zeigt, daß die Fokusakzente in allen Korpora in den meisten Fällen erkannt werden. Bei einer Untersuchung der Ausfälle haben wir folgende Fehlertypen festgestellt:

1. Die Stilisierung von Teilen der Fo-Kurve, besonders bei den prosodisch komplexen Äußerungen, mißlingt. Am häufigsten wird die Fo-Kurve einer Phrase durch eine ein-

zige durchschnittliche Gerade approximiert. Dies scheint eine Folge des Nichtauffindens der Fo-Maxima in diesem Kurvenbereich zu sein.

2. Im Algorithmus mit der phonetischen Rekonstruktion der Fo-Kurve werden die Lücken der stimmlosen Konsonanten durch „unmögliche" Parabeln geschlossen. Die Ursache hierfür liegt in der großen Unsicherheit der analysierten Fo-Werte links und rechts der Lücken.

3. Vorhandene Fokusakzente werden nicht angezeigt. Verfehlt wird der eine Teil der Gipfelbewegung (Anstieg bzw. Fall). Ein in der Fo-Kurve durch Anstieg und Fall vollständig ausgeprägter Fokusakzent wird dagegen immer erkannt.

4. Problemfälle stellen auch die rechte abfallende Flanke, d.h. der zweite Akzent, der Brücke sowie der Fokusakzent in der finalen Phrase von komplexen und damit langen Antworten dar. Die Schwierigkeiten liegen teils in den relativ geringen tonalen Unterschieden bei der Realisierung dieser Akzente, teils in den segmentellen Auswirkungen auf die Fo. So verursacht das stimmhafte zweite „s" in „Susanne" (Korpus JOHANNES) einen relativ großen Einbruch in der hoch verlaufenden Fo-Kurve.

5. Der Algorithmus zeigt aber auch Fokusakzente an, die gar nicht vorhanden sind. Dies ist oft der Fall zu Beginn der dritten Phrase („wohnte") in den Korpora NAALEN und LANG. Der Fehler tritt auch zu Beginn der Äußerung von NAALEN auf, wenn der erste Akzent erst relativ spät in der ersten Phrase liegt. Die Fo zeigt dann einen relativ stark fallenden Verlauf, der durch den hohen initialen Anfangswert der Fo- (besonders bei Sprecherin PS) verursacht wird.

Die beobachteten Fehler beurteilen wir jedoch als nicht allzu gravierend. Bedeutend schwieriger wiegt ein anderer Umstand. Im Verlauf der Entwicklung des Erkennungsalgorithmus mußten wir immer wieder feststellen, daß die Fo-Extraktion aus dem Sprachsignal die größten Schwierigkeiten bereitete. Eine große Zahl der Fehleranzeigen der Algorithmen ließ sich, wie wir bei einer genauen Analyse feststellen mußten, auf die stark abweichenden und verzerrten Fo-Werte des Fo-Analyse-Algorithmus zurückführen. Besonders zahlreich sind die Fehler in den Äußerungen, die viele stimmlose Konsonanten, und somit ein Minimum an sicherer tonaler Information enthalten. Auch wir mußten feststellen, daß die automatische Fo-Analyse, und da wiederum die grundlegende Entscheidung zwischen periodischen und aperiodischen Stellen im Sprachsignal, ein Problem in sich darstellt (vgl. Hess 1982). Natürlich würde der Algorithmus zur Erkennung von Fokusakzenten viel besser arbeiten, wenn die als Eingabe benutzten Fo-Werte nicht so stark mit Fehlern behaftet wären wie dies bei dem von uns verwendeten Analyse-Algorithmus der Fall ist.

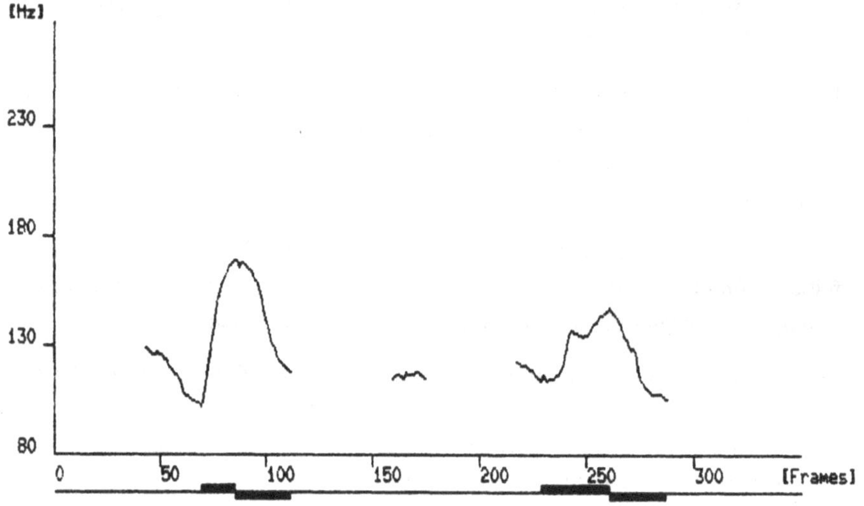

Abb. 18a: Erkennung der Fokusakzente des Materials JOHANNES (Sprecher RB): „Johánnes liebt Susánne." (Hochakzent)

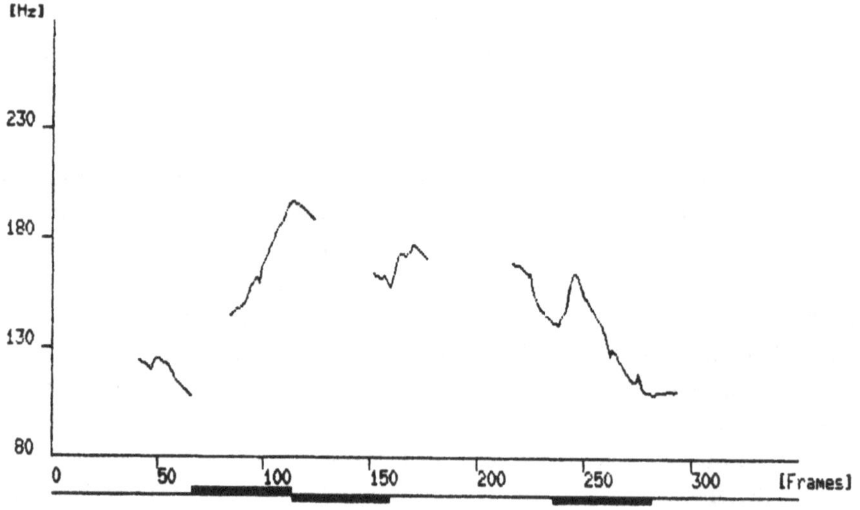

Abb. 18b: Erkennung der Fokusakzente des Materials JOHANNES (Sprecher RB): „Johánnes liebt Susánne." (Brückenakzent)

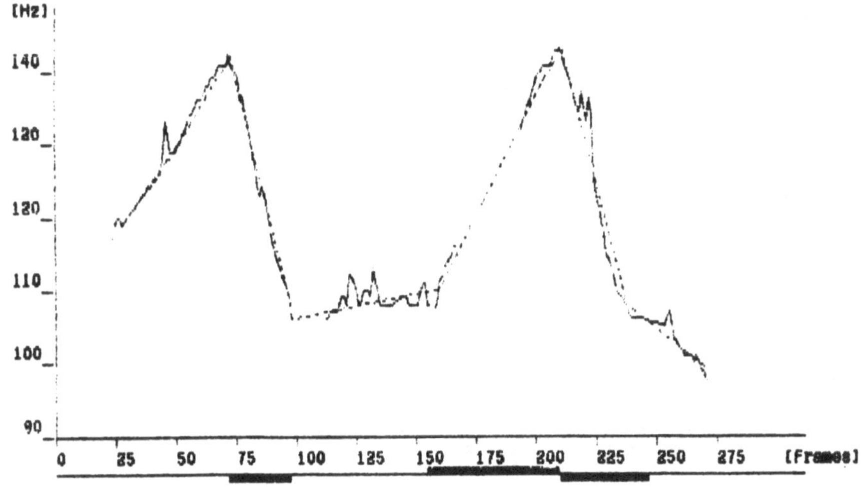

Abb. 19a: **Erkennung der Fokusakzente des Materials PORTIX (Sprecher RB): „Die Máler wohnen im Grünen Mann.“**

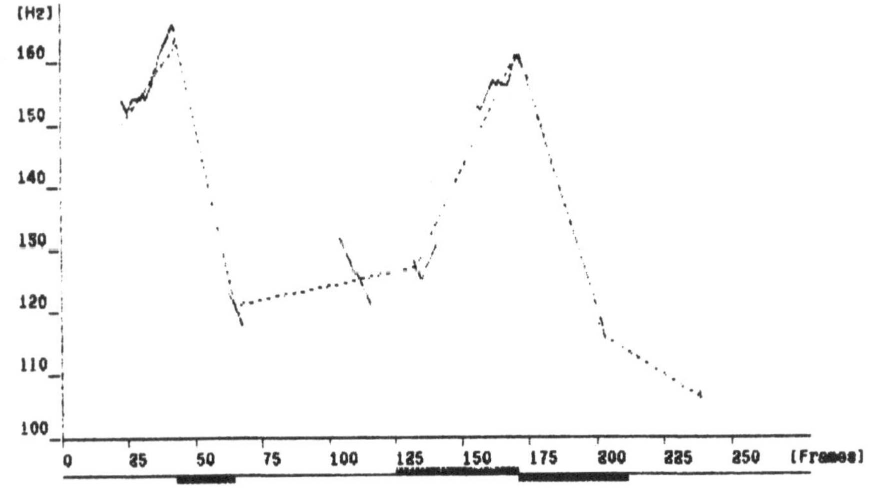

Abb. 19b: **Erkennung der Fokusakzente des Materials PORTIX (Sprecher RB): „Pórtix steht im érsten Stock.“**

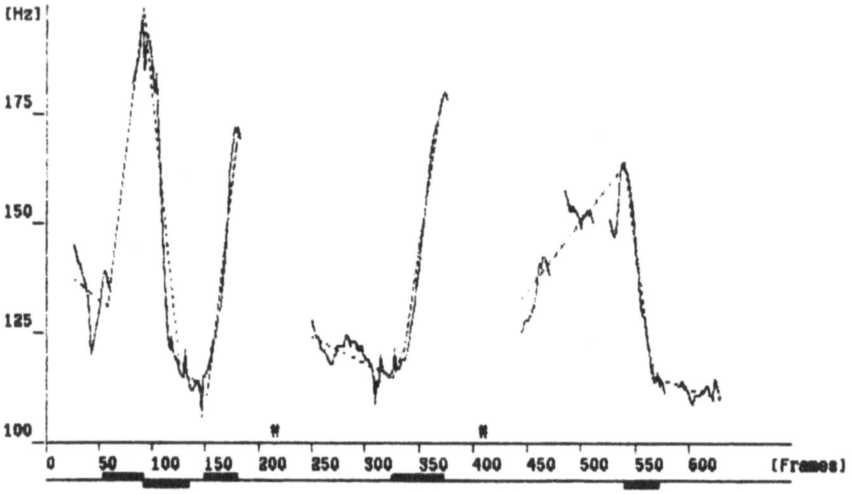

Abb. 20a: **Erkennung der Fokusakzente des Materials LANG (Sprecher RB): „Unser dünner Manni, der junge Láng, wohnte im Grünen Baum.“**

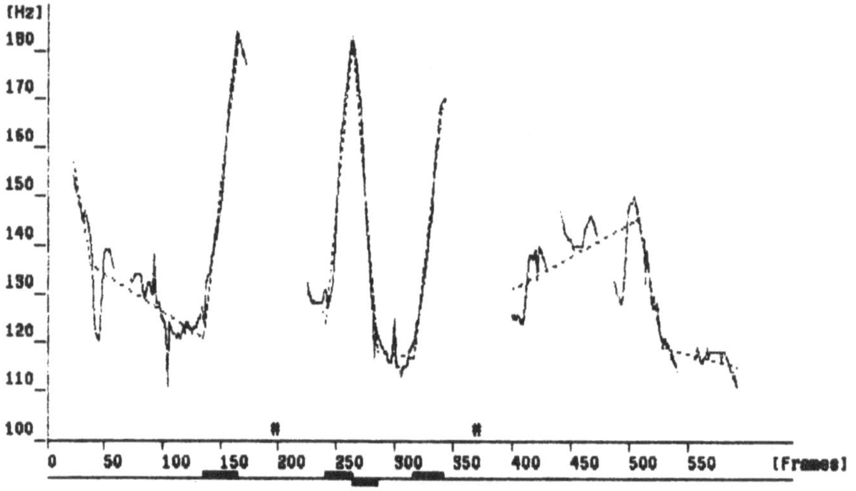

Abb. 20b: **Erkennung der Fokusakzente des Materials LANG (Sprecher RB): „Unser dünner Mánni, der júnge Lang, wohnte im Grünen Baum.“**

1.6 Ausblick

Als Grundvoraussetzung einer verbesserten Fokuserkennung muß ein akzeptabler Algorithmus zur automatischen Fo-Extraktion gefunden werden. Die folgenden Schritte schließen sich dann natürlich und sinnvoll an die bisher geleistete Arbeit an:

Einholung intonatorischer Daten von mehreren Sprechern und Beschreibung der individuellen tonalen Variation

Nach den Angaben über akustisch-tonale Daten zur deutschen Intonation gehen wir von der Hypothese aus, daß jeder Fokusakzent im Deutschen eine deutlich tonale Ausprägung als Fo-Anstieg bzw. Fo-Fall besitzt. Unterschiede zwischen Sprechern verschiedenen Hintergrundes treten aber dennoch auf. Diese tonale Variation dürfte unterschiedliche Gründe haben: anatomische (die Fo-Werte von Frauen liegen höher als die von Männern), mundartliche (regionale) und individuelle.

Bereits ein ausgewählter, relativ kleiner Teil des bisher behandelten Materials von wenigen männlichen und weiblichen Versuchspersonen, die aus verschiedenen Regionen Deutschlands stammen, gesprochen und entsprechend bearbeitet, würde ausreichen, den Erkennungsalgorithmus praktisch sprecherunabhängig zu machen. Dazu trägt auch der folgende Schritt bei.

Automatisierung der Festlegung von tonalen Parameterwerten in den Algorithmen

Unsere Erkennungsalgorithmen enthalten verschiedene Entscheidungen, die von exakten Fo- und Dauerwerten abhängen. Diese müssen bis jetzt noch für jeden Sprecher empirisch bestimmt und in die Algorithmen eingefügt werden.

Es wäre angebracht, diese Wertebestimmung zu automatisieren. Dazu könnte in einer Art Trainingssitzung ein kleines, ausgeklügeltes, möglichst voll sonorantisches Satzmaterial von jedem Sprecher gesprochen werden, in dem ein Algorithmus bestimmte und für den Sprecher charakteristische Eckwerte der Intonation bestimmt, mißt und an den entsprechenden Stellen des Algorithmus einsetzt. In erster Linie dürfte es sich um folgende Parameter handeln: Größe der Fo-Bewegung in den Fokusakzenten, Dauer dieser Bewegungen sowie Deklination der Grundlinie über die gesamte Äußerung.

Bewertung von Fokusakzenten nach ihrem perzeptuellen Gewicht

Eine Äußerung kann auch mehr als einen Fokusakzent enthalten. Diese Fokusakzente können unterschiedlich stark ausgeprägt sein, d.h. ein Wort kann stärker hervorgehoben (fokussiert) sein als ein anderes. Es liegt im Interesse einer optimalen Dialogführung, die Gewichtung der Fokusakzente zu erfahren.

Wahrscheinlichkeitsberechnung für die Erkennung der einzelnen Fokusakzente

Bis jetzt arbeiten wir bei den verschiedenen Entscheidungsschritten mit absoluten Schwellenwerten. Es wäre sicher von großem Vorteil, die Erkennungsrate zu relativieren.

Die bisher geleistete Arbeit bezieht sich insgesamt auf die rein akustische Analyse der vorhandenen Fo-Kurve von natürlichsprachlichen Äußerungen. Um jedoch Fokusakzente eindeutig zu erkennen und sie von Phrasentönen zu unterscheiden, ist noch weitere Information zu verarbeiten. So sollte als erstes auch das Sprachsignal in Form des Oszillogramms zur zeitlichen Ausdehnung von Äußerungen zusammen mit der entsprechenden Fo verwertet werden. Zweitens muß alle Information über die gefundenen Akzenttypen und Akzentmuster in den Phrasen, besonders deren Position in der Äußerung, verwendet werden. Es ist z.B. ein deutlicher semantischer Unterschied, ob in einer Äußerung zwei Akzente als ein Brückenakzent oder aber als zwei getrennte Gipfelakzente manifestiert werden. Auch die Stärke der jeweiligen Fokusakzente hat semantische Folgen. Wir meinen, daß wir mit unserer Projektarbeit eine gute und solide Grundlage für weitere zukunftsweisende Forschung gelegt haben.

2. Fokustheorie - Eine Übersicht

2.1 Einleitung

Mit Hilfe der Fokusintonation[1], worunter wir das Hervorheben eines Wortes oder einer Phrase in einer gesprochenen Äußerung durch intonatorische Mittel verstehen, wird eine Äußerung auf der akustischen Ebene in hervorgehobene und nicht-hervorgehobene Äußerungsteile gegliedert. So ist in der Äußerung:

(1) „Noam liebt !Syntaxbäume."

„Syntaxbäume" hervorgehoben gegenüber dem nicht-hervorgehobenen, akustisch unmarkierten Äußerungsteil „Noam liebt".

Im folgenden soll erörtert werden, welchen Einfluß dieses - zunächst einmal akustische - Phänomen auf die Semantik bzw. Pragmatik fokussierter Äußerungen hat.[2]

Fragen, die aus der angesprochenen Dichotomie resultieren, werden sowohl von der strukturalistischen Linguistik als auch von einer text- bzw. dialogorientierten Sprachwissenschaft zu beantworten versucht. Beide Ansätze isoliert führen jedoch nicht zu befriedigenden Ergebnissen. Nur ein umfassendes Modell kann in der Lage sein, das komplexe Phänomen der Fokusintonation adäquat zu behandeln - ein Ansatz, der auch der Arbeit von Altmann (1988) zugrunde liegt.

2.2 Traditionelle Fokustheorie

Kehren wir zur Äußerung (1) zurück, so können wir durch eine Kontextanalyse feststellen, daß der Fokusintonation funktionale Eigenschaften zukommen. So kann die Äußerung eine Antwort sein auf die Frage

(2) „Was liebt Noam?"

jedoch nicht auf die Frage

(3) „Wer liebt Syntaxbäume?"

deren Antwort akustisch folgendermaßen markiert sein müßte

(4) „!Noam liebt Syntaxbäume."

---

1 In den Beispielen wird intonierter Fokus durch „!" oder Großbuchstaben gekennzeichnet.

2 Was die syntaktische, lexikalische und kontrastive Zuweisung der Fokusintonation anbelangt, siehe Wunderlich (1988).

Obwohl Äußerung (1) und Äußerung (4) dieselbe Proposition ausdrücken, nämlich

(5) Noam liebt Syntaxbäume

beinhalten sie durch die Fokusintonation zusätzliche Information, die sie hinsichtlich ihrer kommunikativen Relevanz bzw. ihrer Funktion im Dialog unterscheidet. Nach Carlson (1986) unterscheiden sich (1) und (4) dadurch, daß sie auf unterschiedliche Propositionenmengen referieren und gegenüber diesen Propositionenmengen selektiv wirken. Diese Propositionen werden teils semantisch etabliert: So kann die Propositionenmenge zu (1) sein:

(1´) Noam liebt Syntaxbäume +
Noam liebt semantische Repräsentationen

während zu (4) eine mögliche Alternativenmenge wäre

(4´) Noam liebt Syntaxbäume + John liebt Syntaxbäume

Diese Mengen, bzw. epistemischen Alternativen, sind die propositionalen Entsprechungen zu rein lexikalisch bestimmten Alternativenmengen, wie den "ranges of incompatibles" (vgl. Kap. 2.4) oder kontextspezifischen Alternativenmengen, wie sie der Arbeit „Zur Intonation von Modus und Fokus im Deutschen" (Hrsg.: Altmann, Batliner, Oppenrieder) für die Charakterisierung des Fokus zugrunde liegen:

> „‚Fokus' und ‚Fokussierung' sind semantische Begriffe, die die informationelle Gliederung von Äußerungen betreffen: Vorausgesetzter Hintergrundinformation steht fokussierte Information gegenüber, die aus einer kontextuell festgelegten Menge von Alternativen ausgewählt wird (...)."
> (Altmann, Batliner, Oppenrieder, 1989)

Auch nach Jacobs (1988) besteht die Aufgabe der Fokussierung (beziehungsweise der daraus resultierenden Fokus-Hintergrund-Gliederung) darin, einen Alternativenbezug herzustellen:

> „Die Fokus-Hintergrund-Gliederung gliedert die semantische Struktur von Sätzen zum Zwecke der Herstellung eines Alternativenbezugs in hervorgehobene und nicht-hervorgehobene Teile."
> (Jacobs, 1988)

Die kommunikative Relevanz der Fokussierung wurde unter den Bezeichnungen „Thema-Rhema-Gliederung" bzw. "Topic-Comment-Articulation"[3] vor allem von Vertretern der Prager Schule untersucht. In Danes (1970) wird diese Gliederung z.B. folgendermaßen definiert:

> „Das Thema und Rhema stellen zwei komplementäre Mitteilungsfunktionen von verschiedenen semantischen Bestandteilen einer Äußerung dar; in fast jeder Aussage unterscheidet man das, worüber etwas mitgeteilt wird (Thema) und das, was darüber mitgeteilt wird (das Rhema, die Aussage im eigenen, engeren Sinn)."

---

3 Die beiden Begriffe werden innerhalb der Prager Schule synonym mit dem Begriff „Topic-Fokus-Gliederung" verwendet.

Diese Zweiteilung in komplementäre Mitteilungsfunktionen wird im Rahmen kooperativer Kommunikation vom Sprecher gegenüber dem Hörer durch Fokusintonation signalisiert[4]. Fokusintonation übernimmt somit eine dialog-deiktische Funktion.

(6) F: „Was schreibt Hubert?"
A: „Hubert schreibt eine Generative !Grammatik."

Die Antwort beinhaltet als Topic „Hubert schreibt etwas" und als Comment, daß dies eine Generative Grammatik sei. An diesem Beispiel ist schon zu sehen, daß das akustisch durch Intonation markierte Material nicht identisch ist mit dem Fokusbereich auf semantischer Seite, der nicht nur das akzentuierte Wort „Grammatik" sondern die gesamte Objekts-NP „eine Generative Grammatik" umfaßt. Um den semantischen Bereich der Fokussierung anzugeben, soll deshalb die folgende Klammernotation verwendet werden:

(7) Hubert schreibt (eine Generative !Grammatik)

Wird die Antwort aus Bsp. 6 auf die folgende Frage gegeben

(8) „Was macht Hubert?"

sähe der Fokusbereich[5] und die entsprechende Klammerung folgendermaßen aus:

(9) Hubert (schreibt eine Generative !Grammatik)

Fokussiert wäre demnach die gesamte VP. Dadurch, daß der semantische Bereich der Fokusintonation oberflächenstrukturell markiert wird, stellt diese Notation jedoch eine Vereinfachung dar. Es sind nicht die komplexen oberflächenstrukturellen lexikalischen Elemente bzw. Phrasen, die als Ganzes fokussiert werden, sondern vielmehr die sie konstituierenden semantischen Merkmale (vgl. Jacobs, 1984).

(10) F: „Hat Hubert eine Generative Grammatik geschrieben?"
A: „Nein, er !schreibt sie noch."

Fokussiert wird in der Antwort das Merkmal +PRAESENS und nicht das ganze lexikalische Element „schreibt". In den meisten Fällen ist diese Unterscheidung jedoch unnötig, weswegen im folgenden die genannte Markierungsweise zur Beschreibung des Fokusbereichs beibehalten werden soll.[6]

---

4 Die kommunikative Gliederung kann außer durch Intonation auch durch Wortstellung oder, wie z.B. im Japanischen, durch Morpheme erfolgen.

5 Ein eindeutiger Fokusbereich kann nur im dialogischen Kontext bestimmt werden.

6 Auf syntaktischer Seite wird der Fokus-Bereich unter dem Begriff der „Fokusprojektion" behandelt. Siehe hierzu: Stechow, Uhmann (1984), Culicover, Rochemont (1983), Chomsky (1971). Zu einer ausführlichen Diskussion siehe Jacobs (1991) und Uhmann (1991).

2.2.1 Der Fragetest

Ein gängiges operationales Kriterium zur Bestimmung der Topic-Fokus-Gliederung bietet der sogenannte „Fragetest“:

> “Our test is based on the assumption, that for every sentence, the intuition of the native speaker will determine a unique set of questions that can be appropriately answered by the given sentence in different contexts.”
>
> (Sgall et al., 1986)

Daß eine Äußerung eine Antwort sein kann auf verschiedene Fragen, wurde zuvor schon angedeutet. So kann z.B. auch die Äußerung

(11) „Johannes kocht eine !Fischsuppe.“

Antwort sein auf die Fragen

(12) „Was kocht Johannes?“ und
(13) „Was macht Johannes?“

In Sgall (1986) werden die folgende Kriterien zur Bestimmung von Topic und Fokus angegeben:

> “if phrase A (from the ‘answer’ sentence) occurs in *no element* of the set of relevant questions, than it is the *focus* proper of that sentence.”
> “if phrase A (from the ‘answer’ sentence) occurs in *every element* of the set of relevant questions, then it belongs to the *topic* of the sentence.”

„Johannes“ kann somit als Topic und „eine Fischsuppe“ als Fokus bestimmt werden. Das Verb „kocht“ nimmt jedoch eine Zwischenposition zwischen Topic und Fokus ein, weil es nicht in jedem Element der Menge der potentiellen Fragen vorkommt und somit nicht eindeutig dem Topic im angegebenen Sinn zugeordnet werden kann. Wird die Topic-Fokus-Gliederung mit Hilfe des Fragetests ermittelt, scheint also eine Erweiterung dieser Dichotomie erforderlich.

In Firbas (1975) wird die Topic-Fokus-Struktur ergänzt durch die Hierarchie bzw. Skala des “communicative dynamism” (CD):

> “By CD I understand a quality displayed by communication in its (unfolding) of the information to be conveyed and consisting in advancing this development. By the degree of CD carried by a linguistic element, I understand the relative extent to which this element contributes to the further development of the communication.”

Der Fokus entspricht dem Element mit dem höchsten Grad an CD, das Topic dem Element mit dem niedrigsten Grad an CD. Elementen des Übergangsbereiches (wie in unserem Beispiel „kocht“) werden Werte dazwischen zugeordnet. (Zur näheren Bestimmung siehe Sgall et al., 1986)

Der Fragetest ist also ein Verfahren zur Ermittlung der kommunikativen Bedeutung einzelner Äußerungsteile, sei es, ob das Ergebnis eine Topic-Fokus-Zweiteilung ist oder eine differenziertere Hierarchie. Dennoch kann der Fragetest nur als ein heuristisches Verfahren angesehen werden, mit dessen Hilfe isolierte Äußerungen untersucht werden können, nicht aber als ein Verfahren zur Analyse natürlicher Dialoge (vgl. Danes, 1986).

Ein weiterer Mangel des Fragetests beruht auf dem Unvermögen mit seiner Hilfe andere Satzarten als Deklarativsätze untersuchen zu können. Zu einem Imperativsatz läßt sich z.B. nicht eine Menge möglicher Fragen konstruieren, auf die er eine Antwort sein kann. Eine Lösung hierzu soll später diskutiert werden.

2.2.2 „Alte“ Information vs. „neue“ Information

Oft werden die Begriffspaare „Topic - Fokus“ und „Alte Information - Neue Information“ synonym verwendet. Bedient man sich des Fragestests zur Ermittlung der Kommunikativen Gliederung einer Äußerung, liegt eine Gleichsetzung auch nahe, weil der Fokus gegenüber der Menge möglicher Fragen immer neue Information darstellt. Das folgende Beispiel aus Sgall et al. (1986) zeigt jedoch, daß eine Gleichsetzung nicht immer sinnvoll ist:

(14) “I saw two people there.
I recognized only !him.”

Das Personalpronomen referriert auf ein Element, das bereits kontextuell gebunden ist, somit alte Information darstellt. Im Fokus kann also auch durchaus Information stehen, die durch den bisherigen Dialogverlauf gegeben ist.

Auf der anderen Seite können Elemente als Topic fungieren, die noch nicht explizit genannt wurden:

(15) F: „Wie war dein Urlaub?“
A: „Naja, das Essen war !mies,
das Zimmer !dreckig
und das Wetter !schlecht.“

Thematische Funktion haben in der Antwort definite Nominalphrasen, die noch nicht in den Dialog eingeführt wurden, ihre Verwendung beruht aber auf der lexikalischen Relation, die sie mit dem Wort „Urlaub“ der Frage verbindet.

In Allerton (1978) werden die folgenden lexikalischen Relationen aufgelistet, die eine Voraussetzung für Thematizität sein können: Synonymie, Hyponymie, Teil-Ganzes-Beziehung. Mit Hilfe dieser Relationen wird ein impliziter Kontext etabliert, der Teil des Dialogkontexts ist; Elemente, die auf Teile dieses impliziten Kontextes verweisen, sind kontextuell gebunden (CB):

> “To let elements not mentioned in the preceeding text occur as CB may seem counterintuitive; however let me recall that this term is not used in its etymological sense, and that ‘context’ must be understood here as ‘con-situation’ rather than as mere verbal ‘co-text’. Elements that were not mentioned in the preceding co-text can get activated in the stock of shared knowledge and can then enter an utterance as its CB parts...”
>
> (Sgall et al., 1986)

Diese „Aktivierung“ kann auch gedächtnispsychologisch begründet werden:

> "In the long run it is better not to think about a kind of memory, but about a certain limited amount of information in our minds being temporarily lit up. From that point of view the term activated seems appropriate."
>
> (Chafe, 1987)

Die Aufgabe von Kommunikation sieht Chafe hierbei darin,

> "... to bring about changes in the activation states of information in the hearers mind."
>
> (Chafe, 1987)

Die Begriffe „Alte Information“ und „Neue Information“ beziehen sich demnach auf die Frage, welche Information den Dialogpartnern zu einem bestimmten Zeitpunkt zur Verfügung steht, sei es explizit genannte Information oder implizit mitgenannte. Das Begriffspaar „Topic-Fokus“ bezieht sich hingegen auf die Dialogstrategie der Dialogteilnehmer.

2.2.3 Präsuppositionen

Den Begriffen „Topic“ und „Alte Information“ wird innerhalb der Prager Schule der Begriff der Präsupposition gegenübergestellt. Der Begriff Präsupposition wird hierbei logisch definiert, d.h. als ein Äußerungsteil, das unter Negation erhalten bleibt:

> "A is a presupposition of B if B entails A and not B entails A."
>
> (Sgall et al., 1986)

So folgt aus jedem der beiden Sätze

(16) „!Harry hat unseren Sieg veranlaßt.“

(17) „!Harry hat nicht unseren Sieg veranlaßt.“

die Information

(18) Wir haben gewonnen

(18) kann also gegenüber (16) bzw.(17) als Präsupposition bestimmt werden. Bei einer Verschiebung der Fokusintonation kann diese Inferenz jedoch nicht mehr erfolgen:

(19) „Harry hat unseren !Sieg veranlaßt.“

(18) folgert zwar auch aus (19), diesmal bleibt diese Folgerung unter Negation jedoch nicht mehr konstant:

(20) „Harry hat nicht unseren !Sieg veranlaßt.“

Aus (20) kann nicht gefolgert werden, ob gilt „wir haben gewonnen“ oder „wir haben nicht gewonnen“. Eine Klärung kann im Verlaufe eines Dialoges erfolgen.

Diese Art der Inferenz wird als "allegation" bezeichnet:

> "A is an allegation of B if B entails A and the negation of B entails neither A nor the negation of A."

Mit Hilfe des Negationstests läßt sich noch ein weiterer Folgerungstypus bestimmen:

> "A may be called the assertion of B if B entails A and the negation of B entails the negation of A."

Der Negationstest bietet also ein eindeutiges Kriterium zur Ermittlung der Präsuppositionen einer Äußerung und zur Begründung ihrer Sensitivität gegenüber Variationen der Fokusintonation.

Eine Fokustheorie, die ebenfalls mit dem Begriff „Präsupposition" arbeitet ist die von R.S. Jackendoff (Jackendoff, 1972). Er definiert diesen Begriff jedoch als ein pragmatisches Phänomen:

> "Presupposition is the information in the sentence that is assumed by the speaker to be shared by him and the hearer."
>
> (Jackendoff, 1972)

Präsuppositionen entsprechen somit der Informationsmenge, die von Sgall als "stock of shared knowledge" bezeichnet wird:

> "Knowledge - or other items - stored in the memory of the speaker, and supposed by him or her to be present also in the hearer's memory."

Nach Jackendoff sind es Präsuppositionen, die die Kohärenz einzelner Dialogschritte gewährleisten:

> "Intuitively, it makes sense to speak of a discourse as 'natural' if successive sentences share presuppositions,..."

Präsuppositionen als ein Faktor der Dialogkohärenz werden in Danes (1970) unter dem Begriff „Thematische Progression" behandelt. Danes listet die folgenden Typen Thematischer Progression als die häufigsten auf (wobei meist Mischformen auftreten):

- *Einfache lineare Progression:*
  Das Rhema der ersten Aussage wird zum Thema der folgenden.

- *Durchlaufendes Thema:*
  Eine Folge von Aussagen hat dasselbe Thema.

- *Progression mit abgeleiteten Themen:*
  Einem allgemeineren „Hyperthema" werden spezifischere Subthemen untergeordnet.

- *Das Entwickeln eines gespaltenen Themas:*
  Das Wesen dieses Typus besteht in einem (expliziten oder impliziten) Doppelthema, dessen zwei (oder mehrere) Komponenten die Ausgangspunkte für zwei (oder mehrere) Teilprogressionen bilden.

- *Thematische Progression mit einem thematischen Sprung:*
  Es handelt sich darum, daß in einer Progression ein Glied der thematischen Kette ausgelassen wird (und zwar ein solches Bindeglied, das leicht aus dem Kontext ergänzt werden kann.)

2.2.4 Funktionen der Fokussierung

Wie gezeigt wurde, besteht eine Hauptaufgabe des thematischen Äußerungsteils darin, die Textkohärenz zu etablieren. Um die Funktion fokussierter Äußerungsteile zu analysieren, unterscheiden Culicover und Rochemont (1983) die folgenden Fokustypen:

Kontrastiver Fokus

Ein fokussiertes Element wird kontrastiv verwendet, wenn damit ein Alternativenbezug entweder zu einer zuvor gemachten Äußerung (21) oder zu allgemeinen Voraussetzungen (22) hergestellt werden soll:

(21) A: „Johannes kocht Pudding."
B: „Nein, Johannes kocht eine !Fischsuppe."
(22) A: „Schau mal, da kommt ja Boris Becker!"
B: „Mir doch egal, ich finde er ist ein !schlechter Spieler."
(und kein guter, wie alle behaupten)

Zu unterscheiden ist die explizite Kontrastierung, in welcher das kontrastierende Element genannt wird (wie z.B. in (21)), von der mit Negation verbundenen impliziten Kontrastierung, die das zu korrigierende Element zwar negiert, aber keinen expliziten Alternativenbezug herstellt:

(23) A: „Johannes kocht Pudding."
B: „Nein, er kocht keinen !Pudding."
(er kocht etwas anderes)

Informativer Fokus

Das fokussierte Element wird informativ verwendet, wenn es als Belegung für eine erfragte Konstituente gewählt wird:

(24) A: „Was kocht Johannes?"
B: „Johannes kocht eine !Fischsuppe."

Spezifizierender Fokus

Das fokussierte Element wird spezifizierend verwendet, wenn es dazu dient, den Informationsgehalt einer Äußerung zu vergrößern. Wichtig sind hier vor allem Adverbien und Adverbiale aber auch die Substitution abstrakterer Begriffe durch konkretere:

(25) A: „Johannes kocht eine Fischsuppe."
B: „Ja, und zwar eine !französische Fischsuppe."

(26) A: „Johannes kocht etwas."
B: „So wie es duftet, ist es eine !Fischsuppe."

Introduzierender Fokus

Ein fokussiertes Element wird introduzierend verwendet, wenn es Individuen oder Sachverhalte neu in den Dialog einführt:

(27) „Als ich gestern gebadet habe, hat mich ein !Fisch gebissen."

Emphatischer Fokus

Ein fokussiertes Element wird emphatisch verwendet, wenn es die Gefühlslage des Sprechers zum Ausdruck bringen soll:

(28) „Johannes kocht eine !Fischsuppe."
(Es ist toll, daß Johannes eine Fischsuppe kocht)

Die genannten Fokustypen treten meist nicht in Reinform auf; dennoch scheint eine Differenzierung sinnvoll zu sein, um die verschiedenen Verwendungsbedingungen, die den Fokustypen zugrunde liegen, analysieren zu können.

Die traditionelle Fokustheorie im Bereich der Prager Schule ist durchaus leistungsfähig, was die Darstellung der kommunikativen Gliederung von isolierten Deklarativsätzen anbelangt. Einen großen Nachteil stellt jedoch, wie bereits erwähnt, der Fragetest dar, also das Kriterium, auf dessen Grundlage entschieden wird, welche Äußerungsteile das Topic bzw. den Fokus einer Äußerung darstellen. Eine Fokuskonzeption, die als alternative Fokustheorie entworfen wurde, und die nicht mit den angesprochenen Nachteilen belastet ist, ist die von J. Jacobs entwickelte „Relationale Fokuskonzeption", die im folgenden in enger Anlehnung an Jacobs (1983) dargestellt werden soll.

2.3 Relationale Fokuskonzeption

Die Relationale Fokuskonzeption gliedert die Informationsstruktur einer Äußerung auch in zwei funktional komplementäre Äußerungsteile. Die Dichotomie, Jacobs bezeichnet sie als Fokus-Hintergrund-Gliederung, wird jedoch nicht beschrieben mit den Konzepten "what is talked about" und "what is said about it". Grundlage der Relationalen Fokuskonzeption ist die Idee, daß der Fokus einer Äußerung „inhaltlich besonders betroffen" ist von anderen Äußerungselementen, während für den Äußerungshintergrund das Gegenteil der Fall ist.

Das „inhaltliche Betroffensein" wurde vor allem im Zusammenhang mit den sogenannten „Gradpartikeln", wie „nur", „auch" und „sogar", untersucht (Jacobs, 1983, vgl. auch Hoeksema/Zwarts, 1991 und Atlas, 1991):

(29) „Johannes liebt nur die !Schwester von Gerda."

(30) „Johannes liebt nur die Schwester von !Gerda."

Die inhaltliche Wirkung zeigt sich darin, daß die Äußerungen auf unterschiedliche Weise fortgesetzt werden können:

(31) mit „...und nicht die !Cousine von Gerda."

(32) mit „...und nicht die Schwester von !Edda."

Die Verschiebung der Fokusintonation bewirkt also auch eine Veränderung der Wahrheitsbedingungen: (29) und (30) können durch verschiedene Propositionen falsifiziert werden.

In Jacobs (1983) wird vorgeschlagen auf der Ebene der semantischen Repräsentation Gradpartikel als Operatoren darzustellen, die Propositionen in einen Fokus- und einen Hintergrundteil zerlegen. Die semantische Repräsentation von Äußerung (30) sieht folgendermaßen aus [7]:

(33) `NUR(λx_NP[Johannes liebt X`s Schwester],Gerda)`

Die Relation zwischen der Gradpartikel, bzw. auf der Ebene der semantischen Repräsentation dem Fokusoperator NUR, und dem fokussierten Element führt Jacobs zu der folgenden Definition der Relationalen Fokuskonzeption:

> „Im Satz S ist bei der Interpretation I der Teil X von S Fokus des Teils X1 von S und der Teil Y von S Hintergrund von X1, genau dann, wenn gilt: X und Y sind im Bereich von X1 komplementär, X ist in einer X1 spezifischen Weise von X1 inhaltlich besonders betroffen (in einem zu explizierenden Sinn) und Y ist in einer X1 spezifischen Weise von X1 inhaltlich vorausgesetzt (in einem entsprechend zu explizierenden Sinn)."[8]

---

7 Der Fokus entspricht dem zweiten Argument, das innerhalb des ersten Argumentes, welches den Hintergrund darstellt, als Variable durch den Lambda-Operator gebunden ist. Levinson (1990) wählt für die logische Repräsentation der kommunikativen Gliederung eine Verbindung von Lambda-Extraktion und - um gebundene kollektive Ausdrücke zu repräsentieren - Gamma-Operator. Der Satz "Mary kissed !John." wird nach Levinson repräsentiert als:
λx (x=John)(γx kissed(Mary, x)). Dieser Ausdruck kann paraphrasiert werden als:
eine von Mary geküsste Gruppe hat die Eigenschaft mit John identisch zu sein.

8 Jacobs unterscheidet die Begriffe „Fokus" und „Hintergrund" von den Begriffen "Topic" und "Comment", die er im Sinne von Chafe und Magretta folgendermaßen definiert: „Das Topic ist ein (in den allermeisten Fällen satzeinleitendes) Element, das einen Rahmen für die Interpretation des Restsatzes absteckt. Der Kommentar ist der Restsatz, der diesem Rahmen entsprechend interpretiert wird."

„Interpretation I" bedeutet, daß für diese Interpretation der semantische Bereich des Fokus eindeutig ist. „Komplementär" bedeutet, daß X und Y „zusammen einen syntaktisch und semantisch wohlgeformten Komplex bilden."

Der Relationalen Fokuskonzeption stellt Jacobs die traditionelle Fokuskonzeption gegenüber, die von ihm als „Absolute Fokuskonzeption" bezeichnet wird:

> „Im Satz S ist bei der Interpretation I der Teil X von S Fokus und der Teil Y von S Hintergrund genau dann, wenn bei I gilt, X und Y sind in S komplementär, X beinhaltet „neue" Information (in einem zu explizierenden Sinn) und Y beinhaltet „alte" Information (in einem entsprechend zu explizierenden Sinn)."

Im folgenden soll die Leistung der Relationalen Fokuskonzeption dargestellt werden, vor allem unter Berücksichtigung der Frage, in wieweit sie der Absoluten Fokuskonzeption überlegen ist. Zunächst stellt sich jedoch die Frage, welches Äußerungselement die Funktion des fokussierenden Elements bei der sog. freien Fokussierung übernehmen kann, d.h. bei Äußerungen, die oberflächenstrukturell kein lexikalisches Element enthalten, das auf der Ebene der semantischen Repräsentation die Funktion des Fokusoperators übernehmen kann.

Jacobs bedient sich zur Beantwortung dieser Frage der von D. Zaefferer (1979 u. 1981) entwickelten Illokutionssemantik, die bei der semantischen Repräsentation von Äußerungen nicht nur deren propositionalen Gehalt sondern auch den Illokutionstypus berücksichtigt. So kann bei der Repräsentation unterschieden werden, ob der semantische Gehalt der Frage

(34) „Gibt es kein Bier auf Hawai?"

oder der des Deklarativsatzes

(35) „Es gibt kein Bier auf Hawai."

dargestellt werden soll. Der Illokutionstypus wird analog zu den Gradpartikeln wie ein Operator behandelt, der die Äußerung in Fokus und Hintergrund gliedert. Die folgende Äußerung

(36) „!Peter besucht Gerdas Schwester."

eine Assertion, wird unter dem Einfluß des Illokutionstyp-Operators (ITO) „ASS" gegliedert in:

(37) ASS(λX_{NP}[X besucht Gerdas Schwester],Peter) [9]

Der ITO erfüllt also als fokussierendes Element bei freier Fokussierung dieselbe Aufgabe wie Gradpartikel in Gradpartikelsätzen.

Jacobs versucht mit dieser Kombination aus Sprechakttheorie und formaler Semantik die Probleme der Funktionalen Satzperspektive angemessener zu lösen, als dies mit der Absoluten Fokuskonzeption möglich ist.

---

9 Zur Belegung der Argumentstellen siehe entsprechende Anmerkung der vorigen Seite.

Ein Vorteil der Relationalen Fokuskonzeption, der jetzt schon deutlich wird, besteht in der Möglichkeit, auch andere Satzarten wie Deklarativsätze zu behandeln. Sie hat, im Gegensatz zur Absoluten Fokuskonzeption, keine Probleme mit der Beschreibung von Frage-, Imperativ-, oder Optativsätzen.

Mit dem Fokusoperator für Fragen („ERO") kann z.B. die Frage

(38) (!Wer) besucht Gerdas Schwester?

dargestellt werden als

(39) $\forall X1_{NP}$[Person(X1)→ERO($\lambda X2_{NP}$ [X2 besucht Gerdas Schwester], X1)][10]

Die Verschiebung des Fokus vom Fragewort auf den ganzen Satz, also

(40) (Wer besucht Gerdas !Schwester?)

kann dargestellt werden als

(41) $\forall X1_{NP}$[Person(X1)→ERO($\lambda X2_{S}$[X2], X1 besucht Gerdas Schwester)]

Zur Interpretation dieser Ausdrücke werden den ITOs in ihrer Funktion als fokussierende Elemente modelltheoretische Deutungen zugeordnet, wobei von Jacobs die folgende Notation vorgeschlagen wird:

Interpretation des ITO „ASS":

$$[ASS(\alpha,\beta) \rightarrow BEL(sp, BEL(ad, \exists X_F \alpha(X)))]$$

sp: Sprecher
ad: Adressat
α, β: Metavariable für Hintergrund und Fokus
F: Fokuskategorie
BEL: Operator, der die propositionale Einstellung von Hörer und Sprecher zum Ausdruck bringt. BEL (abgeleitet von engl. "believe") wird hier „im Sinne kommunikativ einklagbarer Annahmen" verwendet.

Das Bedeutungspostulat für „ASS" bringt zum Ausdruck, „daß wenn ein offener Satz (d.h. hier: etwas, das zusammen mit einem Ausdruck einer bestimmten Kategorie einen Satz ergibt) im Assertionshintergrund steht, der Sprecher glauben muß, daß der Adressat bereits annimmt, daß es etwas gibt, das diesen offenen Satz erfüllt."

Wird lediglich der Glaubensinhalt des Sprechers berücksichtigt, ergibt sich folgendes Bedeutungspostulat:

---

10 Siehe auch Hoepelman (1980)

$$[ASS(\alpha,\beta)\rightarrow BEL(sp,\exists X_F\alpha(X))]$$

wobei für die Fokusinformation gilt

$$[ASS(\alpha,\beta)\rightarrow BEL(sp,\neg BEL(ad,\alpha(\beta)))]$$

Dieses Bedeutungspostulat besagt z.B., daß der Sprecher der Äußerung

(42) „!Johannes liebt Susanne."

glauben muß, daß der Adressat nicht glaubt (besser: nicht weiß), daß die offene Proposition „jemand liebt Susanne" von „Johannes" erfüllt wird. Diese Forderung entspricht den Funktionen, die der Fokussierung in einem Dialog zukommen können (vgl. 2.2.4) wie z.B. der kontrastiven Fokussierung (vgl. Fuchs, 1975):

(43) A: „Peter liebt Susanne."
B: „Nein, !Johannes liebt Susanne."

B unterstellt A, nicht zu wissen, daß es Johannes ist, der Susanne liebt. Dasselbe gilt auch für den informativen Fokus:

(44) A: „Wer liebt Susanne?"
B: „!Johannes liebt Susanne."

Im Fokus der Antwort steht natürlich das Element, von dem B glaubt, daß A nicht weiß, daß es den durch die Frage vorgegebenen Hintergrund erfüllt.

Ein weiterer Vorteil der Relationalen Fokuskonzeption neben der Möglichkeit der Behandlung verschiedener Illokutionstypen besteht darin, daß mit ihrer Hilfe nicht nur satzsemantische Strukturen beschreibbar sind sondern auch diskurssemantische Relationen, wie z.B. die zwischen Ergänzungsfrage und Deklarativsatz.

Interessant ist auch die Möglichkeit, die semantische Ebene zu bestimmen, auf welcher sich die Fokussierung auswirkt. Die semantische Relevanz der Fokusintonation kann somit differenzierter behandelt werden, als dies mit der traditionellen Fokustheorie möglich ist. Jacobs unterscheidet hierzu drei semantische Ebenen:

1. Illokutive Ebene
2. Propositionale Ebene
3. Ebene der konventionellen Implikaturen [11]

„Die Fokussierung wird genau auf der Ebene relevant, auf der die Wirkung des fokussierenden Elements anzusiedeln ist." „Sogar" beeinflußt z.B. die Ebene der konventionellen Implikaturen, „nur" hingegen die Ebene des propositionalen Gehalts mit Einfluß auf die Wahrheitsbedingungen, wie zuvor gezeigt wurde. Zum Einfluß der Gradpartikel „nur" auf die

11 Konventionelle Implikaturen entsprechen den semantischen Präsuppositionen

Semantik einer Äußerung im Rahmen der Fokus-Hintergrund-Gliederung siehe auch Jacobs (1988).

2.4 Fokussierung und Negation

Die Beobachtung, daß ein fokussierendes Element als Fokusoperator eine Äußerung in einen Fokus- und einen Hintergrundteil zerlegt, ist auch bei Äußerungen mit Negation zu machen.

Nicht nur die freie Fokussierung und die Fokussierung von Gradpartikeln kann auf die oben diskutierte Weise beschrieben werden, auch Negation kann im Rahmen der Relationalen Fokuskonzeption behandelt werden als Relation zwischen einem fokussierenden negierenden Element (bzw. einem Negationsoperator) und einem durch Fokusintonation markierten fokussierten Element. Diese Betrachtungsweise ist eine Grundlage des Aufsatzes "Negation and Denial" von Gabbay und Moravcsik (1978)[12], in welchem sie sich eingehend mit der Beziehung zwischen Negation und Fokusintonation befassen Hierzu und zur Funktion der Negation im Dialog siehe auch Wiche (1991).

Ausgangspunkt ist hierbei die Überlegung, daß Negation sich in natürlichsprachlichen Äußerungen auf die ganze Äußerung aber auch auf einzelne Konstituenten beziehen kann:

> "We indicate that something is wrong with an affirmative sentence, and by negating this or that constituent, we also indicate which part of the affirmation is objectionable."

Welches Element jeweils im Bereich der Negation liegt, wird also durch Fokusintonation markiert:

(45) „!Johannes liebt nicht Susanne."
Es wird verneint, daß es Johannes ist, der Susanne liebt.

(46) „Johannes liebt nicht !Susanne."
Es wird verneint, daß es Susanne ist, die von Johannes geliebt wird.

Von einem kooperativen Sprecher wird jedoch nicht nur erwartet, daß er bestimmte Äußerungsteile durch Negation angreift, es wird von ihm auch, im Sinne einer kooperativen Kritik, erwartet, daß er für die negierten Äußerungsteile Alternativen vorschlägt, die zu einer korrekten Äußerung führen. Die beiden Äußerungen könnten z.B. folgendermaßen fortgesetzt werden:

(45) mit „...aber !Gero liebt sie." und
(46) mit „...er liebt !Edda."

---

12 Vergleiche dazu auch Hoepelman (1979)

> "What constituent negation enables us to do is to indicate which part of a sentence needs to be revised in order for that sentence to convey correct information. Constituent negation is an efficient way of doing this within natural language, i.e. one that is primarily spoken not written, and is used to convey information, criticism, etc. between language users."
>
> (Gabbay & Moravcsik, 1978)

Die Wahl der Alternativen zu den negierten Elementen unterliegt semantischen Restriktionen. So wird jedem Element, das negiert werden kann, ein sogenannter "range of incompatibles" zugeordnet, aus welchem die Alternative stammen muß. Zu jedem Verb V gibt es z.B. eine Menge V*, die die Klasse der mit V semantisch unverträglichen Elemente enthält.[13] z.B.

V = essen ist unverträglich mit V* {fressen,...}

(47) „Ein Pferd !ißt nicht, es !frißt."

Die Unverträglichkeitsbereiche sind kontextabhängig. So kann z.B. auch die folgende Relation gelten:

V = essen ist unverträglich mit V* {trinken,...}

(48) „Ich möchte nicht !essen, ich will !trinken."

In der semantischen Repräsentation der Konstituentennegation wird das negierende Element als ein Quantor N behandelt, der über die fokussierte Konstituente operiert:

$N_z \; S(z)$

Sofern $\neg z$ auf ein Element derselben Kategorie wie z verweist und zwischen z und $\neg z$ die Relation der Unverträglichkeit besteht gilt:

$N_z \; S(z) \rightarrow S(\neg z)$

2.5 Modellbildung zur Behandlung von Präsuppositionen

2.5.1 Einleitung

Im Verlauf des Projektes wurde deutlich, daß Fokusintonation ein kontextsensitives Phänomen ist, bzw. - in der Terminologie unseres Dialogmodells - daß die Verwendung der Fokusintonation von der aktuellen Dialogsituation abhängig ist. Die Beschreibung einer Dialogsituation entspricht der Angabe von *Verwendungsbedingungen* für den nachfolgenden

---

13 Im Rahmen einer Wortsemantik geben Gabbay und Moravcsik eine Möglichkeit an, den "range of incompatibles" zu bestimmen. Grundlage ist hierbei die Überlegung, daß jedes Wort in eine Kernbedeutung m(x) und zusätzliche "shades of meanings" s1(x),...,sk(x), analysierbar ist, wobei k von x abhängig ist. Für die Konstituierung des Unverträglichkeitsbereiches ist die Kernbedeutung maßgebend, die dieser mit dem negierten Äußerungsteil gemeinsam hat.

Dialogschritt und somit auch für den Gebrauch der Fokusintonation. Ein wichtiger Bestandteil dieser Verwendungsbedingungen sind die *semantischen und pragmatischen Präsuppositionen*. Für die Behandlung der Fokusintonation sind hierbei vor allem die pragmatischen Präsuppositionen interessant, die durch das Konzept des "mutual knowledge" bzw. des "stock of shared knowledge" bestimmt werden können. Hierzu sei aus der Beschreibung von AP8 des Fortsetzungsantrages vom 14. Februar 1990 zitiert:

> „Betrachtet man Präsuppositionen aus dialogischer Sicht, so stellen sie Vorbedingungen für das korrekte Äußern eines Satzes in einer gegebenen Dialogsituation dar. Mit anderen Worten: wenn bestimmte Bedingungen in einer Dialogsituation nicht gelten, dann hat keine Partei das Recht einen Satz zu äußern, der von der Gültigkeit dieser Präsupposition abhängt, sondern jede Partei ist vielmehr dazu verpflichtet, Sätze zu verwenden, deren Präsuppositionen sichergestellt sind."[14]

Ihren Ausgangspunkt und Grundlegung hat die Diskussion um das Thema der Präsuppositionen in der Philosophie, weswegen hier kurz auf die drei wichtigsten philosophischen Präsuppositionstheorien eingegangen werden soll: die von Frege, Russell und Strawson. Nach einer kurzen Charakterisierung dieser Theorien, die einen Einblick in die Problematik gibt, wird die Frage behandelt, ob semantische Präsuppositionen als eigenständige Konzepte bestehen bleiben können, oder ob sie anderen semantischen und pragmatischen Konzepten zugerechnet werden müssen.

2.5.2 Semantische Präsuppositionen

Frege entwickelte in der Auseinandersetzung mit referierenden Ausdrücken eine Präsuppositionstheorie (Frege nannte Präsuppositionen „Voraussetzungen"), die die folgenden drei Beobachtungen beinhaltet:

- Referierende Ausdrücke enthalten die Präsupposition, daß sie wirklich etwas bezeichnen. Dies entspricht Searles Axiom der Existenz: alles, worauf verwiesen wird, muß existieren.
- Präsuppositionen bleiben unter Negation erhalten.
- Nur Sätzen mit erfüllten Präsuppositionen können die Wahrheitswerte „wahr" oder „falsch" zugewiesen werden.

Nach Frege gilt somit für die folgenden Sätze:

(49) Der Mann im Mond schläft.
(50) Der Mann im Mond schläft nicht
(51) Es gibt einen Mann im Mond.

---

14 In diesem Sinne ist es auch möglich, die "felicity conditions" der Sprechakttheorie in der Beschreibung einer Dialogsituation zu parametrisieren.

Aus (49) folgt (51) und aus (50) folgt (51). Weil jedoch (51) (in unserer Welt) nicht erfüllt ist, ist (49) weder wahr noch falsch. Freges Überlegungen wurden jedoch schon von Bertrand Russell kritisiert, der, ebenfalls in Auseinandersetzung mit der Referenzproblematik, seine Theorie der definiten Beschreibungen (Deskriptionstheorie) entwickelte. Russell analysierte Beschreibungen, in denen referierende Ausdrücke, wie „der Mann im Mond“, vorkommen als Konjunktionen von Propositionen. Nach Russell würde (49) analysiert werden als:

```
1.  ∃x(Mann im Mond(x)             &
2.  ~∃y((y≠x) & Mann im Mond(y))   &
3.  schläft(x))
```

Die Analyse von Russell unterscheidet sich von der Fregeschen hauptsächlich hinsichtlich zweier Punkte:

1. Die Existenz des Referenten eines referierenden Ausdrucks wird nicht vorausgesetzt bzw. präsupponiert, sie wird von Russell als Teil der Bedeutung des Ausdrucks betrachtet (Proposition 1). Hieraus folgt jedoch, daß bei nicht erfüllter Präsupposition, d. h. wenn der Existenzbehauptung der Russellschen Beschreibung der Wahrheitswert „falsch“ zugewiesen wird, der komplexe Ausdruck falsch wird.

2. Russell kann die für Präsuppositionen typischen Ambiguitäten des Negationsskopus erklären.

So kann der Satz

(52) Der Mann im Mond schläft nicht

fortgesetzt werden mit

(53) ... denn er ist wach.

oder mit

(54) ... denn es gibt keinen Mann im Mond.

(53) würde analysiert werden als:

```
1.  ∃x(Mann im Mond(x)             &
2.  ~∃y((y≠x) & Mann im Mond(y))   &
3.  ~schläft(x))
```

(54) würde analysiert werden als:

```
1.  ~(∃x(Mann im Mond(x)           &
2.  ~∃y((y≠x) & Mann im Mond(y))   &
3.  schläft(x)))
```

Russell spricht von „Sätzen" und nicht von Äußerungen, in welchen gerade durch die Fokusintonation (zusammen mit dem Kontext) der Negationsskopus bestimmt wird:

so würde (53) folgendermaßen betont werden:

„Der Mann im Mond SCHLÄFT nicht, denn er ist WACH."

hingegen (54):

„Der Mann im Mond schläft NICHT, denn es GIBT keinen Mann im Mond."

Die Asymmetrie zwischen präsuppositionsverneinender und präsuppositionserhaltender Negation wird später noch einmal thematisiert werden.

Der Ansatz von Russell wiederum wurde von Strawson kritisiert. Strawson plädierte dafür, zwischen Sätzen und der Verwendung von Sätzen zu unterscheiden und wählt somit eine dialogorientierte Perspektive. Ein Satz selbst ist nach Strawson nicht wahrheitswertfähig, nur ein Satz, der in einem bestimmten Kontext verwendet wird. Hierzu muß jedoch seine Existenzpräsupposition erfüllt sein: A präsupponiert B gdw. B eine Vorbedingung der Wahrheit oder Falschheit von A ist. Ein Satz dessen Vorbedingungen bei gegebenem Verwendungszusammenhang nicht erfüllt sind ist nach Strawson sinnlos. Die Nähe zu Frege ist offensichtlich. Im Rahmen der Dialogspieltheorie kann man auch sagen, ein Spielzug dessen Verwendungsbedingungen nicht erfüllt sind ist nicht *relevant*, da aus der Nichterfülltheit der Verwendungsbedingungen ein Kohärenzbruch reguliert, der Spielzug somit nicht - und dies ist das Relevanzkriterium - dem Zweck ("aim") des Dialoges bzw. der Dialogsequenz dient. Kohärenzbrüche bzw. die hieraus resultierenden Kohärenzurteile des Dialogpartners können in einer Klärungssequenz thematisiert werden. Obwohl für natürliche Sprachen die Identität von „Objektsprache" und „Metasprache" gilt können derartige Klärungssequenzen als „Metadialoge" bezeichnet werden.

Das Kriterium der Konstanz unter Negation gilt jedoch nicht nur für referierende Ausdrücke (bei entsprechender Intonation), andere Strukturen und Wörter zeigen dasselbe Verhalten und werden deshalb als Präsuppositionsauslöser bezeichnet. Hierzu zählen z. B. Verben der Zustandsänderung wie „aufhören":

(55) Peter hat (nicht) aufgehört zu rauchen.
P> Peter hat geraucht

oder faktive Verben wie „bedauern":

(56) Peter bedauert es (nicht) zu rauchen.
P> Peter raucht

Damit die Sätze (55) und (56) sinnvoll verwendet werden können, müssen die jeweiligen Präsuppositionen (als Verwendungsbedingungen) gegeben sein. Für eine ausführliche Auflistung und Diskussion von Präsuppositionsauslösern siehe Levinson (1990).

Es scheint jedoch einiges dafür zu sprechen, semantische Präsuppositionen, die durch lexikalische "presupposition triggers" ausgelöst werden, anderen semantischen und pragmatischen Konzepten zuzuordnen. Oben wurde schon angedeutet, daß semantische Präsuppositionen ein asymmetrisches Verhalten aufweisen. Aufgrund dieser Beobachtung können semantische Präsuppositionen dieser Art verschiedenen Folgerungstypen zugeordnet werden. Dies sei an einem Beispiel erläutert:

(1) Es hat aufgehört zu regnen.
(2) Es hat nicht aufgehört zu regnen.
(3) Es hat geregnet
(4) Es hat nicht geregnet
(5) Es regnet noch immer

Eine Asymmetrie besteht zwischen dem positiven Satz (1) und dem negativen Satz (2): während aus (1) notwendigerweise (3) folgt, folgt dies aus (2) nicht unbedingt. (3) ist somit eine „normale" Implikation aus (1). Die zweite Asymmetrie besteht zwischen präsuppositionserhaltender und präsuppositionsverneinender Negation, also der Möglichkeit, aus (2) entweder (4) oder (5) zu folgern. Unter normalen Kommunikationsbedingungen folgert ein Hörer aus (2) (5). Würde ein Sprecher einem Hörer (4) mitteilen wollen, hätte er sich des gegenüber (2) kürzeren Ausdrucks (4) bedienen können. Er verletzt also offensichtlich die von Grice formulierte Konversationsmaxime "be brief", wobei die Gültigkeit dieser Maxime jedoch vom jeweiligen Dialogtyp abhängig ist (s.o.). Offensichtliches Verletzen von Konversationsmaximen führt zu konversationellen Implikaturen, einem pragmatischen Folgerungstypus. Eine solche Implikatur liegt somit auch bei der präsuppositionsverneinenden Lesart von (2) vor. Die Frage, ob es überhaupt semantische Präsuppositionen gibt, scheint somit nicht unangemessen zu sein. Was (zumindest vorerst) bleibt, sind die sogenannten pragmatischen Präsuppositionen, die im folgenden untersucht werden sollen.

2.5.3 Pragmatische Präsuppositionen

Grundlegende Konzepte bei der Charakterisierung pragmatischer Präsuppositionen sind „wechselseitiges Wissen" ("mutual knowledge") und „Angemessenheit" ("appropriateness"):

> „Eine Äußerung A *präsupponiert pragmatisch* eine Proposition B, wenn A *angemessen* ist, nur dann, wenn B den Gesprächsteilnehmern *wechselseitig bekannt* ist."
>
> (Levinson, 1990)

Pragmatische Präsuppositionen werden somit als Verwendungsrestriktionen für Äußerungen definiert. Während in der Definition von Levinson davon gesprochen wird, daß „Äußerungen" eine Proposition präsupponieren, scheint es uns bei der Entwicklung eines Dialogmodells angemessener zu sein davon zu sprechen, daß der jeweilige Sprecher eine bestimmte Proposition als wechselseitig akzeptiert (bzw. nicht kritisiert) voraussetzt. Mit diesem Ansatz lassen sich dann z.B. auch Präsuppositionsverletzungen modellieren.

Präsuppositionstheorien, die mit einem solchen Präsuppositionskonzept arbeiten sind z. B. die von Jackendoff:

> Presupposition is "the information in the sentence that is assumed by the speaker to be shared by him and the hearer."
>
> (Jackendoff, 1972)

Das wechselseitige Wissen kann hierbei nach Sgall definiert werden als

> "Knowledge - or other items - stored in the memory of the speaker, and supposed by him or her to be present also in the hearer's memory."[15]
>
> (Sgall et al., 1986)

Präsuppositionen dieser Art werden im allgemeinen als pragmatische Folgerungen angesehen. Die Einbettung dieses Folgerungstypus in ein Dialogmodell erfordert es jedoch, den Folgerungsbegriff - und dies gilt auch für Implikationen und andere Arten von Inferenzen - auf Sprecher und Hörer bezogen zu definieren:

> *Der Hörer H folgert* aus der Äußerung Ä des Sprechers S, *daß dieser voraussetzt* (präsupponiert), daß P.

wobei für Präsuppositionen gilt

> ..., daß P wechselseitig akzeptiert wird.

Die Annahmen des Sprechers, welche Informationen von ihm als akzeptiert (pragmatisch präsupponiert) vorausgesetzt werden können, steuern die Verwendung der Fokusintonation. Wie diese Voraussetzungen und das entsprechende Dialogverhalten beschrieben werden können, sei im nächsten Abschnitt dargestellt. Grundlage sind hierbei spieltheoretische Überlegungen, wie sie in das von uns entwickelte Dialogmodell integriert werden können.

2.5.4 Spieltheoretische Analyse von Präsuppositionen

Präsuppositionstheorien, wie sie in Anschluß an Strawson entwickelt wurden arbeiten mit dreiwertigen Logiken, bzw. mit Logiken mit Wahrheitswertlücken (truth-value gaps). So kann z. B. dem Satz

(57) Der gegenwärtige König von Frankreich ist kahl

kein Wahrheitswert zugewiesen werden, weil seine Existenzpräsupposition

(58) Es gibt einen gegenwärtigen König von Frankreich

---

[15] Die Informationsmenge wird zur Behandlung von Präsuppositionen in unserem Dialogmodell als SSK_X repräsentiert.

nicht erfüllt ist, was schon im Zusammenhang mit dem Fregeschen Präsuppositionsbegriff thematisiert wurde. Die Charakterisierung von (59) als „weder wahr noch falsch" scheint auf den ersten Blick auch sinnvoll zu sein. Präsuppositionstheorien diese Art kommen jedoch mit Sätzen der folgenden Art in Schwierigkeiten:

(59) Der gegenwärtige König von Frankreich existiert nicht

Dieser Satz, der in der gegenwärtigen Welt einfach wahr ist, ist nach dem oben genannten Ansatz nicht wahrheitswertfähig. Analysen dieser Art können das Präsuppositionsproblem somit nicht angemessen behandeln. In diesem Zusammenhang sei noch auf eine Theorie hingewiesen, die, wenn auch mit einem etwas mechanischen und starren Verfahren, eine mögliche Lösung anbieten kann. Es ist dies eine in Gazdar (1979a, 1979b) entwickelte Theorie der Kontexterweiterung (vgl. Levinson, 1990).

Gazdar beschreibt einen Kontext ebenfalls als eine Menge von Propositionen die von den Dialogteilnehmern als nicht kontrovers akzeptiert wurden. Im Verlauf eines Dialoges wird dieser Kontext erweitert. Diese Erweiterung erfolgt gemäß eines bestimmten Mechanismus: zuerst werden die Implikationen, die aus einer Äußerung folgen dem Kontext hinzugefügt, darauf die klausalen Konversationsimplikaturen, darauf die skalaren Konversationsimplikaturen und dann die (semantischen!) Präsuppositionen. Somit gilt die folgende Reihenfolge für die Kontexterweiterung:

Kontext {Proposition_1, ... , Proposition_n}

1. Implikationen
2. Klausale Konversationsimplikaturen
3. Skalare Konversationsimplikaturen
4. Präsuppositionen

Was die Behandlung der Präsuppositionen anbelangt, gilt:

Zuerst wird die Menge aller potentiellen Präsuppositionen generiert. Ein Tilgungsmechanismus löscht alle diejenigen Präsuppositionen, die nicht mit den bereits generierten Implikationen und Implikaturen verträglich sind; übrig bleiben somit die faktischen Präsuppositionen, die als Propositionen dem Kontext hinzugefügt werden. Gazdars Theorie sieht hierbei eine epistemische Modifikation der Propositionen vor, d.h. eine Proposition wird nicht als p sondern als Kp repräsentiert. In unserem Dialogmodell hingegen wird diese epistemische Charakterisierung u. a. durch die Position der Proposition in der Dialogtabelle realisiert.

$$Kp \rightarrow p \in INF_{Sprecher}$$

Eine Charakterisierung erfolgt auch durch das dialogische Verhalten der Dialogteilnehmer gegenüber einer Proposition. Eine Proposition deren Gültigkeit „sicher gewußt" wird, wird im Dialog anders behandelt als eine, deren Gültigkeit nur „vermutet" wird. Entschieden wird diese propositionale Einstellung durch "frame rules" und "decision rules" (vgl. Hoepelman, et al., 1991), Dialogregeln, die das strategische Verhalten der Dialogteilnehmer in Abhängigkeit von Dialogtyp und Dialogziel ("dialogue aim") bestimmen. (Dies impliziert jedoch kein deterministisches Verhalten im Sinne einer simplen Anwendung von Regeln, da die Regelanwendung (und natürlich die Regeln selbst auch) Gegenstand von Metadialogen sein können.

Gemäß der Gazdarschen Theorie der Kontexterweiterung wird die potentielle Präsupposition (58) getilgt aufgrund der aus (59) folgenden (tautologischen) Implikation (59). Der Widerspruch zwischen Implikation und Präsupposition ist somit aufgehoben.

Obschon dieser Ansatz zu einer Lösung führt, ist dennoch der Weg zu dieser Lösung zu mechanisch, um natürlichen Dialogen auch erklärungsadäquat zu entsprechen. Eine angemessenere Erklärung ist in Blok (1991) zu finden, wo gezeigt wird, daß ein Satz wie (59) nur in Kontexten geäußert werden kann,

> "...which are in fact about 'the king of France' which makes that it cannot be accused of presupposition denying."
>
> (Blok, 1991)

Die Beschreibung angemessener Kontexte entspricht jedoch der Angabe von Verwendungsbedingungen und entspricht somit auch dem von uns gewählten Ansatz der Dialoganalyse. Blok führt hierzu weiter aus:

> "One utters a sentence like that only, if one assumes that one's partner in discourse has something to do with the present king of France, his concept or imaginary being."

Diese Bedingung wäre z. B. im folgenden Dialog erfüllt:

(60) A: "What about the king of France?"
B: "The king of France doesn't EXIST."

Dialogteilnehmer A führt 'the king of France' als Dialogtopik ein, B teilt etwas über dieses Topik mit (und zwar nicht, daß er nichts über dieses Topik weiß, sondern, daß er weiß, daß es zur Zeit keinen Referenten hat). Ein Angriff von A auf die Existenzpräsupposition in der Äußerung von B entspräche einem Angriff auf das von A selbst eingeführte Dialogtopik, die Äußerung von B ist gegenüber der von A vollkommen relevant:

> "The possibility of a move like this depends on the contextual character of it: it is relevant, being a reaction to a certain topic proposed by one's partner, ..."
>
> (Blok, 1991)

Blok formalisiert diese Überlegungen mit Hilfe spieltheoretischer Konzepte und gibt die entsprechenden Verwendungsbedingungen als Dialogregeln an. Entscheidend hierbei ist, daß Blok zeigt, daß die pragmatische Präsupposition dem Dialogtopik entspricht. B übernimmt in (60) somit nicht die Verpflichtung, die Existenzpräsupposition (58) zu akzeptieren, er übernimmt lediglich das von A vorgeschlagene Dialogtopik über welches er eine bestimmte Information prädiziert. Hierbei gilt, daß B durchaus ein Konzept <der König von Frankreich> hat, hätte er keines wäre seine Reaktion in (60) gewesen: „Oh, es gibt also einen König von Frankreich!". B muß sowohl über das Konzept als auch über eine inferentielle

Basis, aus welcher folgt, daß es gegenwärtig keinen König von Frankreich gibt verfügen. Nach demselben Prinzip verläuft auch der Dialog

(61) A: „Was ist das Einhorn?"
B: „Das Einhorn ist ein FABELWESEN."

Aus der durch Fokusextraktion gewonnenen pragmatischen Hintergrundbedeutung

(62) Das Einhorn ist ein X.

folgt also analog nicht die semantische Folgerung

(63) Es gibt das Einhorn.

bzw. dialogisch modifiziert

(64) Der Sprecher akzeptiert: es gibt das Einhorn.

Zusammenfassend gilt somit, daß semantische Präsuppositionen aufgelöst werden können in Implikationen und Implikaturen, und daß die pragmatischen Präsupposition dem Dialogtopik entsprechen. Der Begriff der semantischen und auch der pragmatischen Präsupposition erfordert somit eine vollständige Reanalyse, was hier jedoch nicht geschehen soll.

2.5.5 Präsupposition und Fokusintonation

Die Position der Fokusintonation richtet sich nach der Präsupposition im Sinne des oben diskutierten lokalen Dialogtopiks. Dieses lokale Dialogtopik bedeutet ebenso eine Selektionsbedingung für den fokussierten Äußerungsteil. Über dieses lokale Dialogtopik hinaus wirkt auch das globale Dialogtopik selektiv, weswegen die Relevanz fokussierter Äußerungen somit lokal und global zu charakterisieren ist. Z. B.:

(65) Dialogtopik: Hobbies
A: „Was machst DU?"
→ DT_{lokal}: x macht y
→ DT_{global}: y ∈ <Hobbies>[16]

Dies bedeutet auch für Beschreibungen der Fokus-Hintergrund-Gliederung, daß nicht nur die syntaktischen Merkmale der Fokuskonstituente sondern auch die semantischen Merkmale zu berücksichtigen sind. Z. B. könnte auch die von Jacobs entwickelte Beschreibung der Fokus-Hintergrund-Gliederung dementsprechend erweitert werden. So kann die Äußerung

(66) „JOHANNES kommt."

---

16 Globale Dialogtopiks sind nicht im voraus streng determiniert, sondern können dialogisch ausgehandelt werden (offene Semantik).

analysiert werden als

(67) $ASS(\lambda x_{NP}(x\ kommt,\ Johannes)/x \in P)$

P sei in diesem Beispiel die Menge der im Dialog (explizit oder implizit) erwähnten Personen. P ist somit eine Teilmenge des von Hintikka charakterisierten "choice sets", eine sukzessive im Dialog entstehende referentielle Basis. Bei kontrastiver Fokussierung gelten allgemein die jeweiligen "ranges of incompatibles" als relevante Mengen potentieller „Fokuskandidaten", wobei auch hier gilt, daß diese Mengen dialogisch ausgehandelt werden können.

Die Bedingungen, denen die Fokusselektion unterliegt, können im Dialog überprüft bzw. thematisiert werden:

(68) Dialogtopik: Hobbies
A1: „Was machst DU?"
B1: „BIERDECKEL sammeln."
A2: „Das ist doch kein HOBBY."
B2: „DOCH, für MICH SCHON."

A thematisiert einen aus *seiner* Sicht bestehenden Kohärenzbruch, der jedoch von B aufgelöst werden kann; beide Dialogteilnehmer sind sich einig, daß sie über Hobbies sprechen (wobei A jedoch nicht akzeptieren muß, daß Bierdeckel sammeln ein Hobby sein kann). Die Selektionsbedingung, die durch die Präsupposition gegeben ist, bedeutet außerdem, daß die Fokuskonstituente immer auch „alte" Information beinhaltet.

Neben semantischen Restriktionen unterliegt die Realisierung fokussierter Äußerungen auch kommunikativ-pragmatischen Verwendungsbedingungen, die in angemessener Weise in dem von uns gewählten spieltheoretischen Ansatz spezifiziert werden können. Diese Bedingungen betreffen den Begriff der Strategie, d. h. die Frage, nach welchen Gesichtspunkten aus einer Menge potentieller Spielzüge ein bestimmter ausgewählt wird.

2.6 Fokusintonation im Dialog

Alle bisherigen Darstellungen bewegen sich auf der Ebene der strukturellen Beschreibung wie sie z.B. von Vertretern der Prager Schule durchgeführt wird oder auf der Ebene der modelltheoretischen Deutung, wie die Relationale Fokuskonzeption. Keine dieser Theorien bietet jedoch ein umfassendes Modell, welches die Bedeutung fokussierter Äußerungen in einem natürlichen Dialog beschreibt.

Eine Dialogtheorie, die über die Behandlung einfacher diskurssemantischer Relationen hinausgeht, ist die Dialogspieltheorie, die in Carlson (1983, 1984) entworfen wird. Die "Dialogue Games" dienen dazu, sowohl rein sprachliche als auch kommunikative Leistungen zu beschreiben, um auf diese Weise die Kernfrage der Diskursanalyse zu beantworten, welche lautet

"...how one utterance follows another in a rational, rule governed manner - in other words, how we understand coherent discourse."

(Labov, 1972)

Carlson mißt der Fokusintonation eine zentrale Rolle bei der Aufgabe zu, den Informationsfluß eines Dialogs zu steuern.

Er untersucht diese Aufgabe anhand eines einfachen Dialogmodells, welches seine theoretischen Wurzeln hat in der Sprachspiel-Idee Ludwig Wittgensteins und der daraus resultierenden Gebrauchstheorie der Bedeutung, und in der Spieltheoretischen Semantik Jaakko Hintikkas, einer spieltheoretischen Modifikation der Wahrheitskonditionalen Semantik. Dieses vereinfachte Modell, das den Rahmen für die Behandlung der Fokusintonation bietet, sei kurz erläutert:

Ein Dialog wird in diesem Modell durch eine Tafel repräsentiert, auf welcher jeder Spieler über eine Spalte verfügt, in die er die expliziten Dialogzüge einträgt. Zusätzlich verfügt jeder Spieler über eine private Liste, in welche der andere Spieler keinen Einblick hat. In diese, wiederum zweigeteilte, private Liste trägt jeder Spieler auf der einen Seite seine eigenen Annahmen, bzw. Informationen ein, auf der anderen Seite Annahmen, über die Informationen, über die sein Dialogpartner verfügt. Die privaten Listen ("assumption lists") repräsentieren den Dialogkontext und werden in der erweiterten Version des Dialogmodells modelltheoretisch definiert: "Context...is explicated by a description of a dialogue game situation. This is essentially a possible worlds representation of what players of a dialogue game have on their minds at a given stage of the game." (Carlson, 1983)

Carlson unterscheidet zwei Dialogtypen, die sich durch das Ziel und die Strategien, über welche die Spieler verfügen unterscheiden:

"The aims of the players in the *cooperative game* is to make their private lists match each other."

"The aim of the player in the *competitive game* is optimally satisfied if the opponent is forced to unilateraly give up his conflicting assumptions and accept the other's view."

Hinsichtlich der "assumption lists" bestehen zwei Restriktionen:

- Die "assumption lists" müssen zu jedem Zeitpunkt des Dialoges konsistent sein.
- Redundanz soll vermieden werden. Information, die aus schon bestehender Information ableitbar ist, wird nicht in die Liste eingetragen.

Die Dialogspielteilnehmer verfügen über drei Spielzugtypen:

"Initial moves"

Spielzüge, die einen Dialog eröffnen bzw. ein neues Dialogtopic einführen, z.B.
(D. say) "A player may assert an assumption of his."

"Countermoves"

Spielzüge, die eine Reaktion auf vorausgehende Spielzüge darstellen, z.B.

(D. reply) "When a player has put forward an assertion, the other player(s) may choose to accept it, deny it, or (just) to acknowledge it (e.g. by prompting the interlocutor to continue)."

"Continuation moves"

Spielzüge, die eine Fortsetzung zu vorausgehenden Spielzügen darstellen, z.B.

(D. add) "A player may add another assertion to an assertion he has already asserted."

Diese Spielzugtypen beschreiben die Bedeutung von Äußerungen über deren Gebrauch im Dialog. Ebenso versucht Carlson, die Bedeutung der Fokusintonation darzustellen, die sich seiner Meinung nach nicht als eine erweiterte logische Form (z.B. durch die Lambda-Abstraktion) repräsentieren läßt:

(69) !Bradley lives here.

(70) Bradley lives here.

"That is, as far as logical form, or semantic representation, is concerned, (69) is just a variant of (70). The added information of the emphasis will only appear, when (69) is used as a move in a dialogue game."

Die Bedeutung der Fokusintonation wird von Carlson folgendermaßen definiert.

"The function of an emphasis is nothing else than to relate a dialogue move as a countermove to an explicit move or an implicit assumption entered in the dialogue. The focusing intonation thus serves as a pointer to an earlier step in a dialogue."

Diese Definition erhält als Dialogspielregel die folgende Form:

(D. emphasis) "When a player has put forward a sentence of the form

(i) X - A - Y

where A receives special emphasis the listener may look for a sentence of the form

(ii) X - B - Y

among the sentences on the board or on his private record. If such a sentence is found, the listener may construe (i) as a countermove by some noninitial dialogue rule to (ii)."

Das Dialogmodell von Lauri Carlson bietet einen brauchbaren Ansatz zur Beschreibung der Bedeutung von Fokusintonation im Dialog. Die sehr einfachen Regeln müssen, will man zu einer umfassenden Darstellung gelangen, jedoch ausgearbeitet und erweitert werden. Unbefriedigend ist z.B., daß die Kohärenz zwischen einer fokussierten Äußerung und dem Dialogkontext durch das Vergleichen einfacher syntaktischer Modelle geprüft wird. Kohärenz wird jedoch oft durch implizite Dialogschritte und durch Inferenzprozesse etabliert. Um die

Gebrauchsbedingungen, denen fokussierte Äußerungen unterliegen, differenzierter beschreiben zu können, müssen auch die kommunikativen Konsequenzen untersucht werden, die sich für die Dialogteilnehmer durch die Verwendung fokussierter Äußerungen ergeben, was durch eine Beschreibung der dialogischen Rechte und Pflichten geschehen kann.

3. Ein spieltheoretischer Ansatz zur Beschreibung der Fokusintonation

Im folgenden werden wir einen Ansatz zur Beschreibung der Fokusintonation vorstellen, der von einer modell-theoretischen Definition der Semantik der Fokusintonation absieht, statt dessen aber auf einer Menge von Dialogregeln basiert, die die Verwendung und Interpretation der Fokusintonation steuern. Dadurch wird die Semantik der Fokusintonation mittels Regeln über ihren Gebrauch festgelegt.

Um dieses Ziel zu erreichen, verwenden wir zwei technische Hilfsmittel: zum einen benutzen wir eine semantische Repräsentationssprache, mit der wir den Inhalt der in einem Dialog gefallenen Äußerungen formal beschreiben können; und zum anderen basieren auf dieser formalen Beschreibung Dialogregeln, die als natürlichsprachliches Pendant zu den von Barth und Krabbe (1982) bei ihrer Beschreibung der Logik in Form von kritischen Dialogen eingeführten Dialogsequenten gesehen werden können.

Eine operationelle Semantik

In seinen Arbeiten über die Fokus-Hintergrund-Gliederung (FHG) vertritt Jacobs (1988, 1991) die Ansicht, daß sowohl eine syntaktische Ebene als auch eine semantische Ebene von sprachlichen Repräsentationen benötigt wird, um Betonungsregeln festlegen zu können. Jacobs versucht ausgehend von einer semantischen Struktur, die bereits eine Fokus-Hintergrund-Gliederung berücksichtigt, ein dazugehöriges Intonationsmuster zu erstellen. Um dieses Muster erzeugen zu können und um wohldefinierte Betonungsregeln formulieren zu können, ist eine syntaktische Ebene notwendig, die die Skopus-Regeln der Fokusoperatoren reflektiert.

Der Ansatz, der im MAFID-Projekt verfolgt wurde, beginnt jedoch von der anderen Seite, d.h. wir gehen von einem bereits erkannten Intonationsmuster aus, das aus einem Sprachsignal von einem entsprechenden Fokuserkennungsmodul erzeugt wird. Basierend auf dieser Information und auf einer syntaktischen Analyse wird eine formale Repräsentation erzeugt, die es uns ermöglicht der analysierten Äußerung eine dialogisch-interpretierbare Bedeutung zuzuweisen, d.h. eine entsprechende Gebrauchsregel für den Dialog. Für diesen Zweck haben wir die semantische Repräsentationssprache SEMRED (Semantical Representation in Dialogue) entwickelt mit dem besonderen Ziel, dialogisch definierten Operatoren, also solchen Operatoren, die in einem Dialog einen Bezug auf Aktionen und Reaktionen haben, eine formale Behandlung zu geben. SEMRED dient als Sprache für die vom Parser KONTUR erzeugten Strukturen der Spracheingabe. Eine detailierte Beschreibung über den Parser und die in SEMRED formalisierbaren Konstrukte findet sich in Kapitel 4.4.

Definition von Dialogregeln

Ein Dialog kann als Folge von symbolischen Aktionen und Reaktionen beschrieben werden, die zu einem gewissen Grad durch Regeln festgelegt sind. Welche Züge in einem Dialog erlaubt sind, kann daher selbst Gegenstand einer Vereinbarung zwischen Dialogpartnern sein, es kann aber auch Gegenstand linguistischer Konventionen sein. Je expliziter die Vereinbarungen sind, die die erlaubten Aktionen und Reaktionen reglementieren, desto formaler (im Sinn von Barth/Krabbes "formal3" (op.c.: 19)) wird der Dialog. Aktionen und Reaktionen in einem Dialog sind im allgemeinen verbal, aber das muß nicht ausschließlich so sein. Unter gewissen Umständen gehören sicherlich nicht-verbale Aktionen, wie z.B. zeigen, vorführen, testen, etc. zum erlaubten Repertoire einer Interaktion. Abhängig von dem Zweck der handelnden Parteien entstehen Dialoge in einer Breite von Varianten. An den entgegengesetzten Enden stehen auf der einen Seite vollständig kritische Dialoge gegenüber vollständig kooperativen Dialogen. Verbale Interaktion im täglichen Leben ist sicherlich sehr viel weniger reglementiert als die Art von kritischen Logikspielen, wie sie in der klassischen Dialog-Tableau-Theorie beschrieben werden. Aber, wie David Lewis sagen würde - „Nicht alles ist erlaubt“. Gewisse natürlichsprachliche Ausdrücke verursachen mehr oder weniger Standard-Interaktionsmuster, und es ist sicher kein Zufall, daß die formale Logik gerade an diesen Ausdrücken interessiert ist (oder eher an einer eingeschränkten Untermenge). Wenn jemand beispielsweise eine Konjunktion der Form „p und q“ zur Diskussion stellt, wird die Verteidigung dieser Aussage nicht eher als erfolgreich erachtet, als bis beide Teile „p“ und „q“ erfolgreich verteidigt wurden, je nachdem ob der Opponent „p“ oder „q“ angezweifelt hat. Allgemein gesagt, das Vorhandensein gewisser Operatoren in linguistischen Ausdrücken bestimmt die mögliche Form eines Angriffs auf diesen Ausdruck, und Operatoren in Verbindung mit der Angriffsform bestimmen die möglichen direkten Verteidigungsregeln, die auch protektive Verteidigungsregeln genannt werden (Barth/Krabbe, op.c.: 60 ff.).

Bevor wir jedoch Dialogregeln definieren können, muß ein geeignetes Mittel gefunden werden, mit dem es möglich ist Dialogzustände zu beschreiben. In dieser Hinsicht hat sich die Beschreibung von Dialogzustands-Änderungen mit Dialogsequenten als sehr effizient erwiesen. Sequenten wurden häufig bei der Beschreibung von tableau-basierten Methoden verwendet, wie z.B. bei Gentzen (1934), Barth & Krabbe (1982), Lorenz & Lorenzen (1978). Da die meisten dieser Methoden Sprachen der Logik benutzen, um den Inhalt der im Verlauf eines Dialogs getätigten Äußerungen zu beschreiben, benötigen wir einen geeigneten Formalismus zur Repräsentation des Inhalts natürlichsprachlicher Äußerungen.

Bis jetzt haben wir die semantische Repräsentations-Sprache SEMRED erwähnt, die es uns ermöglicht den Inhalt von Äußerungen eines Dialogpartners zu beschreiben. Für die Beschreibung von Regeln, wie sich die Dialogpartner in beliebigen Dialogzuständen zu verhalten haben, müssen wir Sequenten definieren, die all die Information beinhalten, die benötigt wird, um zu entscheiden, welcher Schritt als nächster gewählt wird. Für diesen Zweck werden wir eine Erweiterung der Carlson-Sequenten verwenden, die wir in Kapitel 2.6 vorgestellt haben. Der Sequent, den wir verwenden werden, enthält zwei Erweiterungen des Carlson-Sequenten. Er ist, wie folgt, definiert:

$$D_n \;\; \text{def=} \; \langle AL_B, R_B, T, AL_W, R_W \rangle$$

Das o.a. Quintupel gibt eine Beschreibung eines Dialogs D in der Stufe n. Es enthält je eine Annahmenliste (AL) und eine Menge der protektiven Verteidigungsrechte (R) der Parteien Schwarz (B) und Weiß (W). Die Variable T enthält das Tableau, in dem die expliziten Dialogzüge $\langle ED_B, ED_W \rangle$, die von Schwarz und Weiß gemacht wurden, niedergeschrieben werden.

Die Annahmenlisten sind wiederum selber durch Tripel repräsentiert.

$$AL_P \;\; \text{def=} \; \langle INF_P, INF_P(\overline{P}), SSK_P \rangle$$

Jedes Tripel AL enthält die Informationen, die P hat (INF_P), die Informationen, von denen P glaubt, daß sie $\overline{P}$ hat ($INF_P(\overline{P})$), und den so genannten "Stock of Shared Knowledge", der all die Information beinhaltet, über die sich die beiden Parteien bereits geeinigt haben (SSK_P).

Um die Dialogregeln etwas kompakter darstellen zu können, verwenden wir einige Platzhalter für häufig wiederkehrende Redewendungen, die folgendermaßen definiert sind.

+	Bestätigung einer Äußerung mit „ja,..."
-	Verneinung einer Äußerung mit „nein,..."
Δ	„Du hast gesagt, daß ...."
∇	„Ich denke, daß ..."
◊	„Wir haben uns geeinigt, daß ..."
Γ	wird verwendet bei Zurückweisung von Präsuppositionen mit „Was meinst Du mit ..."
⊘	wird verwendet um Nicht-Wissen eines Fakts anzuzeigen mit „Ich weiß es nicht."

In den folgenden Regeln werden wir zur Darstellung der semantischen Satzstrukturen eine Notation verwenden, die implementationstechnische Details der Sprache SEMRED vermeidet. Häufig verwendete Konstrukte sind dabei

```
quest(Var,Descr)
focus(Op,Var)
```

Durch den Frageoperator quest wird eine Variable Var eingeführt, die mittels einer Beschreibung Descr näher spezifiziert ist. Die Arbeitsweise dieses Operators kann analog zu quantifizierenden Ausdrücken, wie z.B. dem Allquantor oder Existenzquantor, betrachtet werden. Der Fokusoperator focus ist eher als Meta-Operator zu betrachten, da erst in seinem ersten Argument der eigentliche Operator gebunden wird (sh. auch Kap. 4.3.). Das zweite Argument des Fokusoperators beschreibt den Skopus des Operators und wird normalerweise durch eine Identifikationsvariable des entsprechenden Bereichs spezifiziert. Durch die nicht ordnungsgebundene Reihenfolge der Konstrukte eines SEMRED-Ausdrucks ist es möglich in den Regeln nur den gerade relevanten Operator zu betrachten und den Rest des Satzes unspezifiziert zu lassen. Dazu wird die folgende Notation verwendet.

```
S[quest(Var,Descr)]
```

So betrachten wir im obigen Beispiel einen Satz S, der einen Frageoperator quest beinhaltet.

Als weitere Notation wollen wir eine an der Prolog-Listennotation orientierte Schreibweise für geordnete Mengen, wie z.B. "Stacks", einführen. Diese Notation wird zur Beschreibung des Tableau-Inhalts, sowie der Annahmenlisten der Dialogpartner verwendet. So wird beispielsweise nach einem von Schwarz geäußerten Satz α der aktuelle Zustand eines Tableaus beschrieben durch:

$$<ED_W, [\alpha | ED_B]>$$

Der erste Regelsatz, den wir vorstellen möchten, beschreibt die Behandlung von Intonationsfokus im Kontext von Fragen. Was an dieser Stelle noch hervorgehoben werden sollte, ist, daß alle Dialogregeln, die wir vorstellen werden, dem Dualitätsprinzip unterliegen, d.h. für jede Regel, die die Behandlung einer Aussage eines Partners beschreibt, existiert ein passendes Gegenstück, das die gleiche Situation mit umgekehrter Rollenverteilung beschreibt.

3.1 Fokusintonation in Fragen

Die erste Regel (RF-1) wurde spezifiziert, um den Gebrauch von Intonationsfokus zu modellieren, den Culicover und Rochemont (1983) als „informativen Fokus" bezeichnen, und der daher in erster Linie bei der Beantwortung von W-Fragen angewandt wird.

(RF-1) Beantwortung von W-Fragen

Angenommen, es existiert ein Dialogzustand D_n, der folgendermaßen definiert ist:

$$D_n = <AL_B, R_B, <ED_B, [\alpha | ED_W]>, AL_W, R_W>$$
$$\alpha = S[quest(X, \delta)]$$

Die folgenden Fälle sind zu unterscheiden:

(i) positive Antwort

$$\forall F, S' \text{ if } (F \text{ satisfies } \delta, S' = S_{X/F} \;\&\; S' \in INF_B), \text{ then}$$
$$D_{n+1} = <AL_B, [S'[focus(int, F)] | R_B], <ED_B, [\alpha | ED_W]>, AL_W, R_W>$$

(ii) Präsuppositionsverletzung

$\forall F$ if $(F \in \{X : X \in \mathrm{constituent}(S)\}$ & $F \notin SSK_B)$ then

$D_{n+1} = \langle AL_B, [\Gamma F \mid R_B], \langle ED_B, [\alpha \mid ED_W] \rangle, AL_W, R_W \rangle$

(iii) unbekannt

else

$D_{n+1} = \langle AL_B, [\emptyset \mid R_B], \langle ED_B, [\alpha \mid ED_W] \rangle, AL_W, R_W \rangle$

RF-1 beschreibt eine Situation, in der die Partei Weiß eine W-Frage geäußert hat, die ein gewisses erfragtes Element enthält, das X genannt wird. Darüber hinaus ist eine Beschreibung δ dem Element X zugeordnet. Die semantische Repräsentation eines Ausdrucks in der Sprache SEMRED ist so angelegt, daß die Reihenfolge der Terme des Ausdrucks nicht festgelegt ist. Diese Eigenschaft versetzt uns in die Lage nur die Terme eines Satzes zu betrachten, die in einem bestimmten Kontext von besonderem Interesse sind. In dem hier betrachteten Fall greifen wir aus der Satzstruktur S den Operator „quest(X,δ)“ heraus.

Der erste Fall veranschaulicht die Situation, in der Schwarz von einem Fakt S' weiß, der aus S mittels Substitution von X durch eine (oder mehrere) neue Konstituente(n) F gewonnen werden kann, die die Beschreibung δ von X erfüllt (erfüllen). In all diesen Fällen erhält Schwarz das Recht S' zu behaupten, in dem F (und damit jedes so gewonnene F) mittels Intonationsfokus hervorgehoben wird. Von besonderer Wichtigkeit ist hier, daß die Wahl eines passenden F gewissen semantischen und kontextuellen Restriktionen genügen muß, um die Beschreibung δ zu erfüllen. Ist z.B. in einem gewissen Dialogzustand das aktuelle Dialogtopik „Hardware“, so ist eine andere Antwort auf die Frage „Was gibt es im ersten Stock?“ relevant als wenn das Dialogtopik „Pflanzen“ wäre.

Der zweite Fall behandelt Situationen, in denen es zu „Präsuppositionsverletzungen“ kommt. Das ist in unserem Ansatz immer dann der Fall, wenn Schwarz eine oder mehrere Konstituente(n) F von S finden kann, die nicht im gemeinsamen “stock of shared knowledge” enthalten ist (sind). Aus diesem Grund erhält Schwarz das Recht anzuzeigen, über welches F er bisher keine Informationen hat, bzw. strenger, welches F im bisherigen Dialogverlauf noch nicht eingeführt worden und auch nicht im gemeinsamen Wissen enthalten ist.

Der letzte Fall erlaubt Schwarz anzuzeigen, daß er zwar gerne die Frage beantworten möchte, aber momentan nicht dazu in der Lage ist.

Das folgende Tableau (T1) zeigt ein Beispiel von expliziten Dialogzügen der beiden Parteien Schwarz und Weiß, mit einer Fallunterscheidung der möglichen Reaktionen von Schwarz, falls die Parteien verpflichtet wären sich entsprechend der Regel (RF-1) zu verhalten:

(T1)

B	W
	Welcher Mitarbeiter arbeitet im ersten Stock?
(i) KLAUS arbeitet im ersten Stock. (ii) Ich weiß nichts über einen ersten Stock. (iii) Ich weiß es nicht.	

In (T1) haben wir darauf verzichtet, den Inhalt der Annahmenlisten AL_B und AL_W aufzuführen, da dies zum einen zuviel Platz erfordern würde, und es zum anderen für eine Veranschaulichung einer Anwendung der Regel (RF-1) ausreicht die expliziten Dialogzüge zu zeigen, ohne auf die Annahmen und das Wissen der beiden Parteien näher einzugehen.

Die Regel RF-1 wurde für den Gebrauch der Fokusintonation bei der Beantwortung von W-Fragen entworfen. Vergleicht man dies mit dem Fall, daß eine Partei eine Ja-/Neinfrage äußert, so ist es normalerweise der Fall, daß die fragende Partei den (oder die) Teil(e) mittels Betonung hervorhebt, der (die) für sie von besonderem Interesse ist (sind). Man könnte auch sagen, daß wir im Fall einer Ja-/Neinfrage Fokusintonation interpretieren müssen, während wir im Fall einer W-Frage bei der Beantwortung der Frage Fokusintonation verwenden. In der folgenden Regel (RF-2) werden wir ein Verhaltensmuster zur Interpretation des Intonationsfokus in Ja-/Neinfragen vorstellen.

(RF-2) Fokusintonation in Ja-/Neinfragen

Angenommen, es existiert ein Dialogzustand D_n, der folgendermaßen definiert ist:

$$D_n = \langle AL_B, R_B, \langle ED_B, [\alpha \mid ED_W] \rangle, AL_W, R_W \rangle$$
$$\alpha = S[\mathrm{quest}(X, [\,]), \mathrm{focus}(\mathrm{int}, F)]$$

Die folgenden Fälle sind zu unterscheiden:

(i.a) positive Antwort ohne Fokusintonation

$$\mathrm{if}\ S \in INF_B$$
$$D_{n+1} = \langle AL_B, [+(S) \mid R_B], \langle ED_B, [\alpha \mid ED_W] \rangle, AL_W, R_W \rangle$$

(i.b) positive Antwort mit Fokusintonation

$$\mathrm{if}\ S \in INF_B\ \&\ \exists G, \alpha', S'\ (F \neq G,\ \alpha' = \alpha_{F/G},\ S' = -(S_{F/G}[\mathrm{focus}(\mathrm{int}, F)]),\ ED_W = [\alpha' \mid ED_W'],\ ED_B = [S' \mid ED_B'])$$
$$D_{n+1} = \langle AL_B, [+(S[\mathrm{focus}(\mathrm{int}, F)]) \mid R_B], \langle ED_B, [\alpha \mid ED_W] \rangle, AL_W, R_W \rangle$$

(ii.a) negative Antwort mit Bereitstellung einer Alternative

$$\forall G, S' \text{ if } (F \neq G,\ S' = S_{F/G}\ \&\ S' \in INF_B) \text{ then}$$
$$D_{n+1} = \langle AL_B, [-(S'[focus(int,G)]) \mid R_B], \langle ED_B, [\alpha \mid ED_W] \rangle, AL_W, R_W \rangle$$

(ii.b) negative Antwort ohne Bereitstellung einer Alternative

$$\forall G, S' \text{ if } (F \neq G,\ S' = S_{F/G}\ \&\ S' \in INF_B) \text{ then}$$
$$D_{n+1} = \langle AL_B, [-(S) \mid R_B], \langle ED_B, [\alpha \mid ED_W] \rangle, AL_W, R_W \rangle$$

(iii) Präsuppositionsverletzung

$$\forall G \text{ if } (G \neq F,\ G \in \{X : X \in constituent(S)\}\ \&\ G \notin SSK_B) \text{ then}$$
$$D_{n+1} = \langle AL_B, [\Gamma G \mid R_B], \langle ED_B, [\alpha \mid ED_W] \rangle, AL_W, R_W \rangle$$

(iv) unbekannt

$$\text{else}$$
$$D_{n+1} = \langle AL_B, [\textcircled{?} \mid R_B], \langle ED_B, [\alpha \mid ED_W] \rangle, AL_W, R_W \rangle$$

Vier Hauptfälle müssen in RF-2 unterschieden werden. Der erste Fall ist der einfachste, in dem die Ja-/Neinfrage direkt positiv beantwortet werden kann. Diese Tatsache wird durch ein + angezeigt, welches Schwarz die Möglichkeit gibt, den Satz als Ganzes zu bestätigen. Im Fall (i.b) erhält Schwarz die Möglichkeit die Fokusintonation von Weiß zu übernehmen. Dieses Verhalten ist beschränkt auf Fälle, in denen Weiß bereits eine ähnliche Frage geäußert und darauf eine negative Antwort erhalten hat. Ein Beispiel dafür zeigt Tableau (T2'). Eine Antwort seitens Schwarz gemäß dieses Sonderfalls dürfte allerdings eher die Ausnahme bilden. Der Normalfall findet sich daher in Fall (i.a). Hier wird lediglich die Frage positiv bestätigt, ohne daß das Mittel der Fokusintonation benutzt wird. Der zweite Hauptfall wurde entworfen, um die Situation zu behandeln, in der Schwarz die Frage von Weiß nicht bestätigen kann. Statt dessen hat er in seiner privaten Annahmenliste nach einer geeigneten Alternative zu suchen. Wenn Schwarz irgendeine geeignete Behauptung S´ durch Substitution der betroffenen Konstituenten aus S finden kann, erhält er das Recht die Frage von Weiß zu negieren, indem er die seiner Ansicht nach korrekte Information zur Verfügung stellt. Hierbei wird S nicht einfach mittels „nein" negiert, sondern vielmehr mittels „nein, S'", wobei S' die korrigierte Version von S ist. Eine Alternative, die es Schwarz ermöglicht, lediglich den von Weiß geäußerten Satz zu negieren und dabei seine Information über ein passendes S' zurückzuhalten, bietet Fall (ii.b). Ein Verhalten seitens Schwarz nach diesem Fall wäre sicherlich sehr unkooperativ und würde notwendigerweise ein Nachfragen seitens Weiß hervorrufen. Nur soll mit dieser Fallunterteilung die Möglichkeit auch weniger kooperativ zu agieren gegeben werden. Auf die Form der Diskussionsführung, d.h. kooperatives Verhalten eines Dialogteilnehmers gegenüber kompetetivem Verhalten einer Partei, werden wir noch in einem späteren Abschnitt eingehen.

Die letzten beiden Fälle (iii) und (iv) entsprechen den Fällen (ii) und (iii) aus RF-1 und bedürfen hier keiner weiterführenden Erklärung. Dennoch sind wir uns dessen bewußt, daß sowohl (iii) als auch (iv) hinsichtlich der Bedingung F≠G stark vereinfacht sind. Der Punkt ist nicht, daß F und G nicht formal identisch wären, sondern eher, daß, soweit Schwarz es beurteilen kann, sie für Weiß nicht auf das gleiche Objekt referieren. Das bedeutet, daß für eine geeignetere Behandlung von Antworten mit referierenden Ausdrücken Listen eingeführt werden müßten, die für beide Parteien Informationen darüber enthalten, welcher Ausdruck auf was referiert, und, zusätzlich, was eine Partei glaubt, auf was ein Ausdruck in den Augen der anderen Partei referiert.

In Tableau (T2) zeigen wir eine Anwendung der Regel RF-2:

(T2)

B	W
	arbeitet KLAUS im ersten Stock?
(i) ja, Klaus arbeitet im ersten Stock. (ii) nein, PETER arbeitet im ersten Stock. (iii) Ich weiß nichts über einen ersten Stock. (iv) Ich weiß es nicht.	

Ein Beispiel für einen Dialog gemäß des Sonderfalls (i.b) bietet das folgende Tableau:

(T2')

B	W
	arbeitet PETER im ersten Stock?
nein, PETER arbeitet nicht ersten Stock.	
	arbeitet KLAUS im ersten Stock?
ja, KLAUS arbeitet im ersten Stock.	

Was wir bis hierher beschrieben haben, ist der Gebrauch der Fokusintonation in typischen Frage-Antwort-Situationen. Diese Art von Dialogsituationen sind charakterisiert dadurch, daß entweder die Partei, die die Frage stellt, Betonung auf die Ausdrücke legt, die ihren Hauptpunkt des Interesses bilden, oder daß die antwortende Partei Betonung auf die Ausdrücke legt, die die Frage erfüllen. Darüber hinaus stellen unsere Regeln Verhaltensmuster für die Fälle zur Verfügung, in denen es zu einem Kommunikationsproblem kommt, d.h.: wenn eine Partei (P) annimmt, daß die andere ($\overline{P}$) ein gewisses Objekt kennt, das in einem Satz von (P) erwähnt worden ist, und diese Annahme sich als falsch herausstellt, daß die andere ($\overline{P}$) das Recht erhält, anzuzeigen, welches Objekt ihrer Meinung nach noch nicht oder unzureichend in der gemeinsamen Diskussionsbasis etabliert worden ist. Es ist gerade diese

Art der Behandlung von pragmatischen Präsuppositionen, die häufig in Alltagssituationen auftreten.

3.2 Intonation und Negation

Eine ziemlich ähnliche Dialogsituation tritt auf, wenn die Partei $\overline{P}$ einen Einwand gegen ein Objekt erhebt, das von P erwähnt wurde, und zusätzlich eine Alternative einführt. Der Unterschied zur Präsuppositionsverletzung liegt darin, daß in der vorherigen Situation $\overline{P}$ über gewisse Teile des von P geäußerten Satzes nichts weiß, wogegen in der jetzigen Situation $\overline{P}$ der Meinung ist, daß ein oder mehrere Teile des von P geäußerten Satzes falsch sind. Ein ziemlich natürlicher Ansatz dieses Problem zu lösen ist, daß $\overline{P}$ eine geeignete Alternative zur Verfügung stellt. Dabei ist es üblich, die betroffenen, korrigierten Teile der neuen Äußerung durch Betonung hervorzuheben. In diesem Sinn ist unsere nächste Regel als eine Generalisierung von Fall (ii) der Regel (RF-2) zu betrachten, welcher der antwortenden Partei erlaubt eine Frage mittels der Benennung von Alternativen zu verneinen. Der Aufsatzpunkt für RF-3 ist jedoch eine von Weiß getätigte Aussage α, die kein Frage-Element enthält, sowie eine zusätzliche Berechnungsvorschrift, die einige Konstituenten von α betrifft. Die Regel wird wie folgt definiert:

(RF-3) Korrigierende Fokusintonation

Angenommen, es existiert ein Dialogzustand D_n, der folgendermaßen definiert ist:

$$D_n = \langle AL_B, R_B, \langle ED_B, [\alpha | ED_W] \rangle, AL_W, R_W \rangle$$

mit frage-operator-freiem α

und der folgenden Eigenschaft (I):

(I) $\exists F, G, \alpha' \, (F \in \{X : X \in \mathtt{constituent}(\alpha)\} \;\&\; G \in F^{*}_{B} \;\&\; \alpha' = \alpha_{F/G})$

Die folgenden Fälle sind zu unterscheiden:

(i) eigene Information

if $\alpha' \in INF_B$

$$D_{n+1} = \langle AL_B, [\nabla(\alpha'[\mathtt{focus}(\mathtt{int}, G)]) | R_B], \langle ED_B, [\alpha | ED_W] \rangle, AL_W, R_W \rangle$$

(ii) P weiß, daß $\overline{P}$ weiß

if $\alpha' \in INF_{B(W)}$

$$D_{n+1} = \langle AL_B, [\Delta(\alpha'[\mathtt{focus}(\mathtt{int}, G)]) | R_B], \langle ED_B, [\alpha | ED_W] \rangle, AL_W, R_W \rangle$$

(iii) bereits geeinigt

if $\alpha' \in SSK_B$

$$D_{n+1} = \langle AL_B, [[\Diamond(\alpha'[focus(int,G)])|R_B], \langle ED_B, [\alpha|ED_W]\rangle, AL_W, R_W\rangle$$

Ein paar erklärende Worte erscheinen angebracht. Als erstes wollen wir die Eigenschaft (I) betrachten. Ausgangspunkt der Betrachtung ist ein α, das nicht in B´s Information enthalten ist, aber es ist für B möglich ein α´ zu erzeugen, das durch Substitution einiger Konstituenten F aus α durch passende Elemente G entsteht, die, soweit es B anbelangt, zu dem Inkompatibilitäts-Bereich von F gehören: $G \in F^{*}_{B}$. Ausgehend von einer gegebenen Konstituente in einer gegebenen Dialogsituation ist die Berechnung dieses Inkompatibilitäts-Bereichs für einen bestimmten Dialogpartner ein nicht-triviales Problem. In Gabbay /Moravcsik (op.c.) kann man betreffend von Inkompatibilitäten einen vorsichtigen Ansatz finden, der sich an einer gemeinsamen lexikalischen Kategorie der Konstituenten orientiert. Inkompatibilität kann jedoch genauso durch Ausdrücke vermittelt werden, die nicht derselben Kategorie angehören, wie z.B. in:

(71) B: Pavarotti singt wundervoll.
W: Ich mag diesen Schreihals nicht.

Wir behaupten nicht, eine allgemeine Lösung für dieses Problem zu haben. Auf der anderen Seite mag es für eine praktikable (und implementierbare) Annäherung ausreichen, sich der lexikalischen Information zu bedienen, ausgehend von einem für jeden lexikalischen Eintrag vordefinierten Inkompatibilitäts-Bereich.

Wie auch immer, in Regel RF-3 wird lediglich gefordert, daß ein geeignetes α' durch Substitution von F (oder von F´s) durch ein inkompatibles G (oder mehrere G´s) aus α erzeugt werden kann.

Wir unterscheiden drei Fälle. Wenn Schwarz ein solches α' in seiner eigenen Information finden kann, erhält er das Recht (für jedes entsprechende G) anzuzeigen, daß er etwas über besagtes G weiß, was inkompatibel mit F ist. Um schließlich anzuzeigen, welcher Teil seiner Äußerung der wichtigste ist, erhält jedes entsprechende G spezielle Betonung mittels Fokus-intonation. Der zweite und der dritte Fall ähneln dem ersten und unterscheiden sich nur dahingehend, in welcher der verfügbaren Wissensquellen einer Partei die Information gefunden werden kann.

Zur Veranschaulichung, wie sich ein Dialog entwickeln könnte, dient das folgende Tableau (T3), das die expliziten Dialogzüge einer Anwendung der Regel RF-3 wiedergibt:

(T3)

B	W
	Peter arbeitet im ersten Stock.
(i) Ich denke, KLAUS arbeitet im ersten Stock. (ii) Du hast gesagt, KLAUS arbeitet im ersten Stock. (iii) Wir haben uns geeinigt, KLAUS arbeitet im ersten Stock.	

In Regel RF-3 haben wir eine Beschreibung gegeben, wie jemand korrigierende Fokussierung einsetzen kann. Dabei sind wir betreffend des Verhaltens von Schwarz von der Annahme ausgegangen, daß Schwarz auch bereit ist Weiß direkt die Information zu geben, die Weiß braucht, um seine eigene Information zu korrigieren. Unter gewissen Umständen mag aber auch eine Situation entstehen, in der Schwarz diese Information gar nicht zur Verfügung stellen will, sondern vielmehr aus strategischen oder anderen Gründen lediglich die Aussage von Weiß negieren will. Mit der Regel RF-4 versetzen wir Schwarz in die Lage eine solche Möglichkeit auszunutzen.

(RF-4) Konstituenten-Negation

Angenommen, es existiert ein Dialogzustand D_n, der folgendermaßen definiert ist:

$D_n = \langle AL_B, R_B, \langle ED_B, [\alpha | ED_W] \rangle, AL_W, R_W \rangle$
mit frage-operator-freiem α
und der folgenden Eigenschaft (I):
(I) $\exists F, G, \alpha' (F \in \{X : X \in constituent(\alpha)\}\ \&\ G \in F^*_B\ \&\ \alpha' = \alpha_{F/G})$

Die folgenden Fälle sind zu unterscheiden:

(i) eigene Information, bereits geeinigt
if $\alpha' \in (INF_B \cup SSK_B)$
$D_{n+1} = \langle AL_B, [\alpha[focus(neg, F)] | R_B],$
$\langle ED_B, [\alpha | ED_W] \rangle, AL_W, R_W \rangle$

(ii) P weiß, daß $\overline{P}$ weiß
if $\alpha' \in INF_B(W)$
$D_{n+1} = \langle AL_B, [\Delta(\alpha[focus(neg, F)]) | R_B],$
$\langle ED_B, [\alpha | ED_W] \rangle, AL_W, R_W \rangle$

Nur zwei Fallunterscheidungen wurden in RF-4 gemacht. Ausgehend von der gleichen Ausgangssituation wie in RF-3 unterscheiden wir zwischen der Situation, in der Schwarz von einem widersprüchlichen Fakt weiß, und der Situation, in der Schwarz weiß, daß sich Weiß selbst widerspricht. Der Grund, warum wir es offen lassen, ob α' in der privaten Information von Schwarz oder im „Stock of Shared Knowledge" enthalten ist, ist, daß es durch diese leichtere Bedingung Schwarz ermöglicht wird, den Moment hinauszuzögern, in dem er gezwungen ist, die widersprüchliche Information zu nennen.

Eine direkte Anwendung von RF-4 wird in (T4) gezeigt:

(T4)

B	W
(i) (Nein,) Nicht PETER arbeitet im ersten Stock. (ii) Du hast gesagt, daß nicht PETER im ersten Stock arbeitet.	Peter arbeitet im ersten Stock.

3.3 Intonation und Gradpartikel

3.3.1 Syntaktische Analyse

Neben der Negation, deren Skopus durch Fokusintonation variiert werden kann, bieten die Gradpartikel eine weitere Form von Satzoperatoren, die im Zusammenhang mit der Prosodie des Satzes ihren Skopus verändern können. Bevor wir uns mit ihrer Interpretation befassen, werden wir den von uns gewählten Ansatz zu ihrer syntaktischen Analyse vorstellen, der sich eng an der von Jacobs vorgeschlagenen Relationalen Fokuskonzeption orientiert (Jacobs 1983). Wie schon oben dargelegt, verwendet Jacobs zur semantischen Beschreibung der Gradpartikel eine Form von λ–Ausdrücken, die folgendermaßen dargestellt wird.

$$OP(\lambda_{KAT}[B], F)$$

Dabei kann OP aus einer Menge von Satzoperatoren gewählt werden, KAT legt die syntaktische Kategorie der fokussierten Satzkonstituente fest, und B (background) und F (focus) beinhalten den Hintergrund bzw. den Fokus eines Satzes. Um auch Sätze ohne offensichtlichen Satzoperator analog der vorgeschlagenen Form darstellen zu können, verwendet Jacobs die von Zaefferer (1984) vorgeschlagene Illokutionssemantik, die ihm die Illokutionstyp-Operatoren der Assertion und der Frage bereitstellt. So erhalten einfache Aussagesätze, die ein durch Fokusintonation hervorgehobenes Element enthalten, die gleiche semantische Struktur wie Sätze, die ein fokus-induzierendes Element aufweisen.

(72) !portix steht im ersten stock.
(73) nur !portix steht im ersten stock.

(72') ASS(λ X_{NP} [NP steht im ersten stock], portix)
(73') NUR(λ X_{NP} [NP steht im ersten stock], portix)

Die dem entsprechende SEMRED-Repräsentation hat die folgende Form.

(72")
```
proper(X,[portix])
ref(Y,[erst(stock(Y))])
focus(F,int,X)
adjunct(P,in(Y))
phrase(P,steht,X)
```

Für (73) ändert sich lediglich der Fokusoperator focus(F,int,X) von „int" in „nur". Anders als bei Jacobs ist in unserer semantischen Darstellung der Fokus eines Satzes nicht an die Relation Fokus-Hintergrund gebunden, sondern wird durch einen entsprechenden Fokusoperator gekennzeichnet. Dadurch haben wir die Möglichkeit auch mehrere Fokus in einem Satz darstellen zu können, was bei der Aufteilung in Fokus-Hintergrund doch Schwierigkeiten bereitet, da nicht ohne Weiteres ersichtlich ist, wie eine entsprechende Verschachtelung oder Anordnung der Konstituenten in Fokus und Hintergrund vorzunehmen ist.

Ein Problem auf dem Weg zur endgültigen semantischen Repräsentation eines Satzes ist die Zuordnung von Satzkonstituenten zu den sie fokussierenden Elementen. In diesem Zusammenhang führt Jacobs den Begriff der fokus-induzierenden Elemente ein, zu denen er neben den Gradpartikeln auch Satzadverbien, wie „leider" oder „vermutlich" zählt, sowie einige Verben, die propositionale Einstellungen ausdrücken, wie z.B. „bedauern".

Die Klasse der Negationswörter zählt Jacobs nicht zu den fokus-induzierenden Elementen, da der Effekt der Negation gerade von der Relation Fokus-Hintergrund abhängig sei. Wir sehen allerdings keinen Grund, warum Negationswörter bei der Satzanalyse einer anderen Behandlung unterliegen sollten und geben ihnen damit eine analoge Behandlung wie den Gradpartikeln. Die Frage, wie nun der Skopus eines fokus-induzierenden Elements zu bestimmen ist, wird bei Jacobs im Rahmen einer Generalisierten Phrasen Struktur Grammatik beschrieben, für die er eine Reihe von Prinzipien einführt, nach denen Satzkonstituenten fokussiert werden können.

Unser Ansatz besteht darin, daß direkt während der Syntaxanalyse eine semantische Repräsentation erzeugt wird, in der die durch Intonation hervorgehobenen Wörter mit einem Fokusoperator gekennzeichnet sind. Die Zuordnung von derart fokussierten Konstituenten zu den fokus-induzierenden Elementen erfolgt durch gesonderte Regeln.

(74) *Ergebnis der Sprach- und Fokuserkennungskomponente:*
```
nur !portix steht im ersten stock.
```
Fokusoperatoren nach der Syntaxanalyse:
```
focus(F,int,portix)
focus(G,nur,portix)
```
Fokusoperatoren nach der Fokus-Unifikation:
```
focus(G,nur,portix)
```

Wie in (74) gezeigt, besteht die Fokus-Unifikation aus zwei Teilschritten. Nach einer rein syntaktischen Zuweisung des Skopusbereichs der Gradpartikel wird in einem zweiten Schritt eine eventuell gefundene Fokusintonation dahingehend untersucht, ob eine Term-Unifikation der durch Gradpartikel und Intonation betroffenen Konstituenten möglich ist. Dies geschieht nach den folgenden Regeln.

Zuordnung von Konstituenten im Bereich von Gradpartikeln und Negationswörtern

Die Verwendung von Partikeln (P) unterliegt den folgenden Grammatikregeln:

(1) *Partikel regiert NP*
`np(focus(_,Op,NP)) ← particle(Op), np(NP)`

(2) *Partikel regiert PP*
analog wie zu (1)

(3) *Partikel regiert Verb*
Nur in nachgestellter Position wie in Beispiel (75) liegt das Verb im Skopus der Partikel. Die syntaktische Behandlung entspricht dem eines Satzadverbs.

(75) portix arbeitet sogar.

Fokus-Unifikation

Die semantische Repräsentation eines Satzes wird nach erfolgreicher Syntaxanalyse dahingehend untersucht, ob Konstituenten, die durch Intonation hervorgehoben worden sind, in den Skopus anderer Fokusoperatoren fallen, oder ob die Konstituenten, die syntaktisch durch eine Gradpartikel regiert werden, weiterhin im Skopus dieses Operators liegen. Mit anderen Worten, Intonation wird als Funktion betrachtet, die einem übergeordneten Fokusoperator dessen Parameter zuordnet. Die Zuordnung erfolgt nach folgenden Kriterien:

(i) *Teilkonstituenten der durch eine Gradpartikel regierten Konstituente können durch diese fokussiert werden.*

(76) nur der !blonde mann steht im ersten stock.
(76') `focus(F,nur,blond($ref1))`

(ii) *Ist die Gradpartikel einer fokussierten Konstituente direkt nachgestellt, so fällt diese in den Skopus der Gradpartikel.*

(77) der !blonde mann nur steht im ersten stock.
(77') `focus(F,nur,blond($ref1))`

Um zu verdeutlichen wie sich die Zuordnung fokussierter Konstituenten zu einer Gradpartikel nach den Kriterien (i) und (ii) verhält, können wir die Intonation auf andere Satzkonstituenten verschieben.

(76.1) nur der blonde mann !steht im ersten stock.

(76.1') `focus(F,nur,$ref1)`
`focus(G,int,steht)`

(76.2) nur der blonde mann steht im !ersten stock.

(76.2') `focus(F,nur,$ref1)`
`focus(G,int,erst($ref2))`

Werden in einem Satz mehrere Intonationsfokus verwendet, so wird die Konstituente durch eine Gradpartikel fokussiert, die durch sie syntaktisch regiert wird.

Die Verwendung von Negationswörtern in Verbindung mit Intonation muß in zwei Klassen untersucht worden. Zum einen kann „kein" nur die Position eines Artikels einnehmen und zum anderen kann „nicht" in ähnlich freier Stellung wie eine Gradpartikel verwendet werden. Daher kann „kein" lediglich Eigenschaften der von ihm regierten Konstituente fokussieren und genügt somit dem Kriterium (i). „nicht" dagegen unterliegt nur der Restriktion, daß es i.a. nicht in NP-finaler Position vorkommen kann. Somit können für die Analyse des Skopus von Negationswörtern die gleichen Kriterien angewendet werden, wie sie für Gradpartikel Verwendung finden.

Einen Sonderfall bildet die Schachtelung von Gradpartikeln und Negationswörtern. Liegt ein solcher Fall vor, so regiert grundsätzlich der erste Fokusoperator den zweiten.

(78) nicht nur !portix steht im ersten stock.

(78') `focus(F,nicht,G)`
`focus(G,nur,portix)`

3.3.2 Der Gebrauch von Gradpartikeln

Bei der Verwendung von Gradpartikeln haben wir uns auf die drei Fälle „nur", „sogar" und „auch" beschränkt, deren dialogische Funktion im folgenden beschrieben werden soll.

Die drei genannten Gradpartikel lassen sich folgendermaßen charakterisieren. Während „nur" in seiner quantitativen Lesart die Existenz eines Objekts, das die Eigenschaften der durch „nur" fokussierten Konstituente teilt, ausschließt, bewirkt „auch" gerade das Gegenteil. Das heißt, daß durch „auch" ein Objekt eingeführt wird, das die Eigenschaften eines bereits bekannten teilt. Wichtig hierbei ist der Bezug auf den bisherigen Diskursverlauf, ohne den eine Verwendung von „auch" sinnlos erscheint. „Sogar" spielt in diesem Zusammenhang eine gesonderte Rolle, da bei der Verwendung von „sogar" eine Skala als Vergleichsmaß benutzt wird, auf der die fokussierten Eigenschaften des Objekts neben anderen zu finden sein muß. (vgl. Jacobs 1983).

Mit den folgenden Regeln erheben wir keinen Anspruch auf Vollständigkeit der Verwendungsmöglichkeiten von Gradpartikeln, sondern beschreiben lediglich einige der offensichtlichen Verwendungsmuster, die uns implementierbar erscheinen. Eine ausführliche Abhandlung über die Gradpartikel des Deutschen findet sich beispielsweise in Altmann (1976) oder Jacobs (1983).

In den vorangegangenen Kapiteln haben wir Dialogregeln für die Beantwortung von Fragen und Widerspruchsregeln mit korrigierender Fokussierung bzw. Negation vorgestellt. Für eine Verfeinerung dieser Regeln eignen sich besonders die Gradpartikel, die es dem Antwortenden ermöglichen seine Aussage genauer zu formulieren. Im folgenden werden wir daher eine Erweiterung der bisher eingeführten Dialogregeln RF-1 bis RF-4 vorstellen.

Betrachten wir zunächst den ersten Fall der Regel RF-1, der den Fall einer positiven Antwort auf eine W-Frage beschreibt. Damit der Befragte in die Lage versetzt wird eine angemessene Antwort zu geben, wurde gefordert, daß er eine entsprechende Aussage mit einem passend substituierten Element in seiner privaten Annahmenliste finden kann.

Die Bedingung lautet:

$$\texttt{if (F satisfies } \delta, S'=S_{X/F} \ \& \ S' \in INF_B)$$

Nun wäre es wünschenswert, wenn der Antwortende nicht nur gerade soviel Information zur Verfügung stellt, wie zur eigentlichen Beantwortung notwendig ist, sondern darüber hinaus dem Fragenden eine feiner abgestufte Aussage geben kann. Im Fall unserer Regel RF-1 und der betrachteten Gradpartikel erhalten wir die folgende Verfeinerung für Fall (i).

(RF-1') Beantwortung von W-Fragen

Angenommen, es existiert ein Dialogzustand D_n, der folgendermaßen definiert ist:

$$D_n = <AL_B, R_B, <ED_B, [\alpha \mid ED_W]>, AL_W, R_W>$$
$$\alpha = S[quest(X, \delta)]$$

(i) *positive Antwort*

(i.i) Verwendung von „nur“

$$\texttt{if } \exists F, S' (F \texttt{ satisfies } \delta, S'=S_{X/F} \ \& \ S' \in INF_B) \ \&$$
$$\sim\exists G, S'' (G \texttt{ satisfies } \delta, G \neq F, \ S''=S_{X/G} \ \& \ S'' \in INF_B), \texttt{ then}$$
$$D_{n+1} = <AL_B, [S'[focus(nur, F)] \mid R_B], <ED_B, [\alpha \mid ED_W]>, AL_W, R_W>$$

(i.ii) Verwendung von „auch“

$$\texttt{if } \exists F, S' (F \texttt{ satisfies } \delta, S'=S_{X/F} \ \& \ S' \in INF_B) \ \&$$
$$\exists G, S'' (G \texttt{ satisfies } \delta, G \neq F, \ S''=S_{X/G}, \ S'' \in INF_B \ \& \ S'' \in <ED_B, ED_W>), \texttt{ then}$$
$$D_{n+1} = <AL_B, [S'[focus(auch, F)] \mid R_B], <ED_B, [\alpha \mid ED_W]>, AL_W, R_W>$$

(i.iii) Verwendung von „sogar“

if $\exists$F,S'(F satisfies δ, S'=$S_{X/F}$ & S'$\in$$INF_B$) &
$\exists$G,S"(G satisfies δ, G$\neq$F, S"=$S_{X/G}$, S"$\in$$INF_B$ &
S"$\in$<ED_B,ED_W> & Skal(F)>Skal(G)), then
D_{n+1} = <AL_B,[S'[focus(sogar,F)]|R_B],
<ED_B,[α|ED_W]>,AL_W,R_W>

(i.iv) Einfache Beantwortung

$\forall$F,S' if (F satisfies δ, S'=$S_{X/F}$ & S'$\in$$INF_B$), then
D_{n+1} = <AL_B,[S'[focus(int,F)]|R_B],
<ED_B,[α|ED_W]>,AL_W,R_W>

Betrachten wir die Ergänzungsregel RF-1’ näher, so stellen wir fest, daß die Bedingungen für einen Gebrauch der Gradpartikel „nur“, „sogar“ und „auch“ sich sehr stark ähneln. Für die Verwendung von „nur“ wird zusätzlich zu der Grundbedingung die Einzigartigkeit der gefundenen Aussage S’ gefordert. Wenn es keine weitere Aussage S” gibt, die die Bedingungen für eine positive Antwort der Frage α erfüllt, kann Schwarz in seiner Aussage S’ die entsprechende Konstituente F mit Hilfe von „nur“ fokussieren. Als sprachliches Mittel für diese Fokussierung dient neben der Wortstellung auch die Intonation, so daß wir nicht nur bei der Analyse eines Satzes Gradpartikel und Intonation nach entsprechenden Regeln in einem Konstrukt darstellen können, sondern auch bei der Synthese aus der semantischen Darstellung einen passenden Intonationsverlauf ableiten können. Natürlich bedarf es für eine vollständige Beschreibung des Intonationsverlaufs präziserer Regeln der Satzprosodie, nur die Richtlinien des Verlaufs sind durch die Semantik bereits vorgegeben.

Der nächste Fall der Regel RF-1’ gibt eine Gebrauchsanweisung für die Verwendung von „auch“. Ausgehend von unserem Paradigma der Dialogspiele bietet sich als Bedingung für eine passende Verwendung von „auch“ die Existenz einer ähnlichen Aussage in dem bisherigen Dialogverlauf an. Das bedeutet, wenn Schwarz eine Aussage S” finden kann, die verschieden von S’ ist (was in (i.ii) durch die Ungleichheit von F und G gefordert wird), aber trotzdem die Fragebedingungen δ erfüllt, und diese Aussage S” bereits in der bisherigen Diskussion gefallen ist, dann erhält Schwarz die Möglichkeit in seiner Aussage S’ die gesuchte Konstituente F durch „auch“ zu fokussieren. Das mag auf den ersten Blick etwas verwirrend klingen und wirft sicherlich die Frage auf, warum denn nicht S” als Antwort genommen wird. Aber betrachten wir zur Veranschaulichung die folgende Fallunterscheidung in Tableau (T5):

(T5)

B	W
	Welcher Mitarbeiter arbeitet im ersten Stock?
(i) PETER arbeitet AUCH im ersten Stock. (ii) KLAUS arbeitet AUCH im ersten Stock.	

Voraussetzung für das Szenario ist, daß die Aussage „Peter arbeitet im ersten Stock" bereits gefallen ist, von beiden Parteien akzeptiert wurde und sich somit im „Stock of Shared Knowledge" befindet. Zusätzlich gehen wir davon aus, daß Schwarz die Information „Klaus arbeitet im ersten Stock" besitzt.

Im o.a. Beispiel könnte eine Äußerung des Satzes (i) als unkooperatives Verhalten von Schwarz gewertet werden, da die Kernaussage beiden Parteien bereits bekannt ist, und somit eine Fokussierung von „Peter" mittels „auch" nur zur Folge haben kann, daß Weiß nachfragen muß, wer denn sonst noch im ersten Stock arbeiten würde. Im Gegensatz dazu bietet die Verwendung von (ii) direkt neue Information für Weiß und stellt einen Bezug zum bisherigen Dialog her. Ein Nachfragen seitens Weiß, wer denn sonst noch im ersten Stock arbeitet, könnte nun seinerseits von Schwarz als unkooperativ verstanden werden, da er davon ausgehen muß, daß Weiß eine solche Information ja bereits besitzt.

Der dritte Fall der Erweiterung (RF-1'), der eine Verwendungsmöglichkeit von „sogar" beschreibt, birgt einen neuen Ausdruck in seinem Bedingungsteil in sich. Wie Altmann (1976) schreibt, bedingen die Gradpartikel der „sogar"-Gruppe hinsichtlich ihrer Interpretation die Verwendung eines Vergleichsmaßes bzw. einer Skala, auf der die durch „sogar" fokussierte Konstituente eine höhere Bewertung erhält als der zum Vergleich dienende Begriff. Diesem Kriterium tragen wir Rechnung durch den Ausdruck Skal(F)>Skal(G), der über den Begriff F aussagt, daß er „weiter oben" auf der Skala angesiedelt sein muß als der Begriff G. Voraussetzung für eine solche Skalierung ist natürlich das Vorhandensein einer gemeinsamen Skala, über die sich Schwarz und Weiß geeinigt haben müssen. Ähnlich dem Problem der gemeinsamen Referentenbasis einer Diskussion ist es auch in diesem Fall möglich, daß neben einer gemeinsamen Skala die Annahmen der beiden Parteien darüber modelliert werden, was für einen Bewertungsmaßstab die jeweils andere einem bestimmten Begriff zugrundelegt. Die Einigung über einen gemeinsamen Bewertungsmaßstab kann wiederum selbst Thema einer eigenen (zusätzlichen) Diskussion sein. Um ein Beispiel für ein Verhalten der Partei Schwarz gemäß unserer Regel zu geben, betrachte man das nachfolgende Tableau (T6):

(T6)

B	W
KLAUS hat einen und PETER hat SOGAR einen BMW.	Wer verfügt über einen eigenen Dienstwagen?

In (T6) geht Schwarz über die einfache Beantwortung der Frage hinaus; es würde ja genügen auf die Frage von Weiß lediglich „Klaus und Peter“ zu antworten. Da aber Schwarz die Tatsache, daß jemand einen teuren Wagen als eigenen Dienstwagen benutzen kann, besonders hoch bewertet, hebt er den entsprechen Fakt hervor. Weiß könnte, sofern er einen anderen Bewertungsmaßstab anlegt, die Antwort demgemäß abqualifizieren oder relativieren, wie z.B. mit „Na und, ich fahre Ente.“

Die zweite Regel, die wir mit Hilfe der Gradpartikel verfeinern wollen, betrifft die Behandlung von Ja-/Neinfragen. Analog zu der Erweiterung der Regel RF-1 erhalten wir die folgende Regel RF-2’.

(RF-2’) Beantwortung von Ja-/Neinfragen

Angenommen, es existiert ein Dialogzustand D_n, der folgendermaßen definiert ist:

$$D_n = \langle AL_B, R_B, \langle ED_B, [\alpha | ED_W] \rangle, AL_W, R_W \rangle$$
$$\alpha = S[\mathrm{quest}(X, []), \mathrm{focus}(\mathrm{int}, F)]$$

(i.i) Verwendung von „nur“

$$\text{if } S \in INF_B \ \& \ \sim\exists G, S'(G \neq F, S' = S_{F/G} \ \& \ S' \in INF_B) \text{ then}$$
$$D_{n+1} = \langle AL_B, [+(S[\mathrm{focus}(\mathrm{nur}, F)]) | R_B], \langle ED_B, [\alpha | ED_W] \rangle, AL_W, R_W \rangle$$

(i.ii) Verwendung von „auch“

$$\text{if } S \in INF_B \ \& \ \exists G, S'(G \neq F, S' = S_{F/G}, S' \in INF_B \ \& \ S' \in \langle ED_B, ED_W \rangle) \text{ then}$$
$$D_{n+1} = \langle AL_B, [+(S[\mathrm{focus}(\mathrm{auch}, F)]) | R_B], \langle ED_B, [\alpha | ED_W] \rangle, AL_W, R_W \rangle$$

(i.iii) Verwendung von „sogar“

$$\text{if } S \in INF_B \ \& \ \exists G, S'(G \neq F, S' = S_{F/G}, S' \in INF_B, S' \in \langle ED_B, ED_W \rangle \ \& \ \mathrm{Skal}(F) > \mathrm{Skal}(G)) \text{ then}$$
$$D_{n+1} = \langle AL_B, [+(S'[\mathrm{focus}(\mathrm{sogar}, F)]) | R_B], \langle ED_B, [\alpha | ED_W] \rangle, AL_W, R_W \rangle$$

(i.iv) Einfache Beantwortung ohne Fokusintonation

$$\text{if } S \in INF_B \text{ then}$$
$$D_{n+1} = \langle AL_B, [+(S)]) | R_B], \langle ED_B, [\alpha | ED_W] \rangle, AL_W, R_W \rangle$$

Das folgende Tableau zeigt eine mögliche Anwendung der vier Fallunterscheidungen aus RF-2':

(T7)

B	W
	Arbeitet PETER im ersten Stock?
(i) ja, NUR PETER arbeitet im ersten Stock. (ii) ja, AUCH PETER arbeitet im ersten Stock. (iii) ja, SOGAR PETER arbeitet im ersten Stock. (iv) ja, Peter arbeitet im ersten Stock.	

3.3.3 Interpretation von Gradpartikeln

Im vorhergehenden Abschnitt haben wir gezeigt, wie sich Gradpartikel in Frage-/Antwortsituationen verwenden lassen. Verfolgt man einen der in den Tableaux (T5) bis (T7) begonnenen Dialoge weiter, so stellt sich die Frage, wie die Partei Weiß die von Schwarz erhaltene Information verwertet. Wenn wir ein kooperatives Verhalten seitens Weiß voraussetzen, so wird es unumgänglich, daß Weiß seine eigene Annahmenliste entsprechend der erhaltenen Information verändern muß. Bei weniger Kooperativität wird Weiß, sofern die Information neu ist, zumindest seine Annahmen über die Information, die Schwarz besitzt, korrigieren müssen. Eine weitere Folge bei einer Verwendung der Gradpartikel „nur" und der akzeptierten dazugehörigen Aussage ist, daß zukünftige Aussagen seitens Schwarz auf Konsistenz mit der bisher erhaltenen Information geprüft werden müssen.[1] Ein Beispiel für ein dementsprechendes Verhalten bietet das nächste Tableau:

(T8)

B	W
	Arbeitet PETER im ersten Stock?
ja, NUR PETER arbeitet im ersten Stock.	
⋮	⋮
Klaus arbeitet im ersten Stock.	
	Du hast gesagt, NUR PETER arbeitet im ersten Stock.

[1] Dies gilt natürlich für alle Aussagen, die im Verlauf eines Dialogs gemacht werden.

Als Regel für eine kooperative Interpretation einer Äußerung, die die Gradpartikel „nur" enthält, bietet sich die folgende Regel RF-5 an:

(RF-5) Akzeptanz einer „nur"-Aussage

Angenommen, es existiert ein Dialogzustand D_n, der folgendermaßen definiert ist:

$$D_n = \langle AL_B, R_B, \langle ED_B, [\alpha \mid ED_W] \rangle, AL_W, R_W \rangle$$

$$\alpha = S[focus(nur,F)]$$

$$\begin{aligned} INF_B'' = \bigcup\{INF_B' \mid & \text{ if } \exists G, S' (G \neq F, S' = S_{F/G} \ \& \ S' \in INF_B) \\ & \text{ then } INF_B' = INF_B \setminus \{S'\} \\ & \text{ else } INF_B' = INF_B\} \cup \{\alpha\} \end{aligned}$$

$$AL_B' = \langle INF_B'', INF_{B(W)} \cup \{\alpha\}, SSK_B \cup \{\alpha\} \rangle$$

$$D_{n+1} = \langle AL_B', R_B, \langle ED_B, [\alpha \mid ED_W] \rangle, AL_W, R_W \rangle$$

In der Regel RF-5 wird eine Aussage α von Weiß untersucht, die eine Gradpartikel „nur" beinhaltet. Ein kooperatives Verhalten der Partei Schwarz vorausgesetzt, werden sämtliche Informationslisten von Schwarz um die von Weiß erhaltene Aussage erweitert. Zusätzlich muß Schwarz alle die Aussagen S' aus seiner privaten Informationsliste INF_B entfernen, die im Widerspruch zu α stehen.

Ein andere Situation entsteht, wenn Schwarz in seiner Annahmenliste eine widersprüchliche Aussage zur Aussage α finden kann. In dem betrachteten Fall der Einzigartigkeit einer Proposition bezüglich eines Objekts, wie sie durch „nur" zum Ausdruck gebracht wird, bietet sich an, einen Widerspruch zu dieser Aussage mittels der Gradpartikel „auch" zu formulieren (vgl. Altmann 1976). Die nachstehende Regel RF-5' behandelt bei gleicher Ausgangssituation wie in RF-5 die Verteilung der entsprechenden Rechte, sofern sich eine inkompatible Aussage finden läßt.

(RF-5') Korrektur einer „nur"-Aussage

Angenommen, es existiert ein Dialogzustand D_n, der folgendermaßen definiert ist:

$$D_n = \langle AL_B, R_B, \langle ED_B, [\alpha \mid ED_W] \rangle, AL_W, R_W \rangle$$

$$\alpha = S[focus(nur,F)]$$

Die folgenden Fälle sind zu unterscheiden:

(i) eigene Information

$$\text{if } \exists G, S' (S' = S_{F/G} \ \& \ S' \in INF_B) \text{ then}$$

$$\begin{aligned} D_{n+1} = \langle AL_B, & [\nabla(S[focus(auch,G)]) \mid R_B], \\ & \langle ED_B, [\alpha \mid ED_W] \rangle, AL_W, R_W \rangle \end{aligned}$$

(ii) P weiß, daß $\overline{P}$ weiß

$$\text{if } \exists G,S'(S'=S_{F/G} \ \& \ S' \in INF_B(W)) \text{ then}$$
$$D_{n+1} = \langle AL_B, [\Delta(S[focus(auch,G)])|R_B], \langle ED_B, [\alpha|ED_W]\rangle, AL_W, R_W\rangle$$

(iii) bereits geeinigt

$$\text{if } \exists G,S'(S'=S_{F/G} \ \& \ S' \in SSK_B) \text{ then}$$
$$D_{n+1} = \langle AL_B, [\Diamond(S[focus(auch,G)])|R_B], \langle ED_B, [\alpha|ED_W]\rangle, AL_W, R_W\rangle$$

Als Beispiel für den zweiten Fall betrachte man das folgende Tableau:

(T9)

B	W
	Peter arbeitet im ersten Stock.
okay.	
. . .	. . .
	Nur KLAUS arbeitet im ersten Stock.
(nein,) Du hast gesagt, auch PETER arbeitet im ersten Stock.	

Neben der in Regel RF-5' beschriebenen Reaktion auf die Äußerung einer „nur"-Aussage, wäre auch eine weniger kooperative Version der Regel denkbar, die wir hier aber nicht aufgeführt haben. Anstatt die widersprechende Aussage explizit zu nennen, wäre es ausreichend von der Existenz einer solchen Aussage zu wissen und lediglich in der von Weiß behaupteten Aussage die betreffende Konstituente mittels einem betonten „auch" zu fokussieren. Setzen wir ein Verhalten seitens Schwarz gemäß dieser Änderung voraus, so würden wir die folgende Modifikation des Tableaus (T9) erhalten:

(T9')

B	W
	Peter arbeitet im ersten Stock.
okay.	
. . .	. . .
	Nur KLAUS arbeitet im ersten Stock.
(nein,) Ich meine, KLAUS arbeitet AUCH im ersten Stock.	

Neben dem Widerspruch auf eine „nur“-Aussage wird in Regel RF-5’ auch die dialogische Relation zwischen den Gradpartikeln „nur“ und „auch“ deutlich. Allerdings kann eine „auch“-Aussage nicht nur beiordnend sondern auch skalierend interpretiert werden. (vgl. Altmann 1976) In unserer Regeldefinition wollen wir uns aber nur auf die beiordnende Funktion beschränken, da wir eine skalierende Funktionsweise durch den Gebrauch der Gradpartikel „sogar“ erhalten. Die Interpretation einer „auch“-Aussage unterscheiden wir hinsichtlich der folgenden zwei Hauptfälle. Zum einen erhält Schwarz die Möglichkeit die Aussage zurückzuweisen, sofern er über inkompatible Information verfügt. Zum anderen besteht die Möglichkeit die Aussage zu akzeptieren und der eigenen Aussageliste hinzuzufügen. Regel RF-6 beschreibt die beiden Möglichkeiten.

(RF-6) Interpretation einer „auch“-Aussage

Angenommen, es existiert ein Dialogzustand D_n, der folgendermaßen definiert ist:

$$D_n = \langle AL_B, R_B, \langle ED_B, [\alpha | ED_W] \rangle, AL_W, R_W \rangle$$
$$\alpha = S[focus(auch, F)]$$

Die folgenden Fälle sind zu unterscheiden:

(i) eigene Information

$$\text{if } \exists G, S'(G \in F^*_B, S' = S_{F/G} \ \&\ S' \in INF_B) \text{ then}$$
$$D_{n+1} = \langle AL_B, [\nabla(S'[focus(int,G)]) | R_B], \langle ED_B, [\alpha | ED_W] \rangle, AL_W, R_W \rangle$$

(ii) P weiß, daß $\overline{P}$ weiß

$$\text{if } \exists G, S'(G \in F^*_B, S' = S_{F/G} \ \&\ S' \in INF_{B(W)}) \text{ then}$$
$$D_{n+1} = \langle AL_B, [\Delta(S'[focus(int,G)]) | R_B], \langle ED_B, [\alpha | ED_W] \rangle, AL_W, R_W \rangle$$

(iii) bereits geeinigt

$$\text{if } \exists G, S'(G \in F^*_B, S' = S_{F/G} \ \&\ S' \in SSK_B) \text{ then}$$
$$D_{n+1} = \langle AL_B, [\Diamond(S'[focus(int,G)]) | R_B], \langle ED_B, [\alpha | ED_W] \rangle, AL_W, R_W \rangle$$

(iv) Aussage akzeptiert

$$AL_B' = \langle INF_B \cup \{\alpha\}, INF_{B(W)} \cup \{\alpha\}, SSK_B \cup \{\alpha\} \rangle$$
$$D_{n+1} = \langle AL_B', [+(\alpha) | R_B], \langle ED_B, [\alpha | ED_W] \rangle, AL_W, R_W \rangle$$

In den Fällen (i) bis (iii) erhält Schwarz das Recht, die betroffene Konstituente der inkompatiblen Aussage mittels Intonation zu fokussieren. Im Fall (iv) bestätigt Schwarz, daß die Aussage akzeptiert wird. Auch hier wollen wir zur Veranschaulichung ein Beispielstableau geben:

(T10)

B	W
	Peter arbeitet im ersten Stock.
okay.	
.	.
.	.
.	.
	Peter arbeitet auch im ZWEITEN Stock.
(nein,) Du hast gesagt, Peter arbeitet im ERSTEN Stock.	

In einer Fortsetzung des Dialogs aus (T10) könnte die von Schwarz empfundene Inkompatibilität der beiden Aussagen „Peter arbeitet im ersten Stock" und „Peter arbeitet auch im ZWEITEN Stock." ausgeräumt werden. Das Beispiel aus (T10) verdeutlicht ein Problem. Wir haben zwar in der Formulierung unserer Dialogregeln darauf geachtet, daß der Inkompatibilitäts-Bereich zu einem Konzept abhängig ist von der persönlichen Einstellung der jeweiligen Partei, was durch die Indizierung mit dem Namen der entsprechenden Partei ersichtlich gemacht wird. Dennoch ist die gewählte Schreibweise eine starke Vereinfachung des Problems. So ist die Bestimmung des Inkompatibilitäts-Bereichs im Fall der Regel RF-6 abhängig von der Koordinationsfähigkeit der durch „auch" betroffenen Konzepte. D.h. nicht das Konzept allein bestimmt die Inkompatibilität, sondern seine Eigenschaften in Bezug auf die Gradpartikel „auch". Im obigen Tableau hängt daher der erfolgreiche Widerspruch von der Interpretation der Aussagen beider Parteien ab. Betrachtet beispielsweise Schwarz das Konzept „arbeiten" in der aktuellen Dialogsituation als eine in der Gegenwart vollzogene Tätigkeit und Weiß dagegen als eine auf „Peter" bezogene dauerhafte Proposition, so kann der Widerspruch durch eine Korrektur des Konzepts von Schwarz erfolgen. Wenn Weiß Schwarz davon überzeugen kann, daß nur der Gebrauch eines in der aktuellen Dialogsituation falschen Konzepts zum Widerspruch geführt hat und Schwarz dies akzeptiert, so wird die Inkompatibilität der beiden Aussagen hinfällig.

Die letzte Interpretationsregel einer Gradpartikel, die wir hier betrachten wollen, ist die Interpretation einer „sogar"-Aussage. Da mittels „sogar" die persönliche Beurteilung einer Aussage zum Ausdruck gebracht werden kann, ruft eine derartige Aussage eher einer Zurückweisung hervor als dies bei den anderen beiden Partikeln der Fall ist. Voraussetzung für einen gerechtfertigten Widerspruch ist, daß die betreffende Proposition auf der persönlichen Bewertungsskala der widersprechenden Partei einen anderen Stellenwert einnimmt als bei der die Aussage zur Disposition stellenden Partei. Eine weitere Interpretationsmöglichkeit einer „sogar"-Aussage besteht darin, daß der Hörer einer solchen Aussage seine eigene Einstellung zum Sachverhalt der Aussage revidiert und dies mit einer entsprechenden Äußerung zum Ausdruck bringt. Voraussetzung für die letzte Verhaltensweise ist, daß der Hörer bereit ist, seine eigene Informationsliste gemäß der erhaltenen Aussage zu korrigieren, m.a.W. daß ein kooperativer Dialog geführt wird. In

Regel RF-7 geben wir Schwarz die Möglichkeit bei einer widersprüchlichen Bewertung der Aussage von Weiß die Aussage zurückzuweisen. Dennoch muß Schwarz seine Annahmenliste über die Information, von der er glaubt, daß Weiß sie hat, ergänzen. Gibt es keine widersprüchliche Bewertung, so kann Schwarz die Aussage zu seiner eigenen Informationsliste hinzufügen.

(RF-7) Interpretation einer „sogar"-Aussage

Angenommen, es existiert ein Dialogzustand D_n, der folgendermaßen definiert ist:

$$D_n = \langle AL_B, R_B, \langle ED_B, [\alpha \mid ED_W] \rangle, AL_W, R_W \rangle$$
$$\alpha = S[focus(sogar, F)]$$

Die folgenden Fälle sind zu unterscheiden.

(i) P hat eine andere Bewertung

$$\text{if } \exists G, S' (S' = S_{F/G}, S' \in INF_B \ \& \ Skal(G) > Skal(F)) \text{ then}$$
$$AL_B' = \langle INF_B, INF_{B(W)} \cup \{\alpha\}, \rangle$$
$$D_{n+1} = \langle AL_B', [\nabla(S'[focus(int, G)]) \mid R_B], \langle ED_B, [\alpha \mid ED_W] \rangle, AL_W, R_W \rangle$$

(ii) Aussage akzeptiert

$$AL_B' = \langle INF_B \cup \{\alpha\}, INF_{B(W)} \cup \{\alpha\}, SSK_B \cup \{\alpha\} \rangle$$
$$D_{n+1} = \langle AL_B', [+(\alpha) \mid R_B], \langle ED_B, [\alpha \mid ED_W] \rangle, AL_W, R_W \rangle$$

Das folgende Beispiel verdeutlicht ein Verhalten gemäß des ersten Falls:

(T11)

B	W
	Peter SCHLÄFT sogar.
(Was?) Ich denke, er LIEST ZEITUNG.	

In den gezeigten Regeln und Beispielen haben wir immer wieder auf das Problem der Kooperativität der beiden Parteien hingewiesen. Bei einem stark kompetetiven Dialog wird es schwerer sein, den Dialogpartner zu einer Akzeptanz der gegnerischen Aussagen zu bewegen, als dies bei einem kooperativen Dialog der Fall ist. Im nachfolgenden Kapitel werden wir diese Problemstellung kurz erörtern und in Kapitel 4.4. auf die Umsetzung der Regeln in das MAFID-System eingehen.

3.4 Kooperative Dialoge vs. Kompetetive Dialoge

Ausgehend von der dialoglogischen Form der Tableaux-Theorie, der Dialog-Tableau-Theorie, können wir zwischen zwei grundlegenden Rechten unterscheiden, die die Reaktion des Adressaten einer Aussage bestimmen. Er kann entweder einen Gegenangriff auf die Aussage lancieren oder von einem protektiven Verteidigungsrecht Gebrauch machen. Protektive Verteidigungsrechte erhält eine Partei (P) immer dann, wenn die andere Partei ($\bar{P}$) eine der Aussagen von (P) gemäß sogenannter "Striprules"[2] bezweifelt hat. Hat eine Partei ein solches Verteidigungsrecht erhalten, so liegt es in ihrem eigenen Ermessen, dieses Recht zu benutzen oder fallen zu lassen. Im Rahmen der durch Rahmenregeln definierten logischen Kalküle unterliegt die Verwendung protektiver Verteidigungsrechte einer gewissen zeitlichen Dimension. So bestimmen die Rahmenregeln, ob bei Nichtverwendung eines solchen Verteidigungsrechts im aktuellen Dialogzustand dieses Recht mit in den nächsten Zustand übernommen werden darf, oder ob es verfällt.

Bei Betrachtung der bisher vorgestellten Form natürlichsprachlicher Dialoge können wir, gemäß Carlson (1984), zwei Arten von Dialogen einführen: kooperative Dialoge gegenüber kompetetiven Dialogen. Die Frage, wie nun ein Dialog mit den oben beschriebenen Rechten fortgesetzt werden kann, hängt von der Art des Dialogs ab, auf die sich die Kontrahenten geeinigt haben. Dies ist wiederum mit den o.g. Rahmenregeln vergleichbar. So wird beispielsweise bei einem kooperativen Dialog ein Verteidigungsrecht, das aus einer Regel zur Beantwortung von Fragen entsteht, zu einer dialogischen Pflicht, m.a.W.: Die Partei, die in einer der in den Regeln (RF-1) oder (RF-2) beschriebenen Dialogsituation ein solches Recht erhalten hat, ist verpflichtet, im nächsten Dialogschritt davon Gebrauch zu machen.

Anders verhält es sich, wenn sich die Dialogparteien auf eine kompetetive Dialogführung geeinigt haben. In einem solchen Fall sind die in den Regeln genannten Rechte auch wirklich als Rechte zu betrachten, und es steht der jeweiligen Partei frei, davon Gebrauch zu machen, oder andere Schritte einzuleiten. So definiert Carlson diese beiden Extremformen der Dialogführung folgendermaßen:

> "The aim of the players in the cooperative game is to make their private lists match each other: to impart their own privileged information to the opposite side and to enrich their own assumptions by means of items on the list of their interlocutor."
>
> "The aim of each player in the competetive game is optimally satisfied if the opponent is forced to unilaterally give up his conflicting assumptions and accept the other's view."
>
> (Carlson, 1984)

In natürlichsprachlichen Dialogen lassen sich solche reinen Dialogformen sicherlich selten finden, sondern eher Mischformen der beiden Typen, die je nach Situation mal mehr in die

---

[2] Mit Hilfe der Striprules werden komplexe logische Aussagen gemäß ihres jeweiligen Hauptoperators in ihre Operanden zerlegt. So darf beispielsweise eine Partei, die eine Implikation bezweifeln möchte, deren Antezedent rein hypothetisch behaupten, während die verteidigende Partei den Konsequent als protektives Verteidigungsrecht erhält.

eine oder mehr in die andere Richtung tendieren. Um diese Mischung aus kooperativen Dialogen und kompetetiven Dialogen beschreiben zu können, wird in Hoepelman et al. (1991) eine dritte Form von Regeln eingeführt, die Entscheidungsregeln genannt werden. Mit diesen Regeln, die auf der Sicherheit der eigenen Information bzw. der Kompetenz der jeweiligen Dialogpartner aufbauen, bekommen die Dialogparteien ein Mittel zur Verfügung gestellt, mit dem sie entscheiden können, welche Form des Dialogs der jeweiligen Dialogsituation angemessen erscheint.

Für eine Überführung unserer Regeln in ein implementierbares Modell jedoch, gehen wir davon aus, daß das Systemverhalten durch eine kooperative Dialogführung charakterisiert wird. Die Reaktionen und Aktionen des Benutzers sind in dieser Hinsicht nicht kontrollierbar und unterliegen seinem eigenen Ermessen und seiner Bereitschaft, sich einer strikteren formalisierten Dialogführung anzupassen.

Im nachfolgenden Kapitel werden wir die implementationstechnischen Aspekte des Projekts vorstellen und auf die Module, die zur Realisierung des Fokuserkennungsalgorithmus entwickelt wurden, und die der Dialogkomponente näher eingehen.

4. Das MAFID-System

4.1 Die System-Architektur

Eines der Hauptziele des MAFID-Projekts war, nicht nur einen Algorithmus für die Erkennung der Fokusintonation und ein Verfahren zu ihrer Interpretation zu finden, sondern ein integratives System zu entwickeln, das in sich beide Bereiche, den der phonetischen Analyse und den der kommunikativen Deutung, beinhaltet. Um dieses Ziel zu erreichen, mußten einige Vorbedingungen erfüllt werden. Die wichtigste darunter war ein Spracherkennungsmodul zu finden, das kontinuierlich gesprochene Sprache verstehen kann. Dieses wiederum benötigt für die Digitalisierung der Sprachdaten ein entsprechendes AD-Board, dessen Ausgangsdaten nach Möglichkeit auch direkt vom Fokuserkennungsmodul verwendet werden sollten.

Im Verlauf des Projekts haben wir entsprechend der sich ständig verbessernden Hardware mit verschiedenen Systemarchitekturen gearbeitet. Ausgehend von einer ersten hybriden Version, die mit 8-Bit Sampling auf einem Apple, Parameterextraktion auf einer VAX 750 unter VMS, Spracherkennung auf einer MICRO VAX unter VMS und mit Syntaxanalyse und Dialogsteuerung auf einer SUN 3/60 unter UNIX arbeitete, entstand eine homogene Architektur, die als Kernrechner eine SPARC-Station 1 mit RISC Prozessor und als Front-End für die Digitalisierung einen IBM PC mit 286er Prozessor verwendet, der mit einem TMS Board mit OROS Software bestückt ist. Eine Verwendung des standardmäßig in der SPARC-Station enthaltenen AD-Wandlers ist ebenfalls möglich, wurde aber aufgrund der höheren Samplingrate des OROS Boards nicht realisiert. Damit liegt dem MAFID-System die folgende Rechnerarchitektur zugrunde.

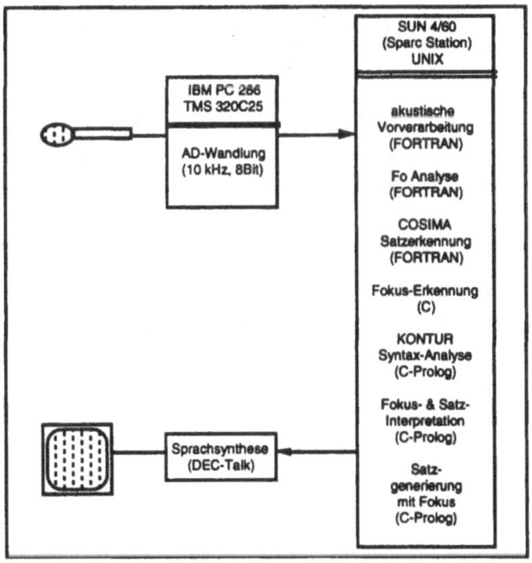

Abb. 21: MAFID Hardwarekonfiguration

In Abbildung 21 ist neben der Spracheingabe-Möglichkeit und dem Kernrechner als weiteres Modul ein "text-to-speech" System zu sehen, das integriert wurde, um auch die Bedeutung der Fokusintonation bei der Sprachgenerierung zu zeigen.

Wenn wir die logische Aufteilung des Systems nach Modulen betrachten, erhalten wir die in Abbildung 22 gezeigte Architektur.

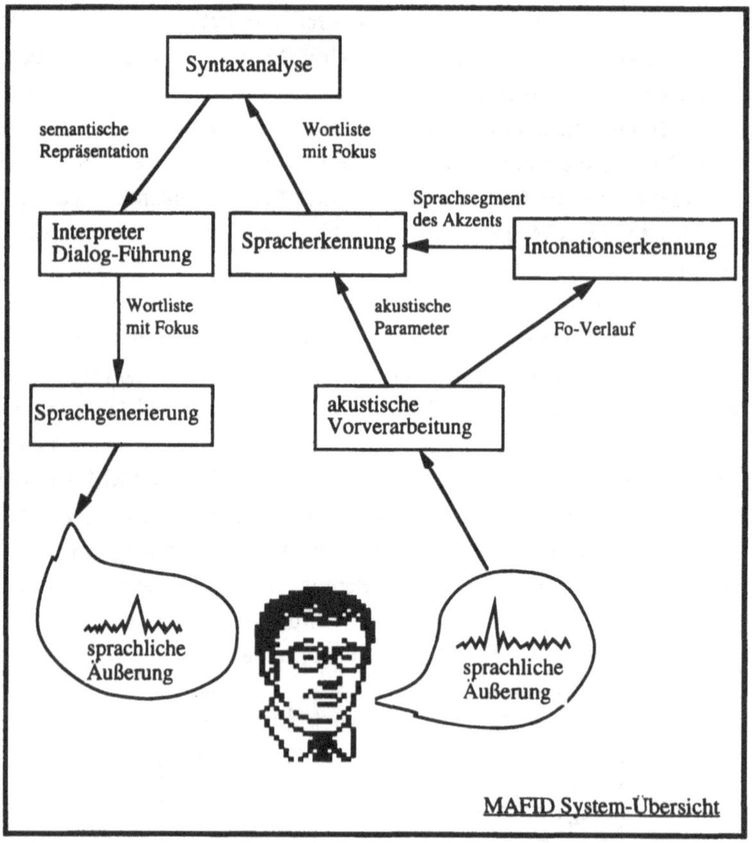

Abb. 22: Module des MAFID-Systems

Im folgenden geben wir eine implementationstechnisch orientierte Beschreibung der im Verlauf des Projekts entwickelten Software. Der Vollständigkeit halber beginnen wir mit einer kurzen Darstellung des Spracherkennungsmoduls, dessen Entwicklung nicht Bestandteil der Projektarbeit war.

4.2 Der Spracherkenner COSIMA

Als MAFID-Spracherkenner ist das System COSIMA verwendet und integriert worden. COSIMA ist ein Experimentalsystem zur Erkennung kontinuierlich gesprochener deutscher

Sprache, das am Fraunhofer-Institut IAO entwickelt wurde. Das System vereint die Erkennung kontinuierlicher Sprache mit weitgehender Sprecherunempfindlichkeit bzw. schneller Sprecheradaption, sowie der Möglichkeit, einfach und schnell für eine Anwendung Lexikon und Grammatik zu generieren. Eine logische Verteilung der einzelnen Komponenten des Systems COSIMA findet sich mit den jeweils zugehörigen Ein- und Ausgabedaten in Abbildung 23. Der eigentliche Spracherkenner besteht aus den beiden Komponenten „Akustische Vorverarbeitung" und „Integriertes Suchverfahren".

Die „Akustische Vorverarbeitung" digitalisiert das Sprachsignal und berechnet mit konstanter Zeitschrittweite akustische (LPC-) Parametervektoren, die jeweils lokal die spektrale Zusammensetzung des Sprachsignals beschreiben.

Das Modul „Integriertes Suchverfahren" wertet die Folge von akustischen Parametervektoren aus und berechnet den wahrscheinlichsten erkannten Satz bzw. mehrere Hypothesen mit den zugehörigen Anfangs- und Endpunkten auf der Zeitachse ("Lattice").

Dieses "Integrierte Suchverfahren" verwendet als kleinste Spracheinheiten nicht Wörter, sondern wesentlich kleinere Einheiten, die in ihrer Größe in etwa den Phonemen der deutschen Sprache entsprechen. Freilich enthält der verwendete Satz von Spracheinheiten für die kontextsensitiven Phoneme mehrere Varianten, die das Koartikulationsverhalten dieser Phoneme berücksichtigen. Die Aussprache der einzelnen Sprachuntereinheiten wird mit einem stochastischen Verfahren modelliert ("Hidden-Markov-Modelling"). Dieses Modellierungsverfahren ermöglicht einerseits einen sehr effizienten Erkennungsalgorithmus; andererseits können damit auch Variationen bei der Aussprache eines Phonems von einem Sprecher und auch von unterschiedlichen Sprechern miterfaßt werden.

In einem Aussprachelexikon wird der erkennbare Wortschatz des Systems spezifiziert. Dieses Lexikon ist eine editierbare ASCII-Datei, die neben der Schreibweise eines Wortes auch dessen Aussprache und die Aussprachevarianten in Lautschrift enthält.

Für größere Wortschätze ist es unumgänglich, eine prädiktive Grammatik zu integrieren, mit deren Hilfe der Suchraum zu jedem Zeitpunkt eingeschränkt und auf syntaktisch sinnvolle Sätze und erfolgversprechende Hypothesen konzentriert werden kann.

Das System ist nicht nur in der Lage, verschiedene Aussprachevarianten der einzelnen Wörter des Lexikons zu berücksichtigen; es berücksichtigt auch on-line einige Regeln, die die Koartikulation von Wörtern über Wortgrenzen hinweg berücksichtigen.

Sehr wichtig für die Einsetzbarkeit eines Spracherkenners ist die Verfügbarkeit von Softwarewerkzeugen, die es ermöglichen, einfach und schnell eine neue Anwendung zu generieren. Ein solches Werkzeug steht für den COSIMA-Spracherkenner zur Verfügung.

Das Lexikon einer Anwendung wird durch einfache Eingabe von zu erkennenden Beispielsätzen generiert; die Aussprache der einzelnen Wörter (und auch mehrere Aussprachevarianten) wird automatisch vom Programm erstellt. Gleichzeitig wird aufgrund der Beispielsätze ein Übergangsnetzwerk oder eine Grammatik erstellt, die die Prädikation von Worten oder Wortklassen ermöglicht.

Es war ein Ziel von COSIMA, weitgehende Sprecherunempfindlichkeit zu erreichen, indem zur Berechnung der Modelle der kleinsten Spracheinheiten die Sprachdaten von verschiedenen Sprechern verwendet werden. Bei größeren Wortschätzen ist es jedoch zur Steigerung der Erkennungsrate empfehlenswert das System an den jeweiligen Sprecher zu adaptieren. Für diese Adaption („Akustisches Training") müssen einige Sprachaufnahmen bekannter Sätze bereitgestellt werden; der Wortschatz dieser Sätze muß jedoch nicht mit dem Wortschatz der zu erkennenden Sätze übereinstimmen.

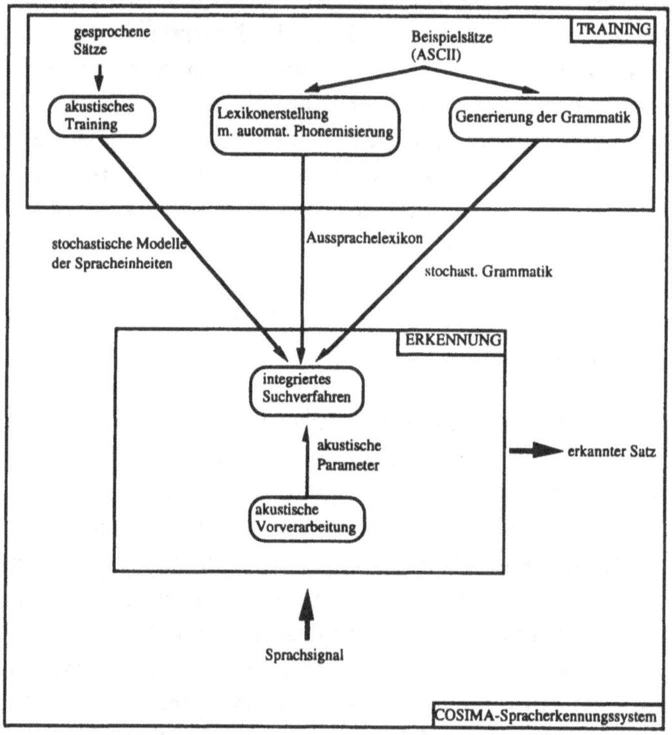

Abb. 23: Das Spracherkennungssystem COSIMA

4.3 Der Fokuserkenner

Der Fokuserkenner besteht aus drei Modulen: dem Restaurierungsmodul, dem Phrasenmodul und dem eigentlichen Erkennungsmodul. Die Sample-Daten werden von einem MIT Fo-Analyse Programm in Form von einfach genauen Gleitkommazahlen geliefert. Jeder Wert entspricht einem Frame von 6,4 ms. Zu bemerken ist, daß die Qualität der Fo-Analyse abgenommen hat, seit statt dem hauseigenen Selbstbau-Digitizer eine OROS-Karte in einem PC-AT verwendet wird. Dieser Wechsel war jedoch durch die notwendige Portierung des Fokuserkenners auf UNIX zwingend.

4.3.1 Das Restaurierungsmodul

Das Restaurierungsmodul ist notwendig, da die Qualität der Fo-Analyse bei weitem nicht ausreicht, um die Fokuserkennung erfolgreich durchführen zu können. Auftretende Fehler in der Fokuserkennung sind häufig auf eine mangelhafte Fo-Analyse zurückzuführen. Es kann nur bis zu einem bestimmten Grad restauriert werden, da bei jedem Restaurierungsschritt auch Information verloren geht, die für die Fokuserkennung wichtig sein kann. Bei obstruentenreichem Material fehlt über größere Strecken die Fo ganz. In solchen Fällen kann die Restaurierung nichts verbessern.

Das Restaurierungsmodul besteht aus fünf Funktionen, die in der Reihenfolge aufgerufen werden, in der sie hier beschrieben werden. Vertauschungen können zu positiven und zu negativen Effekten führen. Die Reihenfolge wurde so gewählt, daß unerwünschte Nebeneffekte einzelner Restaurierungsstufen möglichst von einer späteren Stufe wieder entfernt werden. Die hier erwähnten Zahlenwerte wurden empirisch ermittelt und sind als Konstanten definiert. Sie hängen im allgemeinen nur von der Qualität der Fo-Daten ab. Wenn zu mehr als 95% richtige Fo-Daten zur Verfügung ständen, könnte das Restaurierungsmodul entfallen. Die folgenden Restaurierungsfunktionen wurden implementiert:

1. Löschen von Ausreißern:

Diese Funktion löscht einen oder zwei Fo-Werte, wenn vor und hinter diesem keine Fo vorhanden ist. Es wird selbst dann gelöscht, wenn die Lücken nur kurz sind, da diese Werte oft weit von der Fo in der Umgebung abweichen.

2. Füllen von kleinen Lücken:

Jegliche Lücke in der Fo-Kurve, die keine Phrasenpause ist, behindert die Fokuserkennung. Es wird deshalb angestrebt, möglichst viele Lücken zu füllen. Lücken von weniger als 64 ms sind bedeutungslos und werden deshalb mittels linearer Interpolation geschlossen.

3. Entfernen von „Zacken“:

Stellen, an denen die Fo sprunghaft steigt oder fällt, um dann sofort wieder auf normales Niveau zurückzukehren, sind in der graphischen Ausgabe der Kurve deutlich als Zacken zu erkennen. Dies ist ein offensichtlicher Fehler der Fo-Analyse. Es gibt auch „Doppelzacken“, bei denen einer Abweichung in die eine Richtung sofort eine Abweichung in die andere folgt. Ein nicht maßstabgetreues Beispiel zeigt Abb. 24.

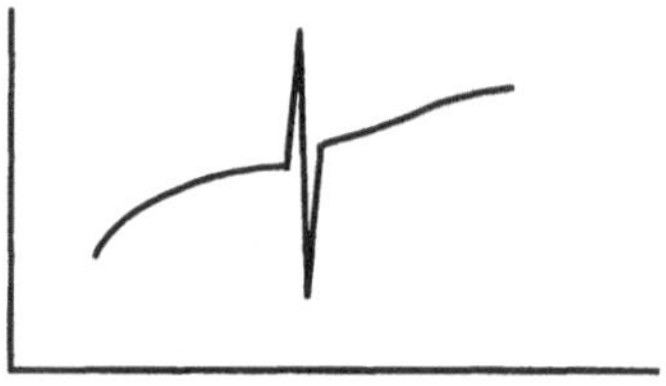

Abb. 24a: vorher

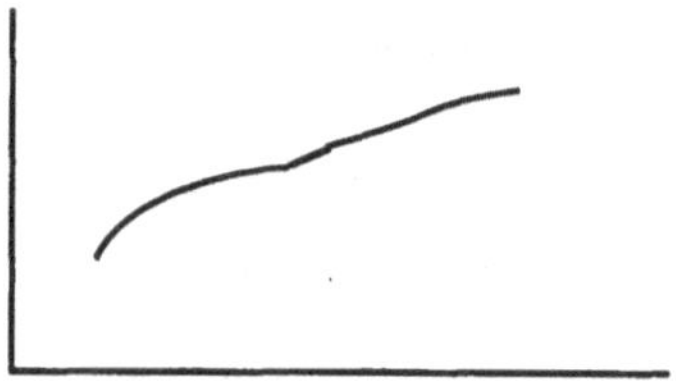

Abb. 24b: nachher

4. Berichtigen von zu steilen Übergängen zwischen stimmlosen und -haften Segmenten:

Die Übergänge von stimmhaften zu stimmlosen Segmenten und von stimmlosen zu stimmhaften Segmenten sind meistens zu steil, was fälschlicherweise als Fokus interpretiert werden kann. Deshalb werden jeweils fünf Fo-Werte an den Übergängen in Richtung Lücke „nachgebessert". Wenn die Differenz zwischen zwei Werten zu groß ist, wird der, der näher an der Lücke ist, entsprechend angepaßt.

5. Füllen von steilen Lücken:

Lücken in der Fo-Kurve, die kürzer als 230 ms sind, und bei denen die Frequenzdifferenz zwischen Anfang und Ende mindestens 14 Hz beträgt, werden mittels linearer Interpolation geschlossen. Hinter solchen Lücken verbirgt sich oft ein potentieller Fokus.

4.3.2 Das Phrasenmodul

Das Phrasenmodul dient der Erkennung und Behandlung von prosodischen Phrasen. Er hat zwei Funktionen: Die Phrasenpausensuche und die positionsabhängige Bestimmung von Prozentsätzen für Frequenzdifferenzen. Je länger eine Äußerung dauert, desto weniger ausgeprägt ist die Intonation.

1. Die Phrasenpausensuche:

Äußerungen, die kürzer als 2240 ms sind, werden grundsätzlich als eine Phrase behandelt. Phrasenpausen sind Lücken in der Kurve, die länger als 320 ms sind. Die Grenzen der einzelnen Phrasen werden festgehalten.

2. Funktion zur Ermittlung des Phrasenfaktors:

Diese Funktion wird vom Erkennungsmodul benutzt. Für die übergebene Frame-Nummer wird bestimmt, zu welcher Phrase sie gehört, und daraus sowie aus der Anzahl der Phrasen der Äußerung der Rückgabewert. Der Rückgabewert dieser Funktion ist eine Gleitkommazahl zwischen 0,0 und 1,0 einschließlich. Folgende Werte wurden empirisch ermittelt:

	1. Phrase	2. Phrase	3. und weitere Phrasen
1 Phrase	1,0 in den ersten zwei Dritteln; 0,7 sonst		
2 Phrasen	1,0	0,6	---
3 und mehr Phrasen	1,0	0,8	0,6

Tabelle 10: Phrasenfaktoren

4.3.3 Das Erkennungsmodul

Das Erkennungsmodul besteht aus drei Funktionen und ruft Funktionen eines weiteren Moduls, des Phrasenmoduls, auf. Die Fo-Kurve wird in Kurvenstücke zerteilt und teilweise stilisiert. Die Kurvenstücke werden in einer doppelt verketteten Liste verwaltet. Die hier verwendeten Zahlenwerte sind sprecherabhängig und deshalb als von außen einstellbare Variablen realisiert. Folgende Schritte werden ausgeführt:

1. Bestimmung der Phrasengrenzen:

Es wird die Funktion Phrasenpausensuche des Phrasenmoduls aufgerufen.

2. Die Stilisierungsfunktion:

Zunächst werden alle stimmlosen Kurvenstücke in die Liste eingefügt. Dann wird nach einem nicht in der Liste vorhandenen Kurvenstück gesucht und darin nach lokalen Minima und Maxima gesucht, die bestimmte Kriterien erfüllen (sh. Kapitel 1.5 „Der Algorithmus zur Erkennung der Fokusakzente"). Um die notwendigen Frequenzdifferenzen an die Lage der Minima/Maxima anzupassen, wird die Funktion zur Bestimmung des Phrasenfaktors des Phrasenmoduls aufgerufen. Sind die Bedingungen erfüllt, wird das Minimum/Maximum „Gipfel" genannt (was nicht bedeutet, daß es optisch ein Gipfel sein muß) und in die Liste eingefügt. Sind sie nicht erfüllt, wird das ganze Kurvenstück eingefügt. Wenn die Liste vollständig ist, ist dieser Schritt beendet.

3. Die Ausdehnung der im vorigen Schritt gefundenen Gipfel:

Es wird ausgehend vom Minimum/Maximum des „Gipfels" der Suchbereich verdoppelt (soweit das möglich ist) und geprüft, ob noch größere Frequenzdifferenzen auftreten. Falls das der Fall ist, werden die betroffenen Kurvenstücke entsprechend geändert.

4. Die endgültige Fokusprüfung:

Die „Gipfel"-Bereiche, werden überprüft, ob die Frequenzdifferenz zwischen Anfang und Ende groß genug ist. Um die notwendigen Frequenzdifferenzen an die Lage der Minima/Maxima anzupassen, wird auch hier die Funktion zur Bestimmung des Phrasenfaktors aus dem Phrasenmodul verwendet. Bei den „Gipfeln“, bei denen das Kriterium erfüllt ist, handelt es sich um Fokus oder Phrasentöne. Fokus und Phrasenton lassen sich ohne semantische Informationen nicht unterscheiden.

5. Weitergabe der Ergebnisse:

Die “stand-alone” Version des Fokuserkenners gibt die Kurve mit Akzent- und Phrasenmarkierungen auf einem ReGIS-fähigen Terminal aus. Die Version, die in das MAFID-System integriert ist, untersucht die einzelnen Markierungen und gibt einen Zeitwert in 6,4 ms Einheiten an die Dialogkomponente weiter.

Jede Phrase wird getrennt behandelt. Zunächst werden direkt aufeinanderfolgende Anstieg-/Fall- Sequenzen gesucht. Gibt es eine solche, wird der Zeitpunkt des Übergangs (des Maximums) übergeben. Ansonsten wird von Anstiegen der erste Frame und von Fällen der letzte Frame übergeben. Gibt es mehrere Markierungen werden folgende Fälle unterschieden: Ist die Äußerung einphrasig, und sind die Markierungen genügend weit voneinander entfernt, handelt es sich um zwei Fokus. Ist sie mehrphrasig und ist die zweite Markierung am Ende der Phrase, handelt es sich um einen Phrasenton, der nicht berücksichtigt wird.

4.4 Der Parser KONTUR

4.4.1 Einleitung

Die Aufgabe eines Parsers geht in den meisten natürlichsprachlichen Systemen über die Überprüfung der syntaktischen Korrektheit einer Sprache entsprechend einer Grammatik hinaus. Vielmehr hat er die Aufgabe die wesentlichen bedeutungstragenden Elemente zu erkennen, in einer entsprechenden Form darzustellen und sie zueinander in Beziehung zu setzen, welches als Ergebnis in der semantischen Repräsentation dargestellt wird. Diesen Beziehungen werden üblicherweise grammatikalische Funktionen bezüglich des Verbs zugeordnet. Die deutsche Sprache läßt im Vergleich zu anderen Sprachen wie dem Englischen eine sehr freizügige Anordnung der Konstituenten zu, die die grammatikalischen Funktionen repräsentieren. Für viele Parse-Strategien, wie auch die unifikationsbasierten Ansätze LFG und GPSG, die Phrasenstrukturregeln auf Satzebene benutzen, bedeutet das die Notwendigkeit von Regeln für jede mögliche Konstituentenstellung, und für die Analyse selbst ein großer Aufwand.

Die freie Konstituentenstellung des Deutschen ist ein wichtiges Hilfsmittel zur Fokussierung einzelner Konstituenten. Daher wurde auf eine möglichst effiziente Analyse der freien Konstituentenstellung Wert gelegt. Aus diesen Überlegungen heraus schien uns der Ansatz von E. Drach (1937) geeignet, nach dem dem deutschen Satz gewisse Satzbaupläne zugrunde liegen.

4.4.2 Die Parse-Strategie

E. Drach geht von der Idee aus, daß sich der deutsche Aussagesatz auf ein syntaktisches Grundschema zurückführen läßt, das er Satzplan nennt und dessen Angelpunkt das finite Verb bildet, welches den Satz in Vorfeld, Geschehen und Nachfeld zerlegt. Drach vertritt die Auffassung, daß ein Satzgebilde nicht nach einem komplizierten und unüberschaubaren Regelapparat konstruiert werden sollte, sondern nach einem Bestand von Satzplänen, die der jeweils aktuellen Sprechsituation angemessen sind und die sich ein Mensch beim Spracherwerb ebenso wie den Bestand an Wörtern nach und nach aneignet. Daraus resultiert als Konzept, daß einerseits nur Grammatikregeln für Konstituenten und nicht für Sätze als Ganzes erforderlich waren, und andererseits gewisse Suchverfahren implementiert wurden, die aus der jeweiligen Eingabe die entsprechenden Konstituenten herausfinden konnten und darüber entscheiden mußten, ob ein Satz vollständig war oder nicht. Mit der Bedingung die verschiedenen Konstituentenanordnungen des Deutschen möglichst effizient zu parsen ergab sich eine Parse-Strategie, die man als Kombination von Islandparsing auf Satzebene und herkömmlichem Top-Down-Parsing auf Konstituentenebene anhand von Grammatikregeln sehen kann.

Für den Satz an sich gibt es keine Grammatikregeln, ebensowenig für Relativsätze. Grammatikregeln existieren nur für Nominalphrasen, Präpositionalphrasen usw. Für diese Konstituenten unterliegt die Wortstellung strengeren Regeln, so daß es hier sinnvoll erschien Top-Down-Parsing zu verwenden.

Angelpunkt der Strategie ist wie bei Drachs Satzbauplänen das Verb. In Anlehnung an die Dependenz-Theorie (Hays 1964, Schank 1975, Hellwig 1986) und die Valenztheorie (Helbig & Schenkel 1975) bestimmt das Verb die weitere Suche nach den Konstituenten, die von ihm regiert werden. Das Verb wird in der Eingabe, die als Wortliste gegeben ist, zuerst gesucht. Die Suche erfolgt innerhalb einer Wortliste immer von links nach rechts. Wurde das Gesuchte gefunden, sei es das Verb oder eine andere grammatikalische Konstituente, wird es aus der Liste entfernt und eine Markierung eingeführt, so daß das Fehlen von Elementen, das durch die Analyse entstanden ist, erkennbar ist. Ist das Verb gefunden worden, so werden die Valenzen bestimmt, die im Lexikon angegeben sind. Im Deutschen werden die grammatikalischen Funktionen, die die Valenzen eines Verbs besetzen, oft eindeutig durch den Kasus markiert. Dies wird in der Parse-Strategie ausgenutzt und als Suchkriterium für die Nominalphrasen, die die grammatikalischen Funktionen übernehmen, verwendet. Suchkriterium für die Phrasen ist je nach grammatikalischer Funktion der Kasus. Beim Subjekt zusätzlich noch der Numerus und der Genus, die vom Verb kommen, beim Präpositionalobjekt die Präposition, die in den Valenzen mit angegeben wird. Die Reihenfolge, in der die Konstituenten gesucht werden, ist unabhängig von ihrer Stellung bei jedem Parse-Prozeß dieselbe: Nach dem Verb wird das Subjekt gesucht, anschließend folgen je nach belegten grammatikalischen Funktionen Präpositionalobjekt, Dativobjekt und Akkusativobjekt.

(79) „Der Mann arbeitet an einer Sun."

Zu Satz (79) finden sich im Lexikoneintrag des Verbs *arbeitet* die vom Verb regierten grammatikalischen Funktionen Subjekt und Präpositionalobjekt mit Präposition *an*.. Als nächstes wird eine Nominalphrase mit Kasus Nominativ, Numerus Singular in der dritten Person gesucht, die als Subjekt fungiert. Anschließend wird eine Präpositionalphrase mit der Präposition *an* und Kasus Akkusativ gesucht.

Dieser Teil, daß man ausgehend vom Verb die von ihm regierten grammatikalischen Funktionen sucht, ist der Teil der Strategie, der mit Islandparsing bezeichnet wurde. Die nun folgende Suche nach einer Nominalphrase bzw. Präpositionalphrase erfolgt Top-Down-Left-To-Right unter Einbeziehung der Grammatikregeln. Die Lexikoneinträge sind die Terminalknoten der Grammatik. Hat man einen terminalen Knoten gefunden, der in der Eingabeliste vorkommt und den syntaktischen Bedingungen genügt, wird dieses Wort in der Eingabewortliste entfernt. Nach erfolgreichem Parsen einer Konstituente fehlt damit die gesamte Konstituente in der Wortliste.

Angenommen das System arbeitet mit folgenden Grammatikregeln:

(80)
```
np ← qpn
np ← particle, np
np ← det, np2
np2 ← adjs, noun, adjuncts
adjs ← adj, adjs
adjs ← []
adjuncts ← pp
pp ← prep, det, np2
```

wobei *particle, det, noun, adj, qpn* (Fragepronomen) und *prep* Terminalknoten, also Lexikoneinträge sind. Die Eingabewortliste des Satzes (79) hat nach dem Parsen des Verbs folgende Gestalt:

(81) `[[[der,0],[mann,0]],[[an,0],[einer,0],[sun,0]]]`

wobei das Fehlen einer Konstituente durch die Listenklammerung markiert ist. Die Elemente der Wortliste enthalten außer dem Wort noch eine Kennzeichnung für den Intonationsfokus. In unserem Beispiel ist kein Wort fokussiert. Das Verb *arbeiten* subkategorisiert ein Subjekt und ein Präpositionalobjekt mit der Präposition *an* und Kasus Dativ.

Als nächstes wird das Subjekt in der dritten Person mit Numerus Singular gesucht. Die ersten beiden Grammatikregeln für Nominalphrasen haben als Terminalknoten *qpn* beziehungsweise *particle*, da aber weder ein Fragepronomen noch ein Partikel in der Liste gefunden wird, wird die nächste Regel verwendet. Der erste Terminalknoten dieser Regel ist ein Artikel (*det*). Hier wird in der Eingabeliste „[der,0]" gefunden und aus der Liste entfernt. Durch die Übereinstimmung der syntaktischen Merkmale kommt die np2-Regel zur

Anwendung. Da keine Adjektive vorkommen, wird als Nomen „[mann,0]" erkannt. Adjunkte werden keine gefunden, da die Listenklammerung hier eine Markierung für das Fehlen einer geparsten Konstituente kennzeichnet, über die der Top-Down-Parse-Prozeß nicht hinweggeht. Der Analyseschritt für das Subjekt wird damit erfolgreich abgeschlossen.

Als Wortliste bleibt

(81') `[[an,0],[einer,0],[sun,0]]`

in der noch eine Präpositionalphrase zu suchen ist. Dafür wird zuerst die Präposition *an* gesucht, die auch gefunden wird. Die Suche nach den Fragepronomen *wem* oder *was* bleibt erfolglos, so daß auf die pp-Regel zugegriffen wird, die die Präpositionalphrase *an einer Sun* erfolgreich analysiert.

Nachdem das Verb und die von ihm regierten grammatikalischen Funktionen erfolgreich geparst wurden, wird versucht alles in der Wortliste noch Enthaltene als adverbiale Satzergänzungen zu interpretieren. Solange die Wortliste noch andere Elemente bis auf das Satzendezeichen enthält, werden als "Islands" adverbiale Ergänzungen gesucht. Für diese Ergänzungen existieren ebenfalls Grammatikregeln, so daß die einzelnen Ergänzungen als Konstituenten wieder top-down geparst werden. Aus Effizienzgründen werden bei der Syntaxanalyse Gradpartikel, Negation, Präpositionalphrasen, Adverbien und Kombinationen davon durch die gleiche Regel für adverbiale Ergänzungen behandelt.

Der Parse-Prozeß wird als erfolgreich angesehen, wenn in der Wortliste nur noch das Satzendezeichen, ein Punkt oder ein Fragezeichen enthalten sind. Schlägt der Parseprozeß in irgendeinem Zustand fehl, werden durch Backtracking weitere Möglichkeiten gesucht. Beim Top-Down-Parsing beschränken sich diese Möglichkeiten nur auf die Grammatikregeln für die jeweilige Konstituente. Daß eine Konstituente erfolgreich geparst wurde, aber als falsche grammatikalische Funktion oder als adverbiale Ergänzung anstatt als Präpositionalphrase interpretiert wurde, ist nur möglich, wenn es die syntaktischen Merkmale und die vom Verb regierten Funktionen zuließen.

(82) „Die Frau liebt der Mann."

In Satz (82) wird als Subjekt zunächst *Die Frau* gewählt. Nachdem jedoch kein Akkusativobjekt gefunden wird, das das Verb verlangt, wird *der Mann* als Subjekt und *Die Frau* als Objekt erfolgreich geparst.

Durch Backtracking nach einem erfolgreichem Parsevorgang können die verschiedenen Lesarten eines Satzes generiert werden.

(83) „Der Mann arbeitet an einer Sun im dritten Stock."

Der Satz (83) hat zwei Lesarten, die vom Parser erkennt werden. Zum einen interpretiert er *an einer Sun* als Präpositionalobjekt und *im dritten Stock* als adverbiale Ergänzung, zum anderen findet er keine adverbiale Ergänzung, aber *an einer Sun im dritten Stock* als Präpositionalobjekt.

Bei eindeutiger Markierung der grammatikalischen Funktionen durch den Kasus ist der Aufwand der Analyse bei jeder Konstituentenanordnung der gleiche. Fragesätze, bei denen das Verb am Satzanfang steht, brauchen daher keine gesonderte Behandlung.

Die folgenden Sätze erfordern alle den gleichen Analyseaufwand:

- Der Mann gibt der Frau das Buch.
- Der Mann gibt das Buch der Frau.
- Gibt der Mann der Frau das Buch?

Pronominalisiert man *das Buch* wird *Der Mann gibt der Frau es* ebenso akzeptiert wie *Der Mann gibt es der Frau*, wobei der erste Satz üblicherweise als ungrammatikalisch bezeichnet wird.

Aber wie schon in der Einleitung erwähnt, sollte ein Parser versuchen die Eingabe zu 'verstehen'. Es sollte nicht Ziel eines sprachverarbeitenden Systems sein, die grammatikalischen von den ungrammatikalischen Eingaben zu unterscheiden, sondern die Syntax sollte allein dazu benutzt werden die funktionalen Abhängigkeiten und Beziehungen der Konstituenten zu erkennen. So spricht nichts außer der geänderten Satzstellung dagegen *Der Mann gibt der Frau es* genauso zu akzeptieren, wie *Der Mann gibt es der Frau.*

Die Sprachkonstrukte, die der Parser derzeit behandelt sind

Fragesätze (Ja/Nein- und W-Fragen)
Relativsätze
Definite Deskriptionen
Personalpronomen
Quantifizierte Ausdrücke
Gradpartikel und Negation
Koordination
Maßeinheiten

4.4.3 Die Behandlung von Relativsätzen

In der Grammatik sind keine Regeln zur Behandlung von Nominalphrasen mit Relativsätzen enthalten. Die Behandlung von Relativsätzen läuft analog zur Behandlung des Hauptsatzes. Es werden das Verb, die von ihm regierten grammatikalischen Funktionen und adverbialen Ergänzungen als “Islands” gesucht, wobei die einzelnen Konstituenten wieder top-down geparst werden. Sobald eine Nominalphrase analysiert wurde, beginnt die Suche nach einem Relativsatz. Das Suchkriterium hierfür ist, daß in der rechts der Nominalphrase stehenden Wortliste ein Relativpronomen steht, das mit den syntaktischen Merkmalen der Nominalphrase übereinstimmt. Auf die Wortliste, die rechts an das Relativpronomen anschließt, wird dann rekursiv die Parse-Strategie für ganze Sätze angewendet, wobei die Nominalphrase, auf die sich der Relativsatz bezieht, entsprechend dem Kasus des Relativpronomens und der Valenz des Verbs interpretiert wird. Die Wortliste, auf die der gesamte Parse-Prozeß angewendet wird, verkürzt sich nachdem das Verb gefunden wurde auf den Teil zwischen Relativpronomen und Verb. Das Relativpronomen, das zur Kennzeichnung eines Relativsatzes zuerst gesucht wird, muß nicht direkt im Anschluß an die Nominalphrase folgen. In der Wortliste wird bis zu einem gewissen Abstand zur Nominalphrase, der im Parser eingestellt werden kann, nach dem Relativpronomen gesucht. Dadurch ist es möglich direkt nachgestellte und nicht direkt nachgestellte Relativsätze genau gleich, ohne zusätzliche Schritte, zu behandeln.

Nicht direkt nachgestellte Relativsätze treten besonders bei der Fokussierung einzelner Konstituenten auf. Bei der Behandlung von Nominalphrasen mit Relativsatz durch Grammatikregeln ergibt sich bei nicht direkt nachgestellten Relativsätzen das Problem, in den Grammatikregeln den genauen Abstand und die diesen Abstand füllenden Wortkategorien spezifizieren zu müssen. Hierzu sind oft, je nachdem was zwischen der Nominalphrase und dem Relativsatz stehen kann, eine Menge von entsprechenden Grammatikregeln erforderlich. Solche Konstruktionen lassen sich daher in den unifikationsbasierten Theorien LFG und GPSG nur mit zusätzlichem Aufwand analysieren.

(84) „Der Mann gibt nur der Frau das Buch, die er kennt.“

Angenommen in Satz (84) wurden bereits Hauptverb und Subjekt erfolgreich erkannt, als Dativobjekt wurde die Nominalphrase *die Frau* gefunden, so daß nun die Suche nach einem Relativpronomen beginnt. Der Artikel *das* kann nicht als Relativpronomen interpretiert werden, da die syntaktischen Merkmale nicht übereinstimmen. Als drittes Wort hinter der Nominalphrase befindet sich *die*, welches als Relativpronomen angenommen wird. Nun gibt es zwei Möglichkeiten der Nominalphrase eine grammatikalische Funktion im Relativsatz zuzuordnen, die von der syntaktischen Form des Relativpronomens abhängen. Die Nominalphrase kann Subjekt oder Akkusativobjekt des Verbs *kennen* sein. Nachdem das Verb gefunden wurde, beschränkt sich die weitere Analyse nur noch auf *er*, was erfolgreich als Subjekt des Relativsatzes analysiert wird. Da die Relativsatzliste keine weiteren Elemente enthält, werden keine adverbialen Ergänzungen gesucht und die Analyse des Relativsatzes ist abgeschlossen. In der Gesamtwortliste ist nur noch *das Buch* enthalten, das dann als Akkusativobjekt von *geben* erfolgreich geparst wird.

4.4.4 Die semantische Objekthierarchie

Das im obigen Kapitel vorgestellte Suchverfahren für die vom Verb regierten Konstituenten wurde um eine semantische Objekthierarchie erweitert, durch die der Suchraum für die einzelnen Konstituenten eingeschränkt wird. Die "Header" der Konstituenten müssen den semantischen Objektbedingungen genügen, die in den Valenzen der Verbeinträge spezifiziert sind.

(85) `verb(kenn,TYPE(v1),[[hum,item,[],[]]])`

So enthält beispielsweise der Verbeintrag (85) für das Verb *kennen* die Information, daß das Subjekt der Kategorie Mensch (*hum*), und das Objekt der Kategorie „Irgendwas" (*item*) angehören muß. Bei dem Satz *Das Projekt kennt die Frau* wird als Subjekt nun nicht mehr *das Projekt* zugelassen, da *Projekt* nicht von der Kategorie *live* und damit auch nicht verträglich ist. Als Subjekt wird *die Frau* analysiert und als Objekt *das Projekt*, da beide den semantischen Objektbedingungen der jeweiligen grammatikalischen Funktion genügen.

Die semantischen Kategorien sind hierarchisch in einer Baumstruktur angeordnet. Als semantische Objektbedingung kann jeder Knoten des Baumes angegeben werden. Zur Einhaltung der semantischen Bedingungen ist keine Identität erforderlich, sondern es reicht die Vorgänger/Nachfolger-Relation, die erfüllt sein muß. Die Prüfung der semantischen Bedingungen erfolgt durch Term-Unifikation. Grundlage dafür ist der Ansatz von C. Mellish (Mellish 1988). Die direkten Nachfolgerbeziehungen eines Baumes werden angegeben und in eine Struktur übersetzt, die mittels Subsumption die direkte Unifikation zweier Baumknoten ermöglicht. Jeder Knoten des Baumes wird als Schachtelung der Subsumptionsrelation in logischen Termen dargestellt.

Die Knoten des Baumes

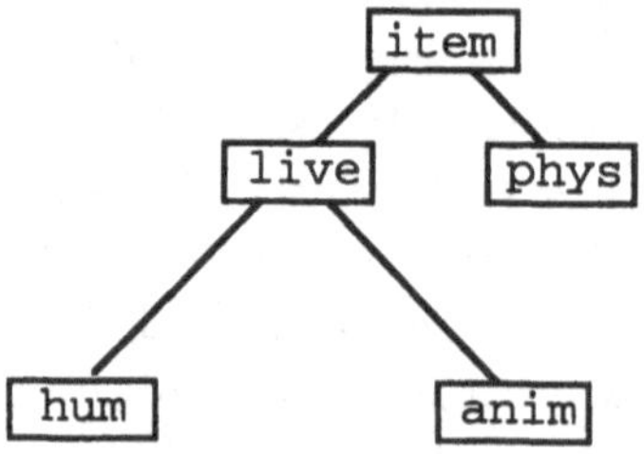

werden dargestellt durch: `anc(Knoten,Subsumptionrelation):`

```
anc( item, item(_))
anc( live, item( live(_)))
anc( phys, item( phys(_)))
anc( hum, item( live( hum(_))))
anc( anim, item( live( anim(_))))
```

Abb. 25: Beispiel einer Subsumptionsrelation

Damit zwei Knoten den semantischen Bedingungen genügen, müssen ihre Subsumptionsrelationen unifizierbar sein. Im obigen Beispiel unifiziert der Knoten *hum* mit den Knoten *live* und *item* aber nicht mit den Knoten *anim* und *phys*.

4.4.5 Das Lexikon

Das Lexikon umfaßt derzeit ungefähr 300 Einträge, wobei Nomen, Adjektive und Verben als Stammformen enthalten sind. Ein Compiler übersetzt das Lexikon beim Laden des Systems. Aus den Stammformen werden die Vollformen generiert, so daß das Lexikon zur Laufzeit etwa 1000 Einträge umfaßt.

Die Lexikoneinträge enthalten nach der Compilierung den Aufruf eines Prädikats zur Überprüfung der syntaktischen Kongruenzbedingungen und eine Differenzliste, durch die der Lexikoneintrag als terminaler Knoten einer Grammatikregel oder als gesuchtes Wort, wie zum Beispiel bei Fragepronomen, aus der Eingabewortliste entfernt wird.

Als Beispiel dient (86), in dem der Lexikoneintrag eines Artikels dargestellt wird

(86) `det([[s,[m],[n],3,1],_],der,ref)`

Die erste Argumentstelle aus (86) enthält die syntaktischen Merkmale, die zweite den Worteintrag und die dritte Argumentstelle den Operator des Ausdrucks der semantischen Repräsentation. Das System arbeitet zur Laufzeit mit dem compilierten Eintrag:

```
(86') det(A,B,ref(C,D),[[der,E]|F]/F) :-
          congruent(A,[[s,[m],[n],3,1],G],B,det,der).
```

Hierbei stehen A und B für die syntaktischen Eingangs- und Ausgangsmerkmale. Das Prädikat *congruent* prüft die syntaktischen Bedingungen, das zweite Argument des Kopfs enthält den Operatorausdruck, das dritte Argument ist die Differenzliste, durch die das Wort aus der Eingabeliste entfernt wird.

Lexikoneinträge für Verben enthalten die Valenzen eines Verbs zusammen mit den beschriebenen semantischen Bedingungen. Die Valenzen werden in Listenform angegeben. Falls ein Verb mehrere mögliche Subkategorisierungsrahmen mit zugehörigen semantischen Bedingungen hat, werden alle in einer Liste angegeben.

(87) `verb(schnarch,TYPE(v1),[[hum+anim,[],[],[]]])`

Die zweite Argumentstelle aus (87) gibt den Konjugationstyp des Verbs an, auf den bei der Generierung der Vollformen zugegriffen wird. Die dritte Argumentstelle beinhaltet die Subkategorisierungsrahmen. Hier gibt es nur eine Möglichkeit der Subkategorisierung: ein Subjekt der Kategorie Mensch *hum* oder Tier *anim*.

In den Lexikoneinträgen der Nomen, Pronomina und Eigennamen sind die semantischen Objektkategorien, denen sie angehören, miteingetragen.

4.4.6 Die semantische Repräsentationssprache SEMRED

Eine Forderung an die semantische Repräsentation war, daß es anhand von Operatoren möglich ist, Interpretationsregeln für das Dialogmodell zu definieren Daher beschreibt die semantische Repräsentation eine operationelle Semantik. Die Repräsentationsstruktur wurde an die Resolutionskomponente und an das Format der Datenbankeinträge angepaßt.

Die semantische Struktur hat folgenden Aufbau:

```
stmt(Phrases,
Adjuncts,
mods( All, Ex, Nex, Fokus),
cons( And, Or, Imp),
refs( Proper, Ref, Pref),
Quests)
```

Großgeschriebene Namen stehen für Listen, die als Elemente Operatorausdrücke mit dem hier als Listenname verwendeten Operator enthalten. So enthält die Liste Phrases als erstes Element den Hauptsatz, alle weiteren Elemente sind darin vorkommende Relativsätze. Die Elemente der Phrasenliste geben den Zusammenhang zwischen dem Verb und den Belegungen der grammatikalischen Funktionen an, die hier durch Identifikationsvariablen ausgedrückt sind. Eine Phrase hat folgenden Aufbau:

```
phrase(Identifier, Verb, Subjekt, Dativobjekt,
Akkusativobjekt, Präpositionalobjekt)
```

Die Kernaussage des Satzes (79) *Der Mann arbeitet an einer Sun* wird dargestellt durch

(79‘) `phrase(P,arbeit,M,[],[],an(S))`

wobei M und S Identifikationsvariablen sind, die für die Operatorausdrücke von *der Mann* und *eine Sun* stehen. Die vollständige Struktur des Satzes hat die folgende Form

(79‘‘)
```
ref(M,[mann(M)])
ex(S,[sun(S)])
phrase(P,arbeit,M,[],[],an(S))
```

Eine Struktur dieser Form wird folgendermaßen interpretiert. Ein Ausdruck der Form `ref(M,[mann(M)])` referiert auf die definite Deskription *der Mann*, die noch mittels einer Resolutionskomponente aufgelöst werden muß.

Durch den Ausdruck `ex(S,[sun(S)])` wird eine existentielle Quantifizierung über die Eigenschaft "sun" eingeführt. In der Kernaussage sind neben der Identifikationsvariablen der Aussage und dem Verb die Plätze für Subjekt und Präpositionalobjekt belegt. Eine ambige Lesart der Präpositionalphrase kann durch Backtracking erzeugt werden und würde der Präpositionalphrase die syntaktische Stellung einer adverbialen Ergänzung zuweisen. In diesem Fall bekäme der Satz die folgende Struktur.

(79''') `ref(M,[mann(M)])`
`ex(S,[sun(S)])`
`adjunct(P,an(S))`
`phrase(P,arbeit,M,[],[],[])`

Dadurch, daß jeder Ausdruck in der semantischen Repräsentation eine Identifikationsvariable besitzt, können Referenzen unter den verschiedenen Ausdrücken hergestellt werden. So können alle Schachtelungen, wie sie zum Beispiel bei Relativsätzen auftreten, aufgelöst und Ausdrücke gleichen Typs in Listen gruppiert werden.

(80) „Der Mann, der an der Sun arbeitet“

Die Darstellung der Nominalphrase (80) enthält die definiten Deskriptionen

(80') `ref(M,[mann(M),adjunct(M,P1)]`
`ref(S,[sun(S)]`

innerhalb der Liste Ref und die Aussage

(80'') `phrase(P1,arbeit,M,[],[],an(S))`

in der Liste Phrases. Der Ausdruck `adjunct(M,P1)` kennzeichnet, daß der Referent für *der Mann* durch einen Relativsatz mit der Identifikationsvariablen P1 näher charakterisiert wird. Nach der Zuweisung eines Referenten durch die Resolutionskomponente enthält die Datenbasis mindestens zwei Aussagen über den betreffenden Mann, eine für den Relativsatz und eine für die Kernaussage des Satzes. Durch dies Verfahren wird es möglich Paraphrasierungen des Relativsatzes mittels Satzkoordination zu generieren.

In der o.g. vollständigen Struktur eines Satzes finden sich, neben der Liste der Aussagen und adverbialen Ergänzungen, drei Substrukturen, die ihrerseits eigene Listen enthalten. Die erste dieser Strukturen enthält sogenannte “modifiers”, unter denen neben den Quantoren die Fokusoperatoren gezählt werden. Die zweite Struktur enthält alle Konnektive und die letzte referierende Einträge, die von der Resolutionskomponente noch verarbeitet werden müssen.

In der Menge der Fokusoperatoren finden sich neben dem Intonations-Operator Gradpartikel-Operatoren und der Negationsoperator. Damit werden in der jetzigen Version der Sprache die folgenden Fokusoperatoren behandelt.

int	-	Intonation ohne Skopusfunktion
neg	-	Negation
nur	-	die Gradpartikel „nur“
auch	-	die Gradpartikel „auch“
sogar	-	die Gradpartikel „sogar“

Der „int"-Operator wird immer dann verwendet, wenn intonatorisch markierte Konstituenten nicht den Skopus anderer Operatoren bestimmen, sondern allein durch ihre Betonung eine fokussierende Funktion haben. Zur Behandlung der Skopusfrage verweisen wir auf Kapitel 3.1, in der entsprechende Regeln vorgestellt werden.

4.4.7 Die Grammatik

Die Grammatik wurde als Definite-Clause-Grammar realisiert, für die nach Sterling und Shapiro (1986) ein Compiler implementiert wurde. Sie enthält nur Regeln für Phrasenkonstituenten, nicht für Sätze an sich. Wie in Kapitel 4.4.3 vorgestellt, sind ebensowenig Regeln für das Auftreten von Relativsätzen vorhanden. Wie bei DC-Grammatiken üblich, kann auch hier die Repräsentationsstruktur als Argument bei Nichtterminalsymbolen angegeben werden.

(81)
```
pure_np(NP) ← ppn(pref(PRON,F))
              { F = 0→
              NP = pref(X,(PRON));
              NP = pref(X,(PRON,focus(int,PRON)))
              }
```

Als Beispiel ist in (81) eine einfache Grammatikregel für Nominalphrasen dargestellt, wobei die Variable F den Intonationsfokus markiert.

Die Grammatik beinhaltet Regeln zur Bearbeitung folgender Konstrukte:

- Nominalphrasen
- Präpositionalphrasen
- Maßeinheiten
- Pronomen (Personal- und Possessivpronomen)
- Gradpartikel und Negation
- Koordination von Nominalphrasen
- Koordination von Adverbien und Maßeinheiten.

4.4.8 Implementation

Der Parser ist in C-PROLOG (Edinburgh Prolog) auf einer SUN-Workstation 3/60 und SPARC-Station unter UNIX BSD 3.4 bzw. BSD 4.03 implementiert worden.

4.5 Der Dialog-Interpreter

In Kapitel 3 haben wir diverse Regeln zur Interpretation und zum Gebrauch der Fokusintonation vorgestellt. Eines der Hauptmerkmale dieser Regeln war, daß sie für die Beschreibung des Dialogverhaltens zweier gleichberechtigter Parteien, Schwarz und Weiß, verwendet wurden. Für eine Umsetzung in ein implementationsfähiges Modell bedarf es einiger kleinerer Korrekturen.

Wenn wir nach Hintikka zwischen "information seeking" und "agreement seeking dialogues" unterscheiden, so gehen wir bei der Beschreibung der Dialogform eines Mensch-Maschine-Dialoges in einer Datenbankabfrage-Situation davon aus, daß der Dialog als "information seeking dialogue" bezeichnet werden kann. Erhält der Benutzer eines Datenbanksystems darüber hinaus Befugnisse, die Datenbank zu ergänzen und zu korrigieren, so wird bei der Bearbeitung neuer, zu der alten Information in Widerspruch stehender Information, neben dem "information seeking" Dialog auch ein "agreement seeking" Dialog geführt werden müssen. Unabhängig von der gewählten Dialogform, sollte sich das System dem Benutzer gegenüber so kooperativ wie möglich verhalten (sh. Kap. 3.4.), d.h. es soll auf Fragen des Benutzers umfassende Antworten geben, und sich nicht wie beispielsweise in Ja-/Neinfragen lediglich auf „ja" bzw. „nein" beschränken. Darüber hinaus resultiert aus dieser Voreinstellung und der Annahme, daß der Benutzer die Befugnis hat die Datenbasis zu manipulieren, daß Aussagen des Benutzers stets als Einträge bzw. Korrekturen der Datenbasis interpretiert werden. Bei auftretenden Inkonsistenzen werden dem Benutzer die sich widersprechenden Aussagen mitgeteilt, und er erhält die Entscheidungsbefugnis darüber, welche der Aussagen aus der Datenbasis entfernt werden und welche aktuell bleiben sollen.

Bei der Umsetzung der Dialogregeln können wir einige Kürzungen an unserem Dialogsequenten vornehmen. In der bisherigen Version hatten wir die folgende Definition.

$$D_n \ \mathrm{def}= \langle AL_B, R_B, T, AL_W, R_W \rangle$$

Dabei enthielt die Variable T das Tableau, in dem die expliziten Dialogzüge $\langle ED_B, ED_W \rangle$ niedergeschrieben werden. Die Annahmenlisten (AL) waren wiederum durch Tripel repräsentiert.

$$AL_P \ \mathrm{def}= \langle INF_P, INF_P(\bar{P}), SSK_P \rangle$$

Wollen wir nun den Dialogzustand eines Mensch-Maschine-Dialoges unter den o.g. Bedingungen beschreiben, so haben wir drei Informationsquellen: zum einen die Datenbank des Systems, und zum anderen die Eingaben des Benutzers. Als dritte zu betrachtende und zu berücksichtigende Informationsquelle erhalten auch die Reaktionen des Systems, also die vom System generierten Antworten, dialogische Relevanz. Analog zu dem Tableau mit den expliziten Dialogzügen $\langle ED_B, ED_W \rangle$, werden daher die Eingaben des Benutzers und die Antworten des Systems in einer "dialogue history" aufbewahrt. Aussagen des Benutzers finden, sofern sie die Konsistenzprüfung erfolgreich passiert haben, zusätzlich ihren Eintrag in der Datenbasis des Systems. Eine Beschreibung der expliziten Information des Systems kann sich daher auf die Datenbasis als solche beschränken. Zusätzlich zu der Datenbasis wird eine Referentenbasis geführt, in der all die Referenzen enthalten sind, die während des aktuellen Dialogs eingeführt wurden. Wenn wir davon ausgehen, daß das MAFID-System tatsächlich als Benutzer-Schnittstelle für ein Datenbanksystem genutzt wird[1], wird es notwendig, einen Klärungsdialog über dem System unbekannte, aber vom Benutzer introduzierte Referenten zu führen. Dies entspricht wiederum der Erstellung der von Hintikka erwähnten "choice sets" (vgl. Kap. 2.5.5.). So wird es durch einen solchen Klärungsdialog möglich, unterschiedliche Referentenbezeichnungen für ein und denselben Referenten in Einklang zu bringen, und letztendlich damit das Wissen des Systems zu erweitern.

Mit den bisher erwähnten Informationsquellen läßt sich ein Dialogzustand in der folgenden Form zu beschreiben:

$$\bar{D}_n \ \texttt{def=} \ \langle \texttt{DB,Refs,System,User} \rangle$$

In dem o.g. Quadrupel betrachten wir vier Variablen, *DB* gibt einen Verweis auf die Datenbasis des Systems, *Refs* beschreibt die Referentenbasis, *System* enthält die vom System kreierten Antworten, und *User* die Äußerungen des Benutzers. Sowohl die Systemantworten als auch die Benutzereingaben werden in der gleichen semantischen Repräsentationssprache (SEMRED) aufbewahrt, d.h. Sätze des Benutzers werden erst nach ihrer Analyse in Form der daraus resultierenden semantischen Struktur in die Dialoggeschichte eingetragen.

Betrachten wir nun als Beispiel für eine Regelumsetzung die Regel RF-5, die die Akzeptanz einer „nur"-Aussage beschreibt. Ausgangspunkt der Beschreibung ist eine Dialogsituation, in der der Benutzer einen Deklarativsatz geäußert hat, der die Gradpartikel „nur" enthält. In dieser Regel wird gefordert, daß, ein kooperatives Verhalten vorausgesetzt, Schwarz bei einer „nur"-Aussage all die Information aus seiner privaten Annahmenliste entfernen muß, die der neuen Aussage widersprechen. Zusätzlich muß die neue Information mit in die Annahmenliste aufgenommen werden. Das gleiche Verhalten gilt auch für das System, das eine „nur"-Aussage seitens des Benutzers erhalten hat. Die modifizierte Systemregel hat die folgende Form.

---

1 In der implementierten Version haben wir keine Datenbank als Hintergrund, sondern verwenden lediglich die während einer Sitzung erstellte Prolog-Datenbasis.

(RFS-5) Akzeptanz einer „nur"-Aussage

Angenommen, es existiert ein Dialogzustand $\bar{D}_n$ mit der Benutzereingabe α der folgendermaßen definiert ist:

$$\bar{D}_n = \langle \mathtt{DB,Refs,System,}[\alpha|\mathtt{User}]\rangle$$
$$\alpha = \mathtt{S[fokus(nur,F)]}$$

dann ergibt sich ein Nachfolgezustand $\bar{D}_{n+1}$, der wie folgt definiert ist:

$$\begin{aligned}\mathtt{DB''} = \cup\{&\mathtt{DB_B'} \mid \mathtt{if}\ \exists \mathtt{G,S'}(\mathtt{G}\neq\mathtt{F}, \mathtt{S'}=\mathtt{S_{F/G}}\ \&\ \mathtt{S'}\in\mathtt{DB})\\ &\mathtt{then\ DB'=DB}\setminus\{\mathtt{S'}\}\\ &\mathtt{else\ DB'=DB}\\ &\}\cup\{\alpha\}\end{aligned}$$

$$\bar{D}_{n+1} = \langle \mathtt{DB'',Refs,}[+(\alpha)|\mathtt{System}],[\alpha|\mathtt{User}]\rangle$$

Bei einer Implementation dieser Regel ist es benutzerfreundlicher, wenn erst dann Einträge der Datenbasis gelöscht werden, wenn der Benutzer explizit seine Zustimmung gegeben hat. D.h. entweder wird für jeden zu löschenden Eintrag oder für die Gesamtmenge der Einträge eine Bestätigung des Benutzers erwartet.

Die Übertragung der anderen Dialogregeln in Systemregeln verläuft analog der beschriebenen Vorgehensweise und wird hier nicht weiter erläutert. Da die Implementation der Dialogkomponente in Prolog erfolgt ist, ist eine direkte und konsequente Überführung in Prolog-Clauseln gewährleistet. Die Steuerung des Dialogs verläuft entsprechend den in einer Äußerung des Benutzers gefundenen Operatoren, für die dann jeweils zugehörige Interpretationsregeln existieren. Antworten des Systems werden aus der semantischen Repräsentation der zu erzeugenden Antwort zunächst in Form einer Liste von Worten generiert und dann mit Markierungen für die gewünschte Intonation an ein "text-to-speech"-System weitergeleitet.

5. Literaturverzeichnis

Literatur zur Intonationserkennung

Altmann, H.; Batliner, A. & Oppenrieder, W. (Hrsg.) (1989): Zur Intonation von Modus und Fokus im Deutschen. Linguistische Arbeiten 234, Tübingen.

Aull A.M. & Zue V.W. (1985): "Lexical stress determination and its application to large vocabulary speech recognition". In: Proc. ICASSP-85, 1549-1552.

Bannert R. (1979) : "The effect of sentence accent on quantity". In: Proc. 9th Int. Congress of Phonetic Sciences, Vol.II, 253-259, Kopenhagen.

Bannert R. (1982): "Temporal and tonal control in German". Lund University, Department of Linguistics and Phonetics,Working Papers 22, 1-26.

Bannert R. (1983a): "Modellskizze für die deutsche Intonation". Zeitschrift für Literaturwissenschaft und Linguistik 49, 9-34.

Bannert, R. (1983b): "Some Phonetic Characteristics of a Model for German Prosody". Lund University, Department of General Linguistics and Phonetics, Working Papers 25, 1-34.

Bannert, R. (1985 a): "Towards a Model for German Prosody". Folia Linguistica XIX, 321-341.

Bannert, R. (1985 b): "Fokus, Kontrast und Phrasenintonation im Deutschen". Zeitschrift für Dialektologie und Linguistik 52, 289-305.

Bannert R. (1986): "Independence and Interdependence of Prosodic Features". Lund University, Department of Linguistics and Phonetics,Working Papers, 31-60.

Bannert, R. (1987): "From prominent syllables to a skeleton of meaning: A model of prosodically guided speech recognition". In: Verhandlungen des 11. Internationalen Kongresses für Phonetische Wissenschafen, Tallinn/Estland. Bd. 2, 73-76.

Bannert, R. (1988a): "Automatic Recognition of Focus Accent in German". Lund University, Department of General Linguistics and Phonetics, Working Papers 34, 5-8.

Bannert, R. (1988b): "Tonal Elements an Tonal Features in Sentence Level Intonation". PHONOLOGICA 1988.

Bannert, R. (1991): "Automatic Recognition of Focus Accents in German". Journal of Semantics 8, 3, 191-218.

Bolinger, D. (1958): "A Theory of Pitch Accent". Word 14, 109-149.

Bolinger, D. (1972): "Accent is predictable (if you're a mind-reader)". Language 48, 633-644.

Bruce, G.(1977): Swedish Word Accent in Sentence Perspective.Travaux de l'Institut de Linguistique de Lund XII. Lund.

Bruce, G. (1982): "Textual Aspects of Prosody in Swedish". Phonetica 39, 274-287.

Cohen A.; Collier R. & 't Hart J. (1982): "Declination: Construct or Intrinsic Feature of Speech Pitch?". Phonetica 39, 254-273.

Delattre, P. (1965): "Some Characteristics of German Intonation for the Expression of Continuation and Finality". Phonetica 13, 134-161.

von Essen, O. (1956): Grundzüge der hochdeutschen Satzintonation. Ratingen.

Gårding, E. (1983): "A generative model of intonation". In: A.Cutler & D.R. Ladd (Hrsg.): Prosody: Models and Measurements. Berlin.

't Hart J. (1981): "Differential sensitivity to pitch distance, particularly in speech". JASA 69, 811-821.

't Hart, J. & Cohen, A. (1973): "Intonation by Rule: A Perceptual Quest". Journal of Phonetics 1, 309-327.

Hess W.J. (1982): "Algorithms and Devices for Pitch Determination of Speech Signals". Phonetica 39, 219-240.

Klatt D.H. (1973): "Discrimination of fundamental frequency contours in synthetic speech: implications for models of pitch perception". JASA 53, 8-16.

Lea, W.A.; Medress, M.F. & Skinner, T.E. (1975): "A prosodically guided speech understanding system". IEEE Transactions. Acoust. Speech Signal Process ASSP-33, 30-38.

Lehiste, I. (1975): "The phonetic structure of paragraphs". In: N.Cohen (Hrsg.): Structure and process in speech perception, 195-203. Berlin.

Lindblom, B; Syberg, B. & Holmgren, K. (1981): Durational patterns of Swedish phonology: Do they reflect short-term memory processes? Indiana University, Linguistics Club.

Nespor, M. & Vogel, I. (1986): Prosodic Phonology. Dordrecht.

Pierrehumbert J. (1980): The Phonology and Phonetics of English Intonation. Ph.D.Dissertation, MIT. Cambridge, Mass.

Thorsen, N. G. (1984): "Intonation and Text in Standard Danish". PHONOLOGICA 1984, 301-309.

Literatur zur Fokusinterpretation

Allerton, D. J. (1978): "The Notion of 'Givenness' and its Relations to Presupposition and to Theme" Lingua 44.

Altmann, H. (1976): Die Gradpartikeln im Deutschen: Untersuchung zu ihrer Syntax, Semantik und Pragmatik. Linguistische Arbeiten 33, Tübingen.

Altmann, H. (Hrsg.) (1988): Intonationsforschungen. Linguistische Arbeiten 200, Tübingen.

Altmann, H.; Batliner, A. & Oppenrieder, W. (Hrsg.) (1989): Zur Intonation von Modus und Fokus im Deutschen. Linguistische Arbeiten 234, Tübingen.

Atlas, J. D. (1991): "Topic / Comment, Presupposition, Logical Form & Focus Stress Implicatures: The Case of focal Adverbs *only* and *also*". Journal of Semantics, 8, 1&2, Special Issue: Focus in Phonetics, Syntax, Semantics, and Pragmatics, 127 - 148.

Barth, E.M. & Krabbe, E.C.W. (1982): From Axiom to Dialogue. A Philosophical Study of Logics and Argumentation. Berlin.

Blok, P. (1991): "Focus and Presupposition". Journal of Semantics, 8, 1&2, Special Issue: Focus in Phonetics, Syntax, Semantics, and Pragmatics, 149ff.

Carlson, L. (1983): Dialogue Games - An Approach to Discourse Analysis. Dordrecht.

Carlson, L. (1984): "Focus and Dialogue Games". In: L. Vaina & J. Hintikka (Hrsg.): Cognitive Constraints on Communication, Dordrecht.

Chafe, W. (1987): "Cognitive Constraints on Information Flow". In: R.S. Tomlin (Hrsg.): Coherence and Grounding in Discourse.

Chomsky, N. (1971): "Deep Structure, Surface Structure and Semantic Interpretation". In: D. Steinberg & L. Jakobovits (Hrsg.): Semantics - An Interdisciplinary Reader, Cambridge.

Culicover, P. & Rochemont, W.N. (1983): "Stress and Focus in English". Language 59, 1.

Danes, F. (1970): "Zur linguistischen Analyse der Textstruktur". Folia Linguistica 4.

Danes, F. (1986): "The 'Question Test' Re-examined". In: J.L. Mey (Hrsg.): Test and Protest, A Festschrift for Peter Sgall.

Drach, E. (1937/1963): Grundgedanken der deutschen Satzlehre. Darmstadt.

Firbas, J. (1975): "On the Thematic and Non-Thematic Section of the Sentence". In: Ringbom et al. (Hrsg.): Style and text, Studies presented to N. E. Enkvist.

Fuchs, A. (1975): "Normaler und kontrastiver Akzent". Lingua 38.

Gabbay, D.M. & Moravcsik, J.M. (1978): "Negation and Denial". In: F. Günthner & Ch. Rohrer (Hrsg.): Studies in Formal Semantics. Intensionality, Temporality, Negation, Amsterdam.

Gentzen, G. (1934): "Untersuchungen über das logische Schließen". Mathematische Zeitschrift 39, 176-210 und 405-431.

Hajicova, E.(1984): "On Presupposition and Allegation". In: P. Sgall (Hrsg.): Contributions to Functional Syntax, Semantics and Language Comprehension, Prag.

Hays, D.G. (1964): "Dependency Theory: A Formalism And Some Observations". Language 40, 4, 511-524.

Helbig, G. & Schenkel, W. (1975): Wörterbuch zur Valenz und Distribution deutscher Verben. Leipzig.

Hellwig, P. (1986): "Dependency Unification Grammar". In: Proceedings of the International Conference on Computational Linguistics (COLING-86) Bonn, 195-198.

Hoeksema, J. & Zwarts, F. (1991): "Some Remarks in Focus Adverbs". Journal of Semantics, 8, 1&2, Special Issue: Focus in Phonetics, Syntax, Semantics, and Pragmatics, 51 - 70.

Hoepelman, J.Ph. (1979): "Negation and Denial in Montague Grammar" Theoretical Linguistics 6.

Hoepelman, J.Ph. (1980): "On Questions". In: F. Kiefer (Hrsg.): Questions and Answers, Dordrecht.

Hoepelman, J.Ph.; Machate, J. & Schnitzer, R. (1991): "Intonational Focusing and Dialogue Games". Journal of Semantics 8, 3, 253-275.

Jackendoff, R. S. (1972): Semantic Interpretation in Generative Grammar. Cambridge, Mass.

Jacobs, J. (1983): Fokus und Skalen, Zur Syntax und Semantik der Gradpartikeln im Deutschen. Linguistische Arbeiten 138, Tübingen.

Jacobs, J. (1984): "Funktionale Satzperspektive und Illokutionssemantik". Linguistische Berichte 91.

Jacobs, J. (1988): "Fokus-Hintergrund-Gliederung und Grammatik". In: H. Altmann (Hrsg.): Intonationsforschungen, Tübingen.

Jacobs, J. (1991): "Focus Ambiguities". Journal of Semantics 8, 1/2, Special Issue: Focus in Phonetics, Syntax, Semantics, and Pragmatics, 1-36.

Levinson, S. C. (1990): Pragmatik. Tübingen.

Labov, W. (1972): Sociolinguistic Patterns.

Lorenzen, P. & Lorenz, K. (1978): Dialogische Logik. Darmstadt.

Mellish, Ch. (1988): "Implementing Systemic Classification by Unification". Computational Linguistics 14, 1, 40-51.

Schank, R.C. (1975): Conceptual Information Processing. Amsterdam.

Sgall, P.; Hajicova, E. & Benesova, E. (1973): Topic, Focus and Generative Semantics. Kronberg Taunus.

Sgall, P.; Hajicova, E. & Panevova, J. (1986): The Meaning of the Sentence in its Semantic and Pragmatic Aspects. Dordrecht.

von Stechow, A. & Uhmann, S. (1984): "Some Remarks on Focus-Projection" GAGL 25.

Sterling, L. & Shapiro, E. (1986): The Art of Prolog. Cambridge, Mass.

Uhmann, S. (1991): "On the tonal Disambiguation of Focus Structures". Journal of Semantics, 8, 3, 219 - 238.

Wiche, R. (1991): "External and Verb Phrase Negations in actual Dialogues". Journal of Semantics, 8, 1&2, Special Issue: Focus in Phonetics, Syntax, Semantics, and Pragmatics, 107 -126.

Wunderlich, D. (1988): "Der Ton macht die Melodie - Zur Phonologie der Intonation des Deutschen". In: H. Altmann (Hrsg.): Intonationsforschungen, Tübingen.

Zaefferer, D. (1979): "Sprechakttypen in einer Montague-Grammatik" In: G. Grewendorf (Hrsg.): Sprechakttheorie und Semantik, Frankfurt.

Zaefferer, D. (1981): "On a formal treatment of illocutionary force indicators". In: H. Parret et al. (Hrsg.): Possibilities and Limitations of Pragmatics, Amsterdam.

Zaefferer, D. (1984): Frageausdrücke und Fragen im Deutschen, München.

Anhang A: Schematisierte Kurven des Korpus PORTIX

Für den Intonationstyp Antwort fehlen in den Abbildungen 1c - f die Kurven der Sprecherin PS, deren Intonation in diesen Äußerungen nicht den Vorgaben entsprach.

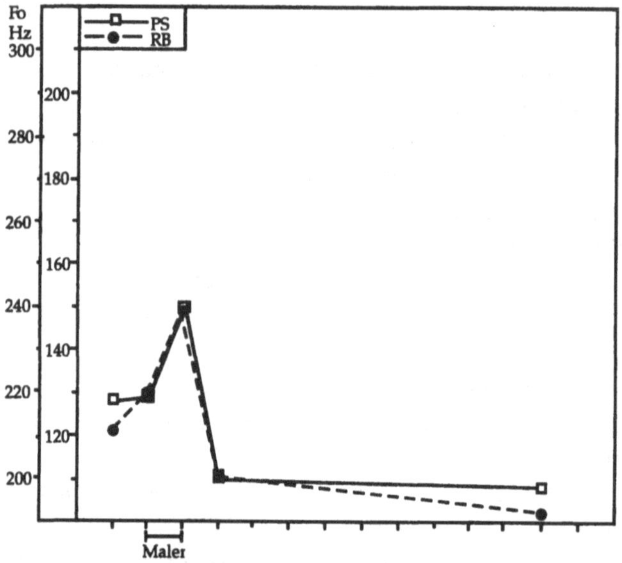

Abb. 1a: **Überlagerte Fo-Kurven der Sprecher RB und PS: „Die Máler wohnen im Grünen Mann."**

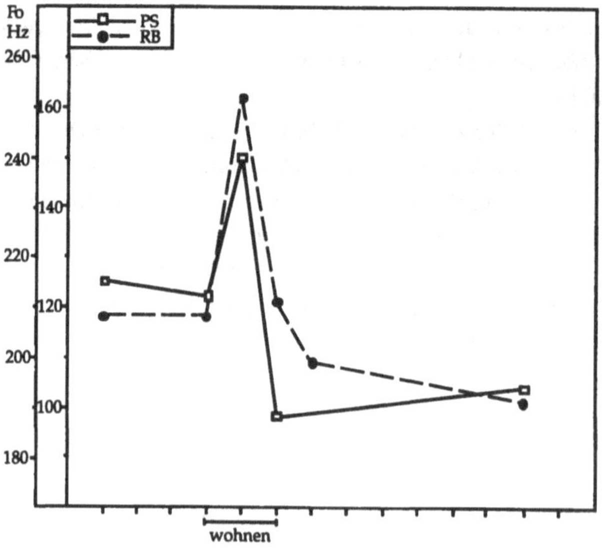

Abb. 1b: **Überlagerte Fo-Kurven der Sprecher RB und PS: „Die Maler wóhnen im Grünen Mann."**

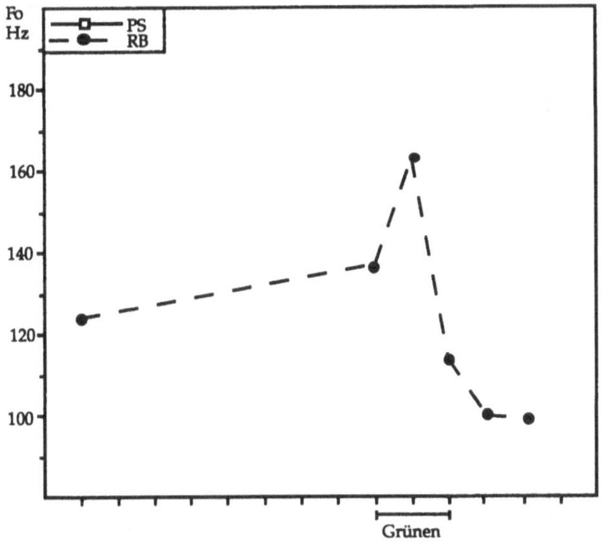

Abb. 1c: **Fo-Kurve des Sprechers RB: „Die Maler wohnen im Grúnen Mann."**

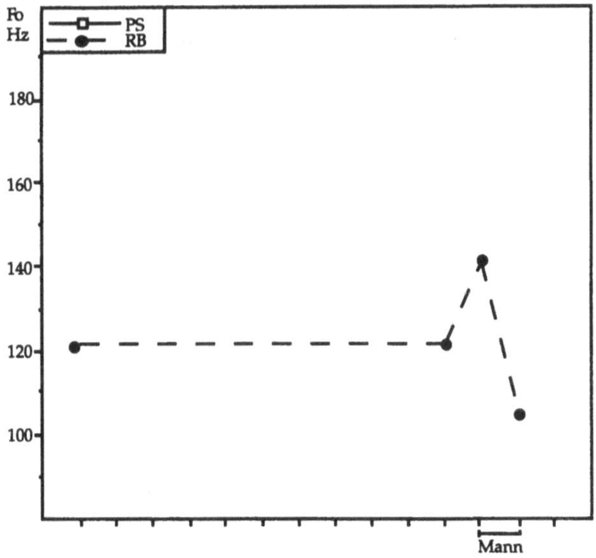

Abb. 1d: **Fo-Kurve des Sprechers RB: „Die Maler wohnen im Grünen Mánn."**

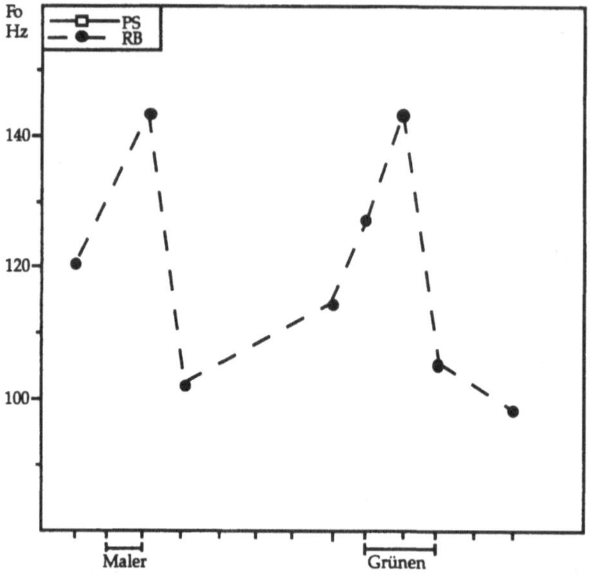

Abb. 1e: **Fo-Kurve des Sprechers RB: „Die Máler wohnen im Grúnen Mann."**

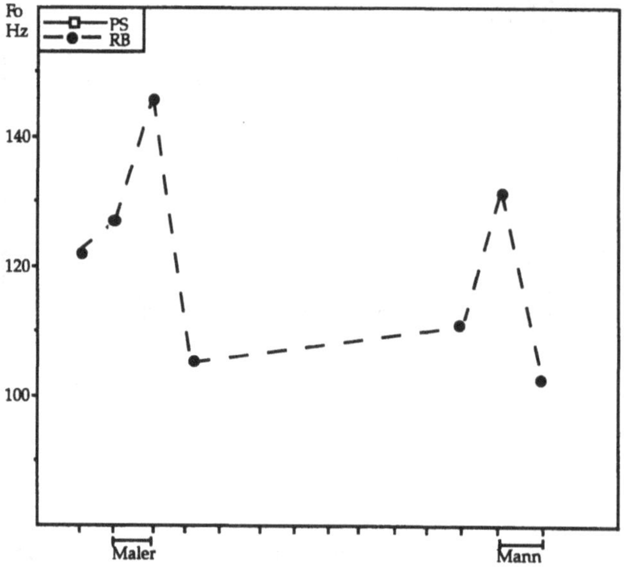

Abb. 1f: **Fo-Kurve des Sprechers RB: „Die Máler wohnen im Grünen Mánn."**

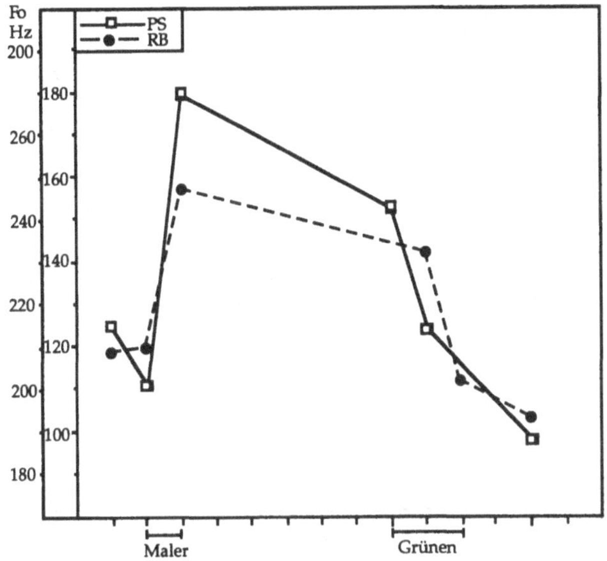

Abb. 1g: **Überlagerte Fo-Kurven der Sprecher RB und PS: „Die Máler wohnen im Grünen Mann."**

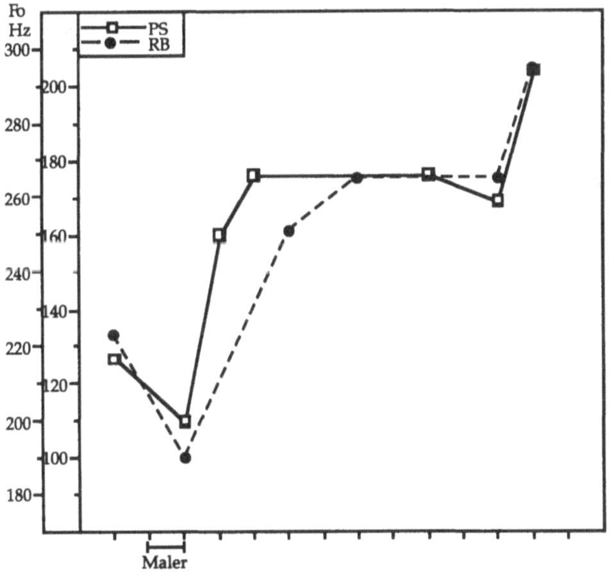

Abb. 1h: **Überlagerte Fo-Kurven der Sprecher RB und PS: „Die Máler wohnen im Grünen Mann?"**

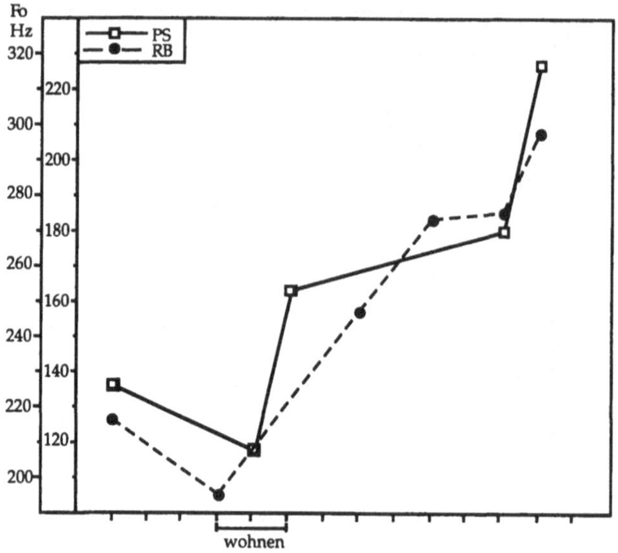

Abb. 1i: **Überlagerte Fo-Kurven der Sprecher RB und PS: „Die Maler wóhnen im Grünen Mann?"**

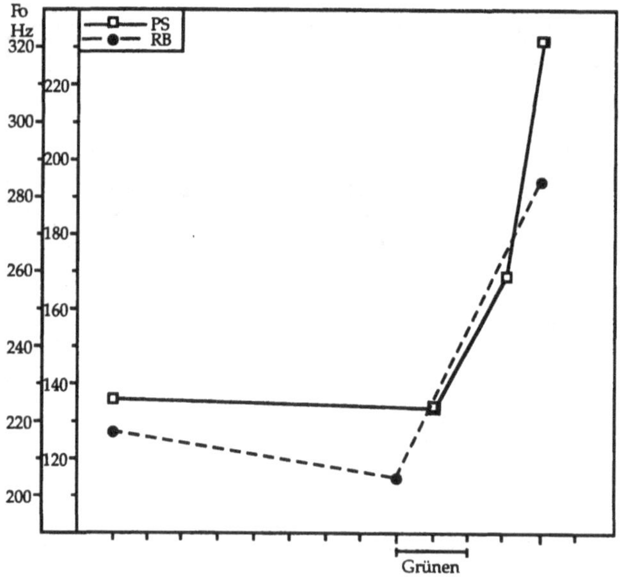

Abb. 1k: **Überlagerte Fo-Kurven der Sprecher RB und PS: „Die Maler wohnen im Grúnen Mann?"**

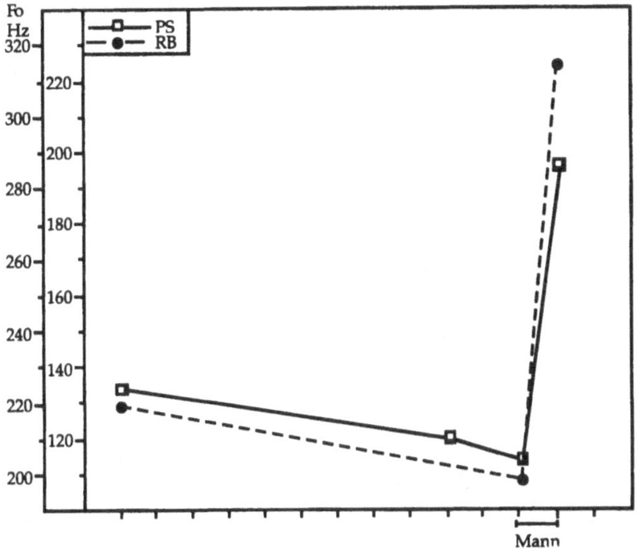

Abb. 1l: **Überlagerte Fo-Kurven der Sprecher RB und PS: „Die Maler wohnen im Grünen Mánn?"**

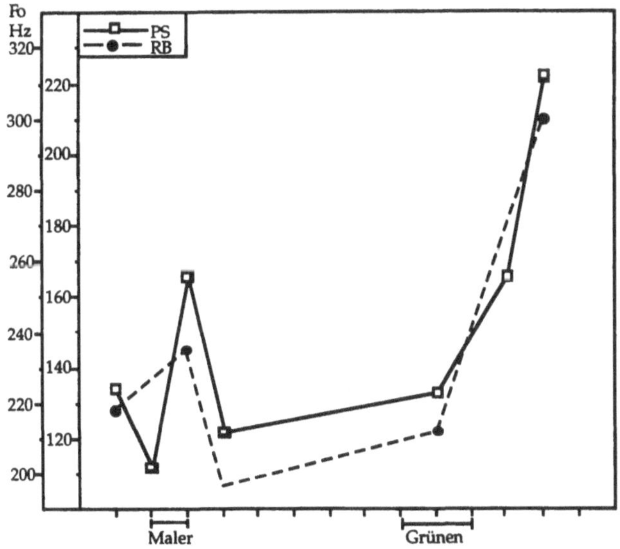

Abb. 1m: **Überlagerte Fo-Kurven der Sprecher RB und PS: „Die Máler wohnen im Grünen Mann?"**

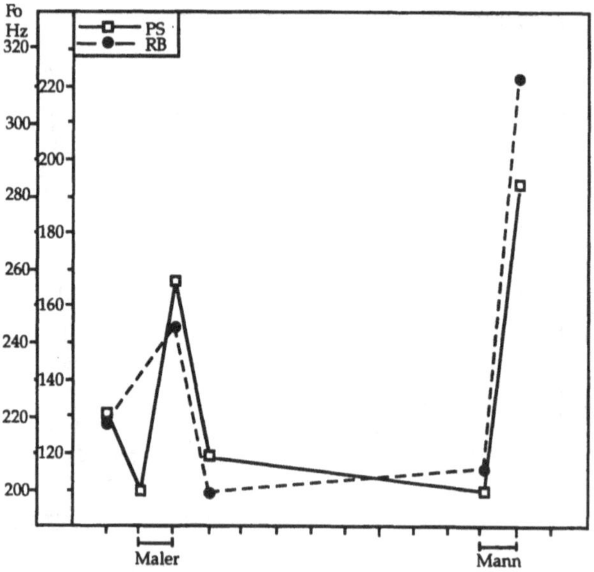

Abb. 1n: **Überlagerte Fo-Kurven der Sprecher RB und PS: „Die Máler wohnen im Grünen Mánn?“**

Anhang B: Ergänzende Kurven des Korpus NAALEN

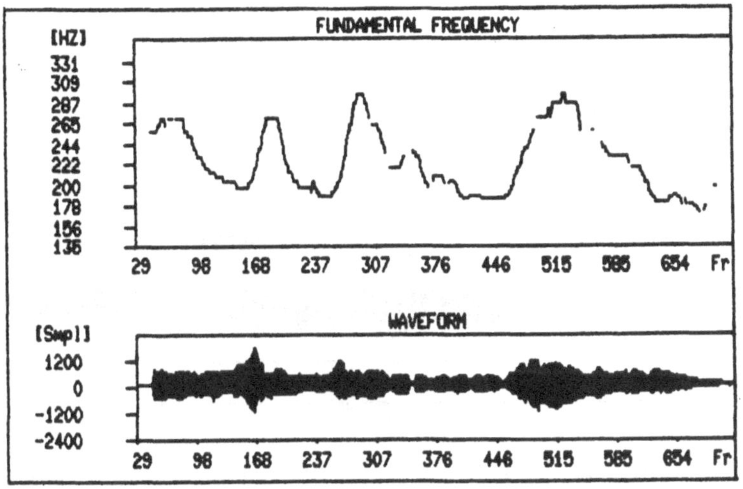

Abb. 6b: **Fo-Kurven des Materials NAALEN - A. Aussagesatz (Sprecherin BW), Satz (23b): „Viele junge Máler in Náalen leben in hellen Wóhnungen in Hohenláhningen.**

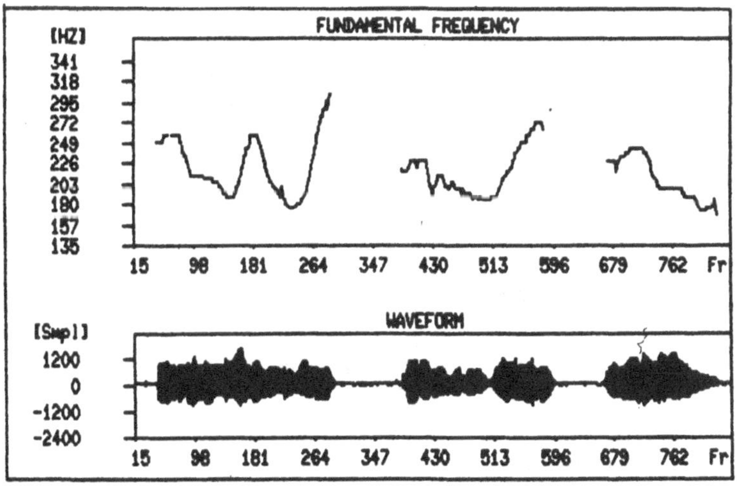

Abb. 6c: **Fo-Kurven des Materials NAALEN - A. Aussagesatz (Sprecherin BW), Satz (23c): Viele junge Máler in Náalen leben in hellen Wóhnungen in Hohenláhningen.“**

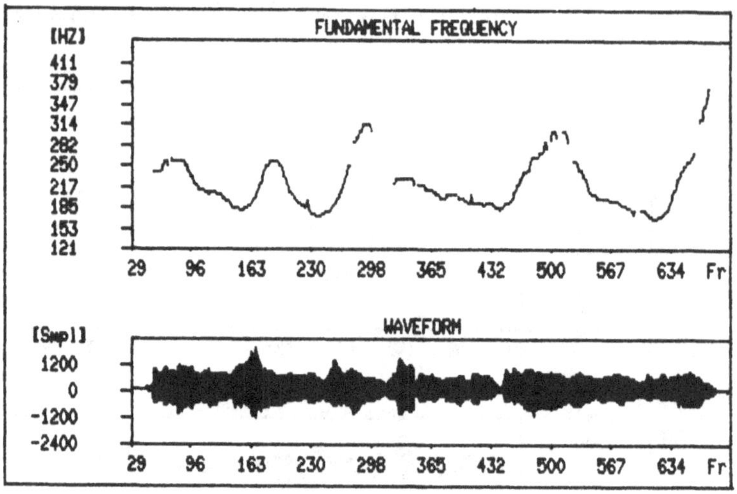

Abb. 7b: **Fo-Kurven des Materials NAALEN - A. Fragesatz (Sprecherin BW), Satz (23b): „Viele junge Máler in Náalen leben in hellen Wóhnungen in Hohenláhningen?“**

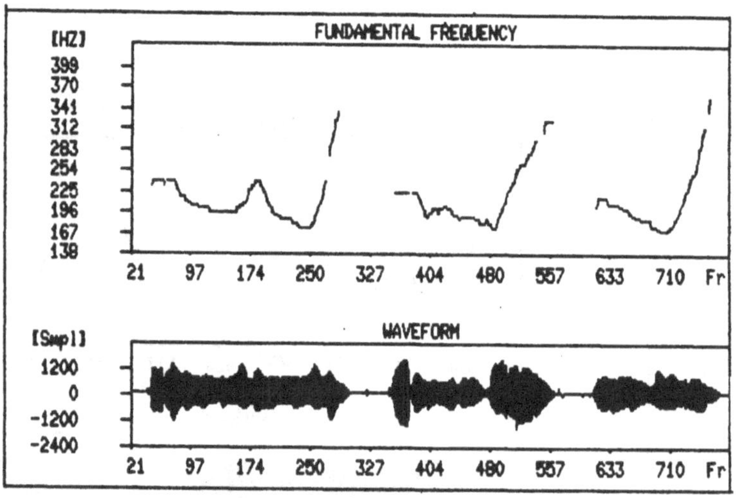

Abb. 7c: **Fo-Kurven des Materials NAALEN - A. Fragesatz (Sprecherin BW), Satz (23c): „Viele junge Máler in Náalen leben in hellen Wóhnungen in Hohenláhningen?“**

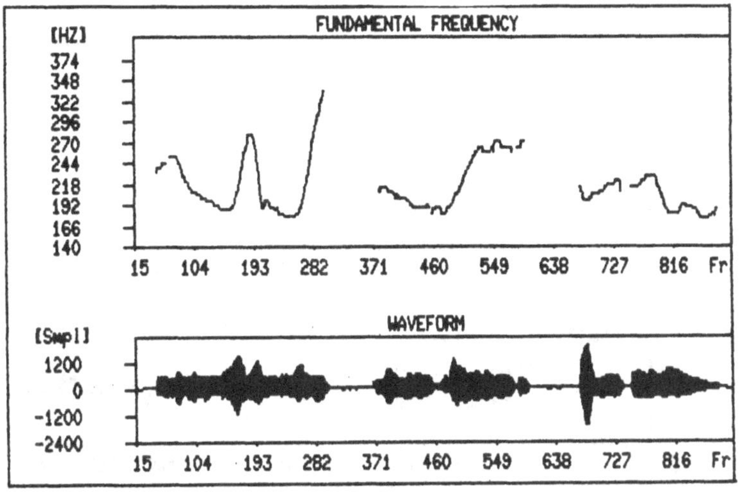

Abb. 8a: Fo-Kurven des Materials NAALEN - B. Aussagesatz (Sprecherin BW) Satz (24): „Viele junge Máler in Náalen, die in hellen Wóhnungen leben, fahren nach Hohenláhningen."

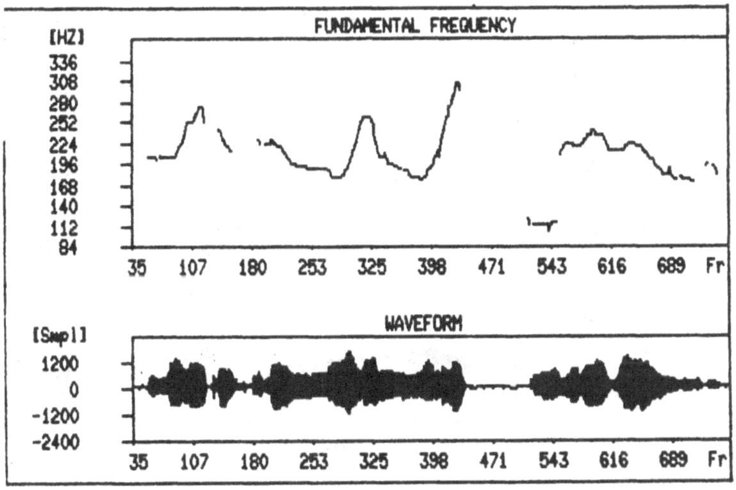

Abb. 8b: Fo-Kurven des Materials NAALEN - B. Aussagesatz (Sprecherin BW) Satz (25): „Die Lóni kennt viele junge Máler in Náalen, die in hellen Wóhnungen leben."

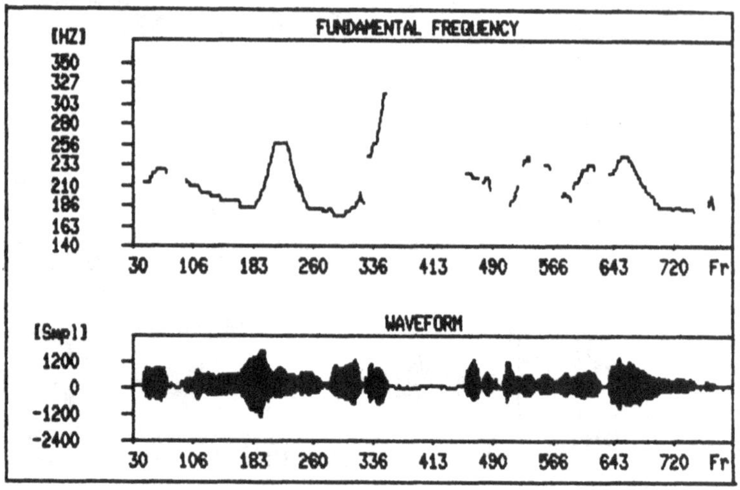

Abb. 8c: **Fo-Kurven des Materials NAALEN - B. Aussagesatz (Sprecherin BW) Satz (26): „Wenn es die jungen Máler mal wágen, werden alle in hellen Wóhnungen leben."**

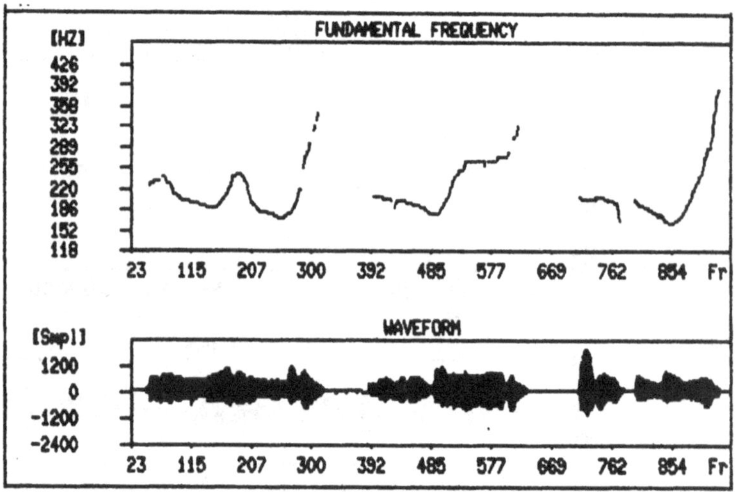

Abb. 9a: **Fo-Kurven des Materials NAALEN - B. Fragesatz (Sprecherin BW) Satz (24): „Viele junge Máler in Náalen, die in hellen Wóhnungen leben, fahren nach Hohenláhningen?"**

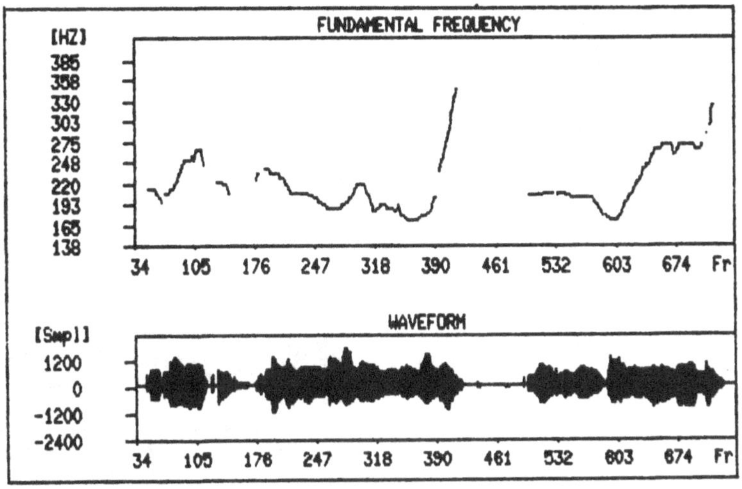

Abb. 9b: Fo-Kurven des Materials NAALEN - B. Fragesatz (Sprecherin BW) Satz (25): „Die Lóni kennt viele junge Máler in Náalen, die in hellen Wóhnungen leben?"

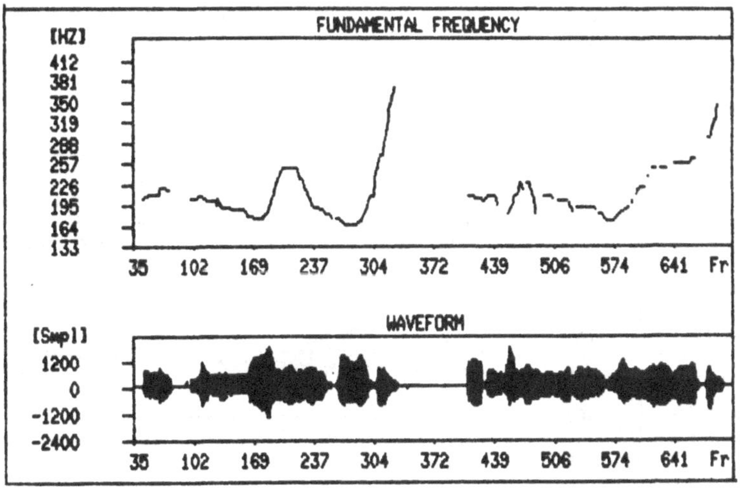

Abb. 9c: Fo-Kurven des Materials NAALEN - B. Fragesatz (Sprecherin BW) Satz (26): „Wenn es die jungen Máler mal wágen, werden alle in hellen Wóhnungen leben?"

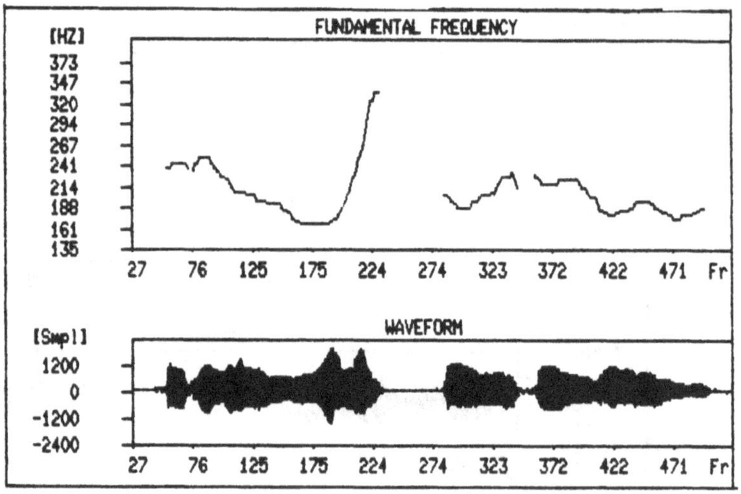

Abb. 10a: Fo-Kurven des Materials NAALEN - C. Aussagesatz (Sprecherin BW) Satz (28): „Viele junge Máler fahren nach Hohenláhningen."

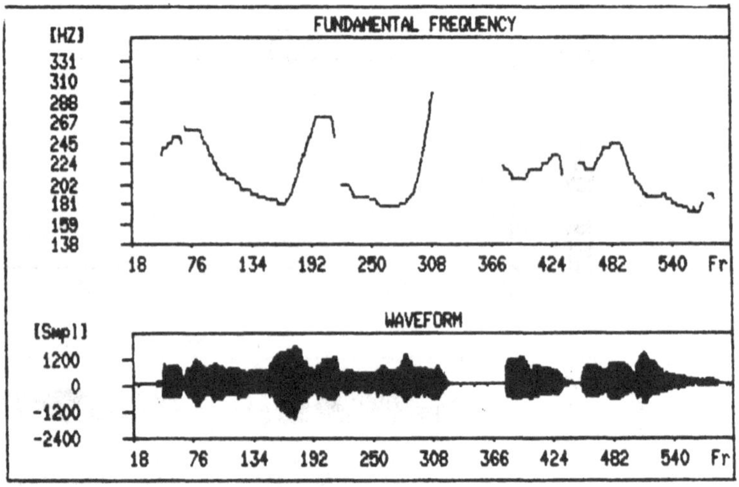

Abb. 10b: Fo-Kurven des Materials NAALEN - C. Aussagesatz (Sprecherin BW) Satz (29): „Viele junge Máler in Náalen fahren nach Hohenláhningen."

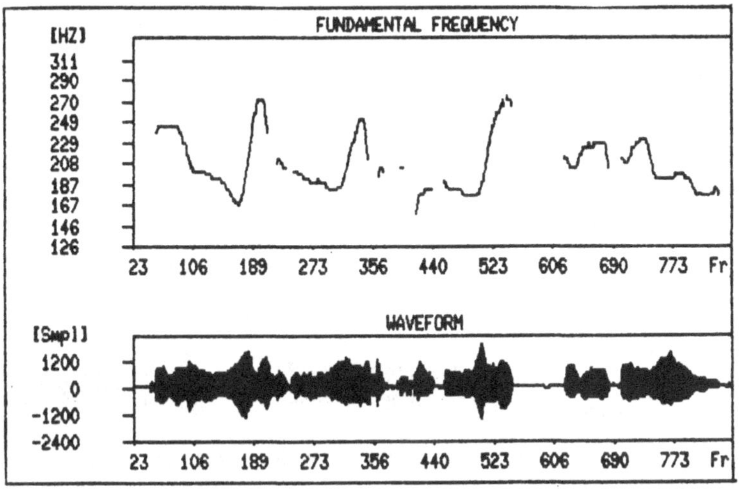

Abb. 10c: **Fo-Kurven des Materials NAALEN - C. Aussagesatz (Sprecherin BW) Satz (30): „Viele junge Máler und dumme Máhner aus dem alten Náalen fahren nach Hohenláhningen."**

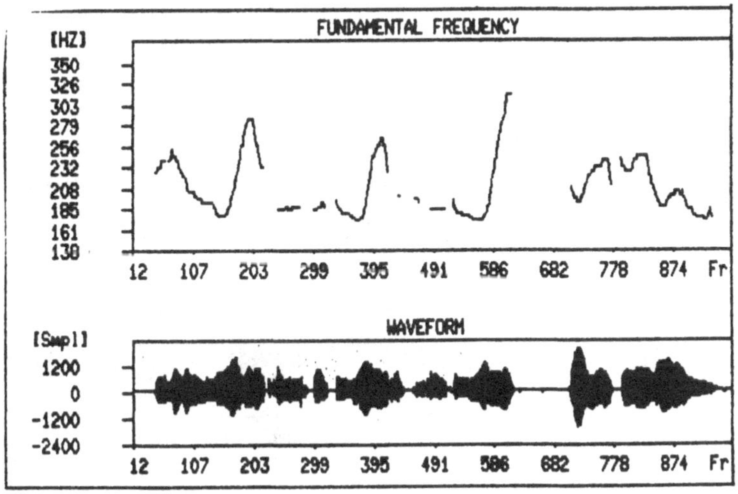

Abb. 10d: **Fo-Kurven des Materials NAALEN - C. Aussagesatz (Sprecherin BW) Satz (31): „Viele junge Máler mit einem großen Námen aus dem alten Náalen fahren nach Hohenláhningen."**

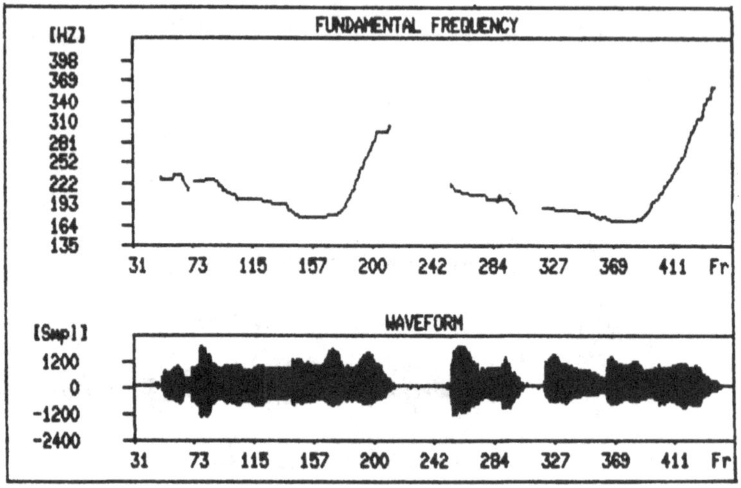

Abb. 11a: Fo-Kurven des Materials NAALEN - C. Fragesatz (Sprecherin BW) Satz (28): „Viele junge Máler fahren nach Hohenláhningen?"

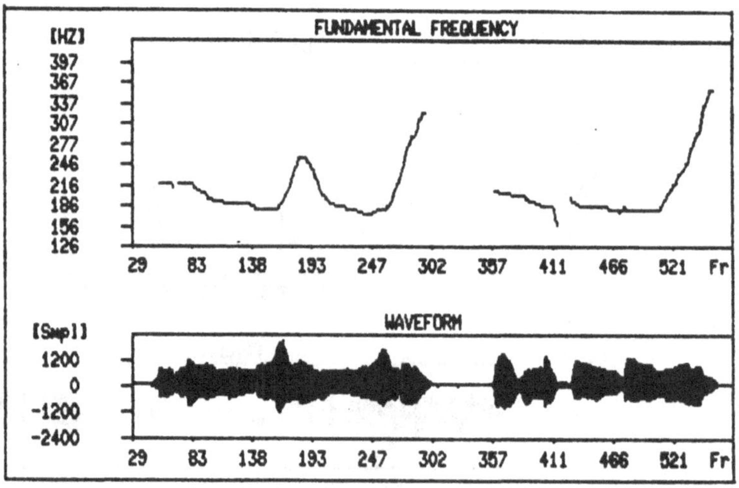

Abb. 11b: Fo-Kurven des Materials NAALEN - C. Fragesatz (Sprecherin BW) Satz (29): „Viele junge Máler in Náalen fahren nach Hohenláhningen?"

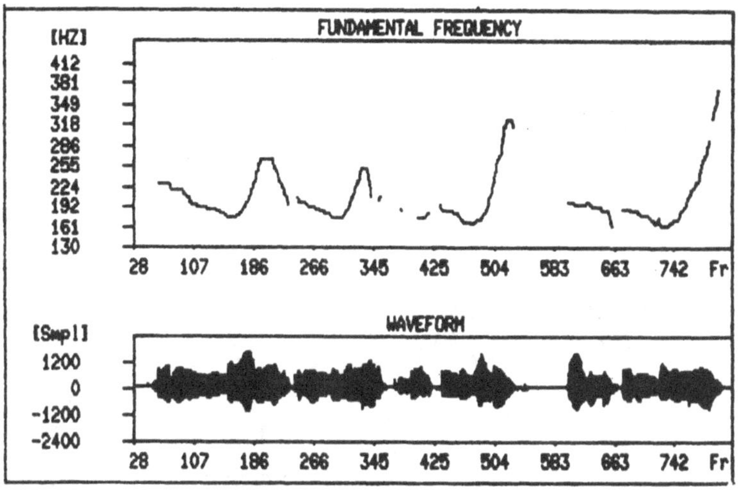

Abb. 11c: Fo-Kurven des Materials NAALEN - C. Fragesatz (Sprecherin BW) Satz (30): „Viele junge Máler und dumme Máhner aus dem alten Náalen fahren nach Hohenláhningen?"

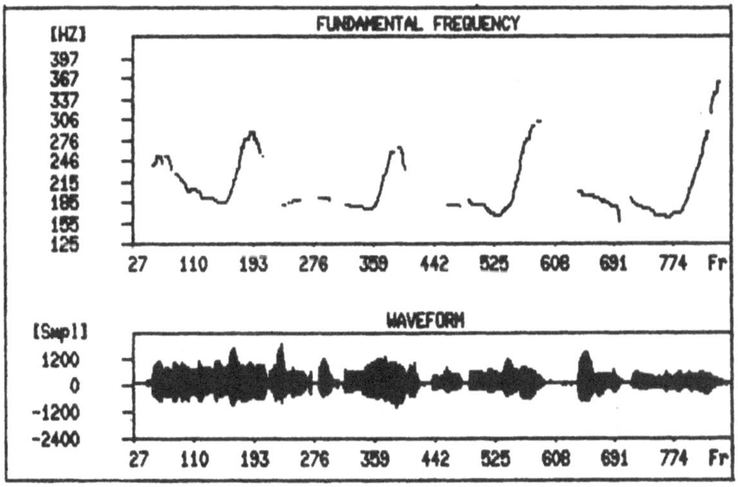

Abb. 11d: Fo-Kurven des Materials NAALEN - C. Fragesatz (Sprecherin BW) Satz (31): „Viele junge Máler mit einem großen Námen aus dem alten Náalen fahren nach Hohenláhningen?"

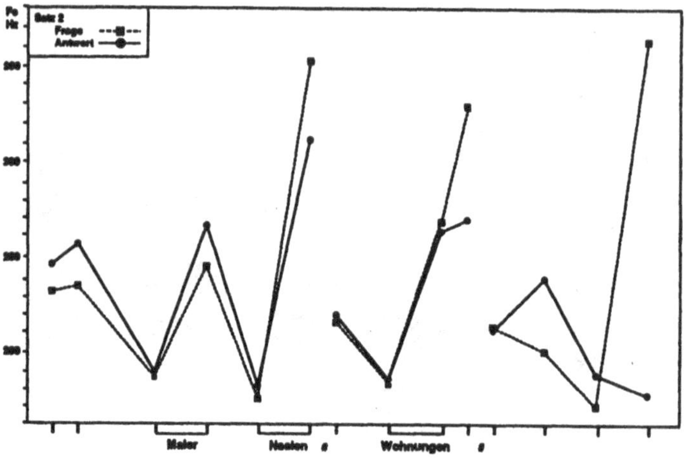

Abb. 13a: **Überlagerte, schematisierte Fo-Kurven des Materials NAALEN - B. Antwort- und Fragesatz (Sprecherin BW),.Satz (24): „Viele junge Máler in Náalen, die in hellen Wóhnungen leben, fahren nach Hohenláhningen./?“**

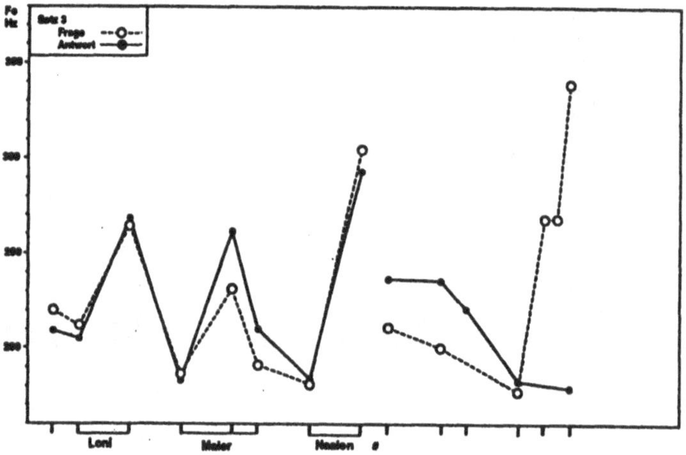

Abb. 13b: **Überlagerte, schematisierte Fo-Kurven des Materials NAALEN - B. Antwort- und Fragesatz (Sprecherin BW),.Satz (25): „Die Lóni kennt viele junge Máler in Náalen, die in hellen Wóhnungen leben./?“**

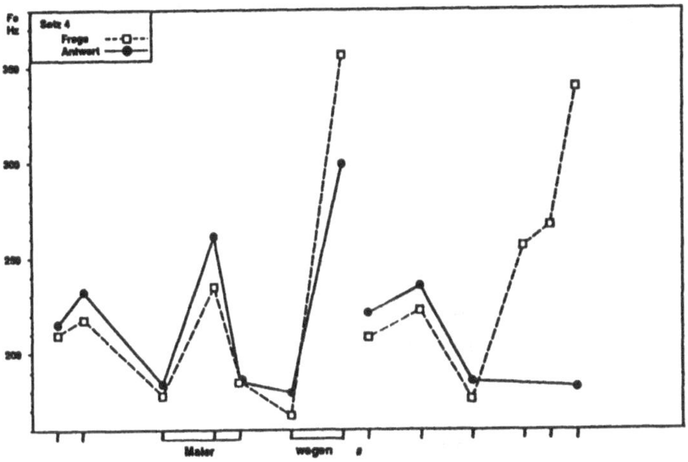

Abb. 13c: **Überlagerte, schematisierte Fo-Kurven des Materials NAALEN - B. Antwort- und Fragesatz (Sprecherin BW),.Satz (26): „Wenn es die jungen Máler mal wágen, werden alle in hellen Wóhnungen leben./?“**

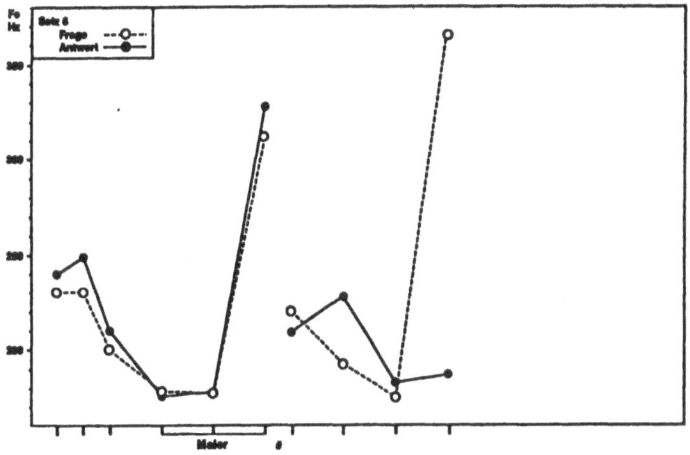

Abb. 14a: **Überlagerte, schematisierte Fo-Kurven des Materials NAALEN - C. Antwort- und Fragesatz (Sprecherin BW), Satz (28): „Viele junge Máler fahren nach Hohenláhningen./?“**

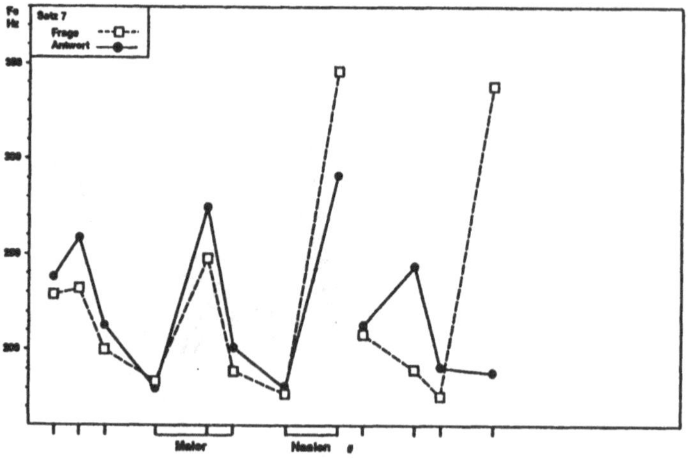

Abb. 14b: Überlagerte, schematisierte Fo-Kurven des Materials NAALEN - C. Antwort- und Fragesatz (Sprecherin BW), Satz (29): „Viele junge Máler in Náalen fahren nach Hohenláhningen./?“

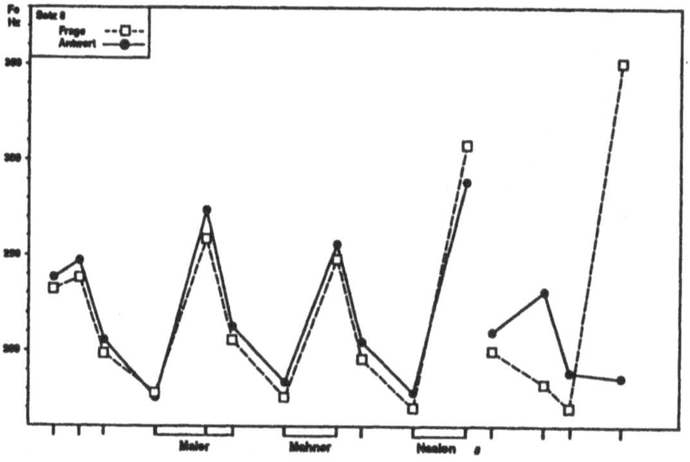

Abb. 14c: Überlagerte, schematisierte Fo-Kurven des Materials NAALEN - C. Antwort- und Fragesatz (Sprecherin BW), Satz (30): „Viele junge Máler und dumme Máhner aus dem alten Náalen fahren nach Hohenláhningen./?“

Anhang C: Ergänzende Kurven des Korpus LANG

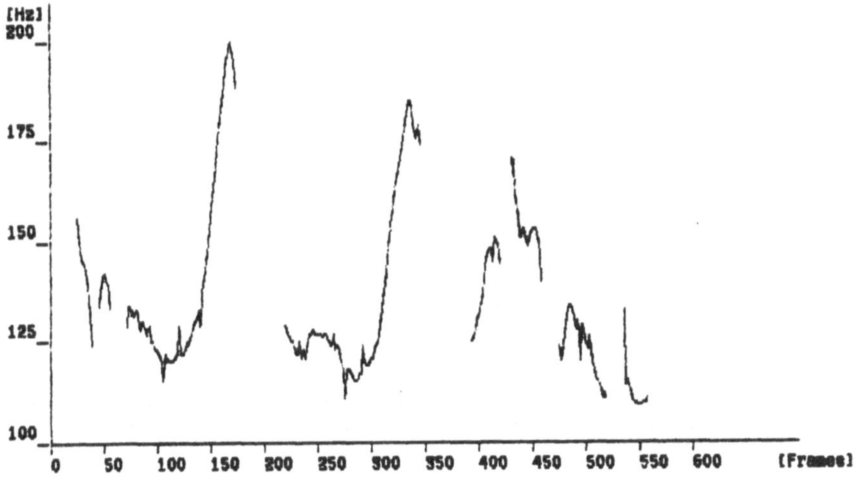

Abb. 15c: Prosodisch komplexe Äußerung des Materials LANG mit Sonoranten (Sprecher RB), Satz (32c): „Unser dünner Mánn, der junge Láng, wohnte im Grünen Baum."

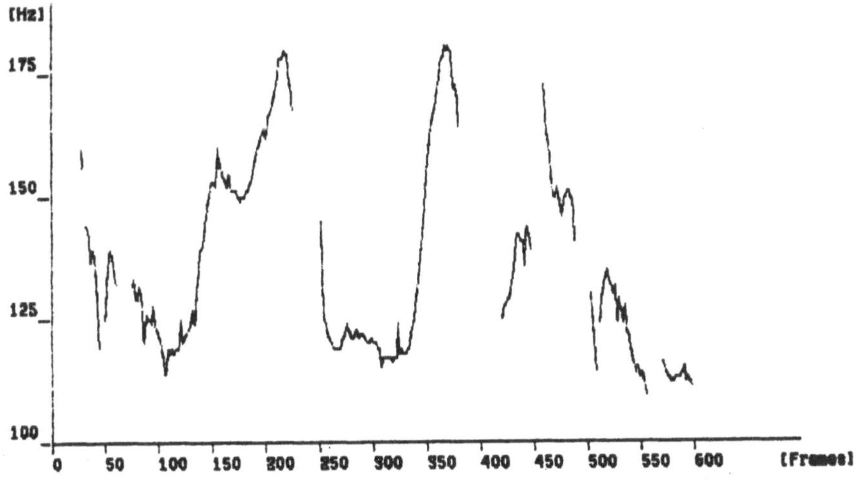

Abb. 15d: Prosodisch komplexe Äußerung des Materials LANG mit Sonoranten (Sprecher RB), Satz (34c): „Unser dünner Mánnilein, der junge Láng, wohnte im Grünen Baum."

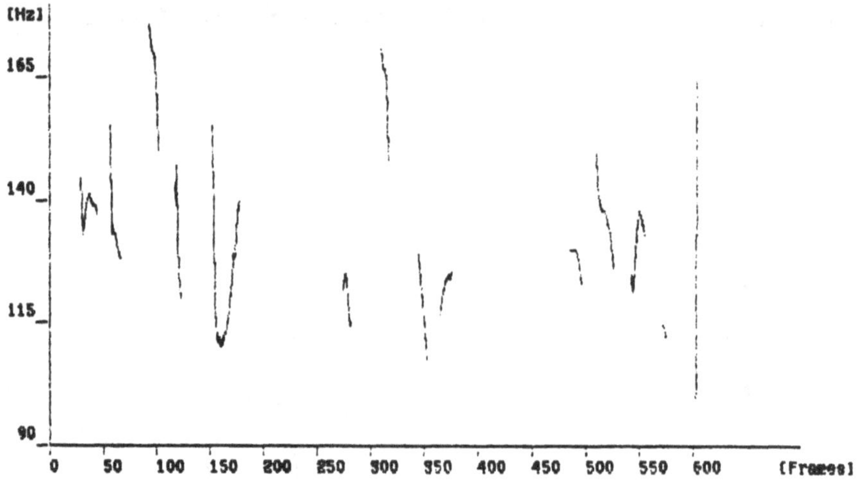

Abb. 15e: **Prosodisch komplexe Äußerung des Materials LANG mit Obstruenten (Sprecher RB), Satz (38a): „Unser késser Port, der spítze Wicht, steht im dritten Stock.“**

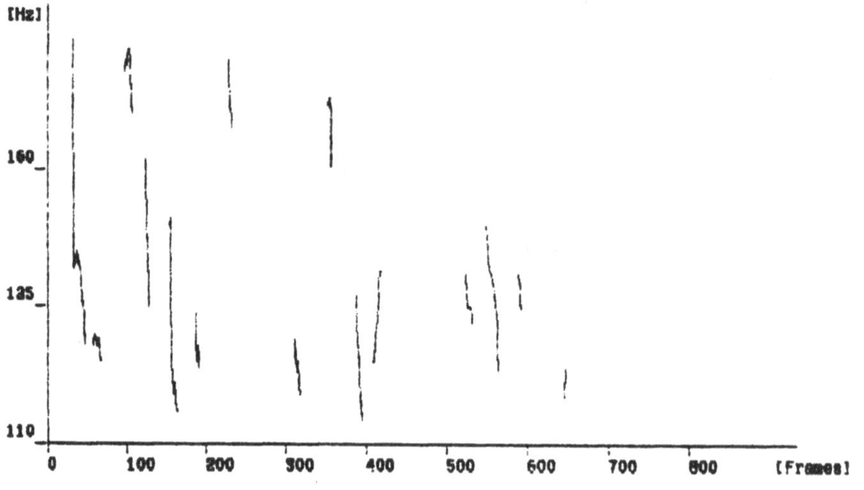

Abb. 15f: **Prosodisch komplexe Äußerung des Materials LANG mit Obstruenten (Sprecher RB), Satz (40a): „Unser késser Portixfit, der spítze Wicht, steht im dritten Stock.“**

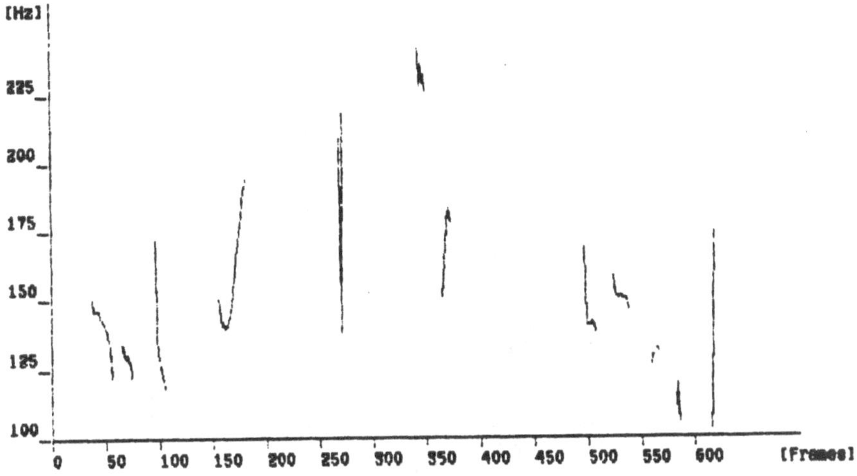

Abb. 15g: **Prosodisch komplexe Äußerung des Materials LANG mit Obstruenten (Sprecher RB), Satz (38b): „Unser kesser Pórt, der spitze Wícht, steht im dritten Stock."**

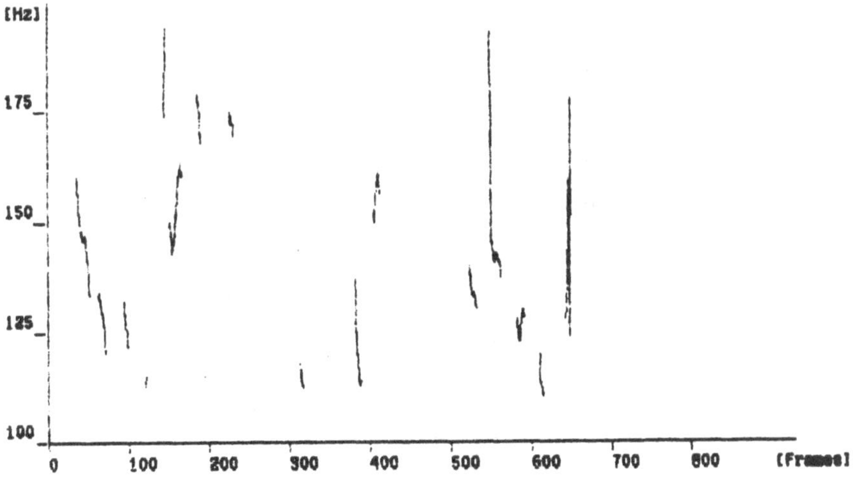

Abb. 15h: **Prosodisch komplexe Äußerung des Materials LANG mit Obstruenten (Sprecher RB), Satz (40b): „Unser kesser Pórtixfit, der spitze Wícht, steht im dritten Stock."**

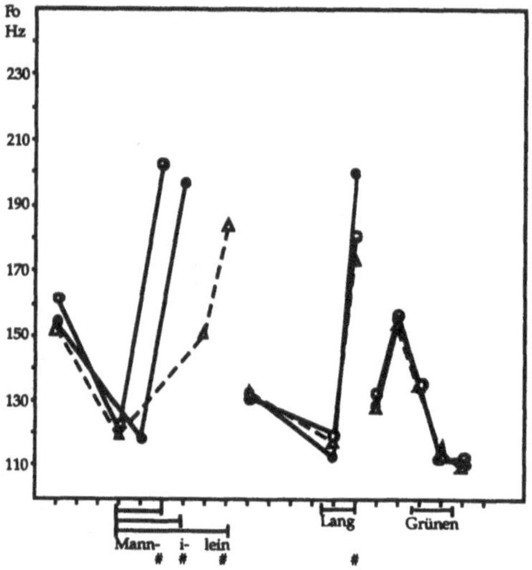

(32c) —O— Unser dünner Mánn, der junge Láng, wohnte im Grúnen Baum.
(33c) —●— Unser dünner Mánni, der junge Láng, wohnte im Grúnen Baum.
(34c) – △ – Unser dünner Mánnilein, der junge Láng, wohnte im Grúnen Baum.

Abb. 16c: **Überlagerte, schematisierte Fo-Kurven des Materials LANG (Sprecher RB).**

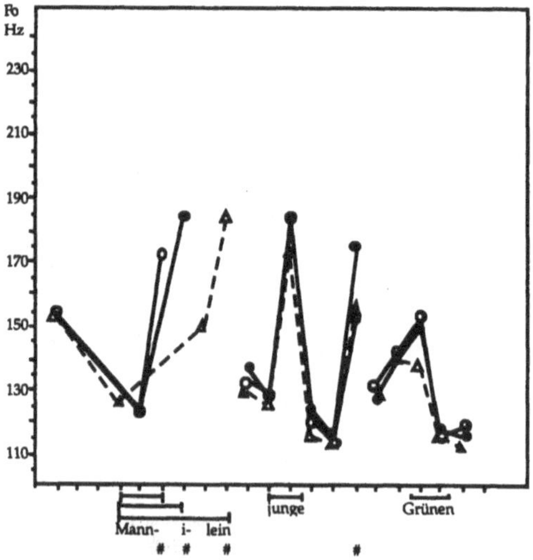

(32d) —O— Unser dünner Mánn, der júnge Lang, wohnte im Grúnen Baum.
(33d) —●— Unser dünner Mánni, der júnge Lang, wohnte im Grúnen Baum.
(34d) – △ – Unser dünner Mánnilein, der júnge Lang, wohnte im Grúnen Baum.

Abb. 16d: **Überlagerte, schematisierte Fo-Kurven des Materials LANG (Sprecher RB).**

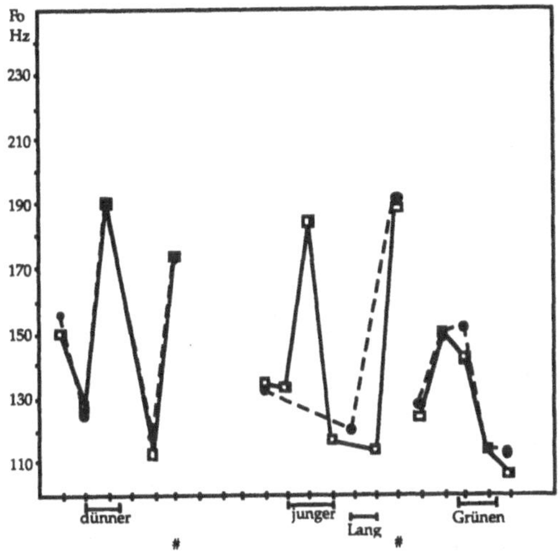

(36a) —□— Unser dúnner Manni, der ein júnger Lang war, wohnte im Grúnen Baum.
(36b) —●— Unser dúnner Manni, der ein junger Láng war, wohnte im Grünen Baum.

Abb. 16e: **Überlagerte, schematisierte Fo-Kurven des Materials LANG (Sprecher RB).**

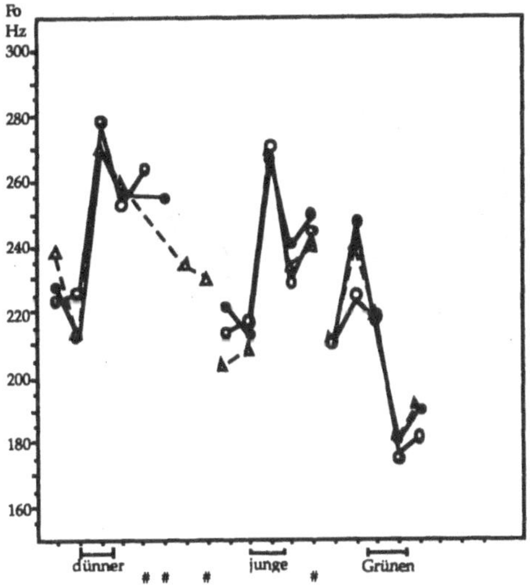

(32a) —○— Unser dúnner Mann, der júnge Lang, wohnte im Grúnen Baum.
(33a) —●— Unser dúnner Manni, der júnge Lang, wohnte im Grúnen Baum.
(34a) – △ - Unser dúnner Mannilein, der júnge Lang, wohnte im Grúnen Baum.

Abb. 17a: **Überlagerte, schematisierte Fo-Kurven des Materials LANG (Sprecherin PS).**

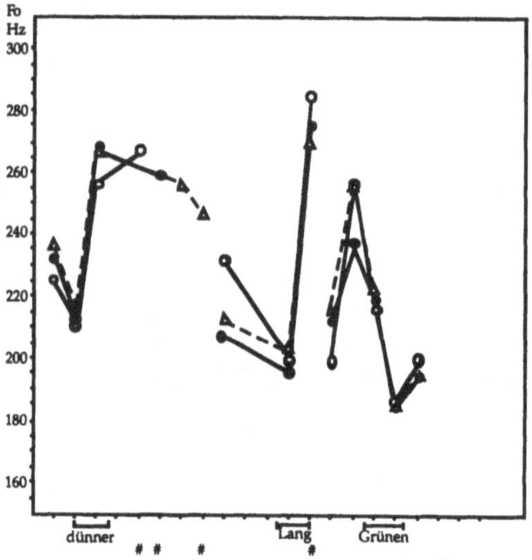

(32b) —○— Unser dǘnner Mann, der junge Láng, wohnte im Grǘnen Baum.
(33b) —●— Unser dǘnner Manni, der junge Láng, wohnte im Grǘnen Baum.
(34b) – △– Unser dǘnner Mannilein, der junge Láng, wohnte im Grǘnen Baum.

Abb. 17b: Überlagerte, schematisierte Fo-Kurven des Materials LANG (Sprecherin PS).

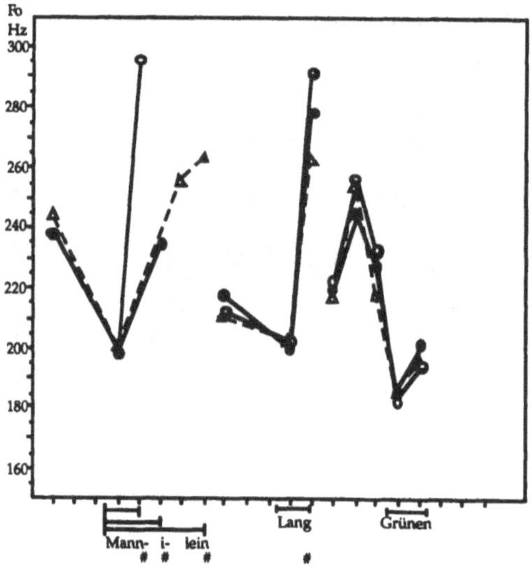

(32c) —○— Unser dünner Mánn, der junge Láng, wohnte im Grǘnen Baum.
(33c) —●— Unser dünner Mánni, der junge Láng, wohnte im Grǘnen Baum.
(34c) – △– Unser dünner Mánnilein, der junge Láng, wohnte im Grǘnen Baum.

Abb. 17c: Überlagerte, schematisierte Fo-Kurven des Materials LANG (Sprecherin PS).

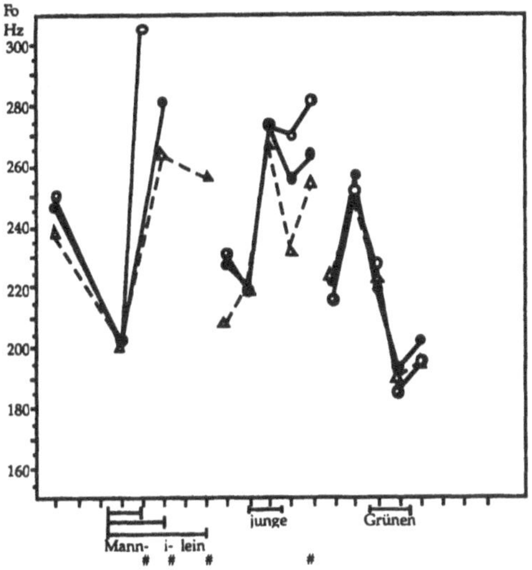

(32d) —○— Unser dünner Mánn, der júnge Lang, wohnte im Grǘnen Baum.
(33d) —●— Unser dünner Mánni, der júnge Lang, wohnte im Grǘnen Baum.
(34d) – △ – Unser dünner Mánnilein, der júnge Lang, wohnte im Grǘnen Baum.

Abb. 17d: **Überlagerte, schematisierte Fo-Kurven des Materials LANG (Sprecherin PS).**

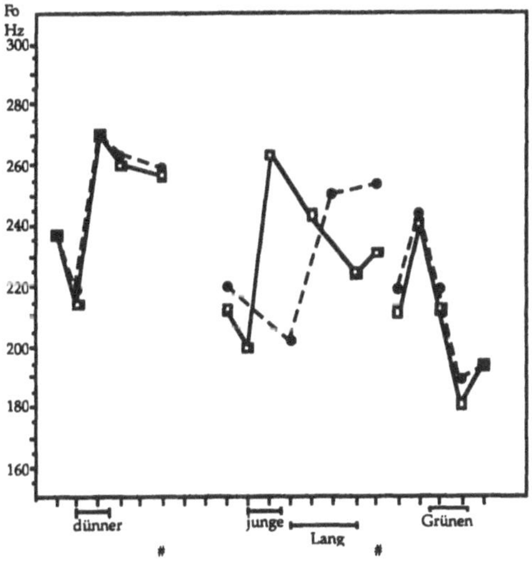

(36a) —□— Unser dǘnner Manni, der ein júnger Lang war, wohnte im Grǘnen Baum.
(36b) —●— Unser dǘnner Manni, der ein junger Láng war, wohnte im Grǘnen Baum.

Abb. 17e: **Überlagerte, schematisierte Fo-Kurven des Materials LANG (Sprecherin PS).**

Anhang D: Ergänzende Kurven zur Fokuserkennung

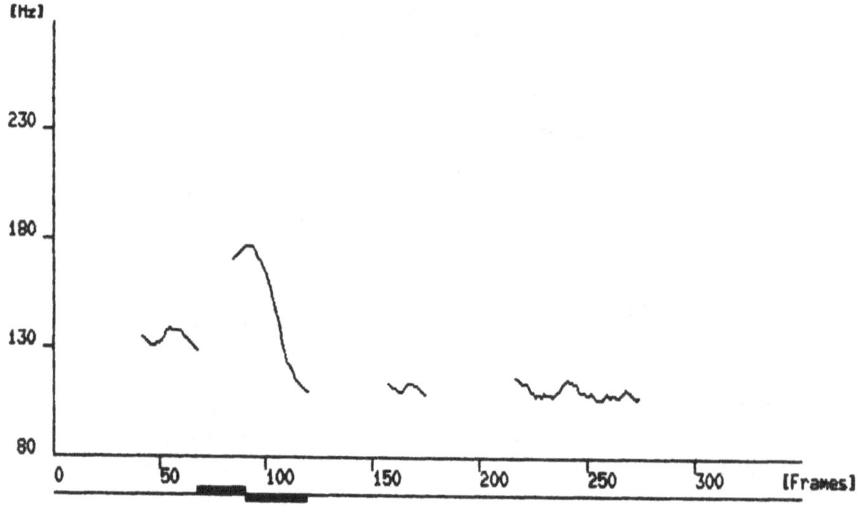

Abb. 18c: **Erkennung der Fokusakzente des Materials JOHANNES (Sprecher RB): „Johánnes liebt Susanne." (Hochakzent)**

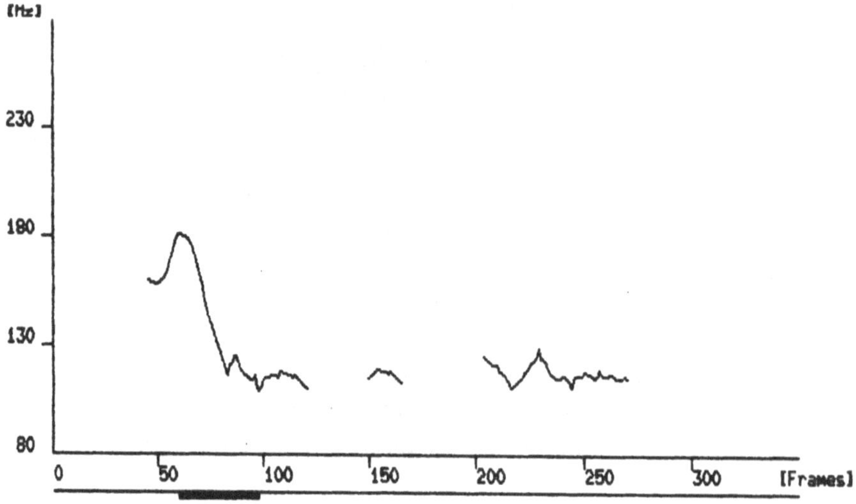

Abb. 18d: **Erkennung der Fokusakzente des Materials JOHANNES (Sprecher RB): „Johánnes liebt Susanne." (Tiefakzent)**

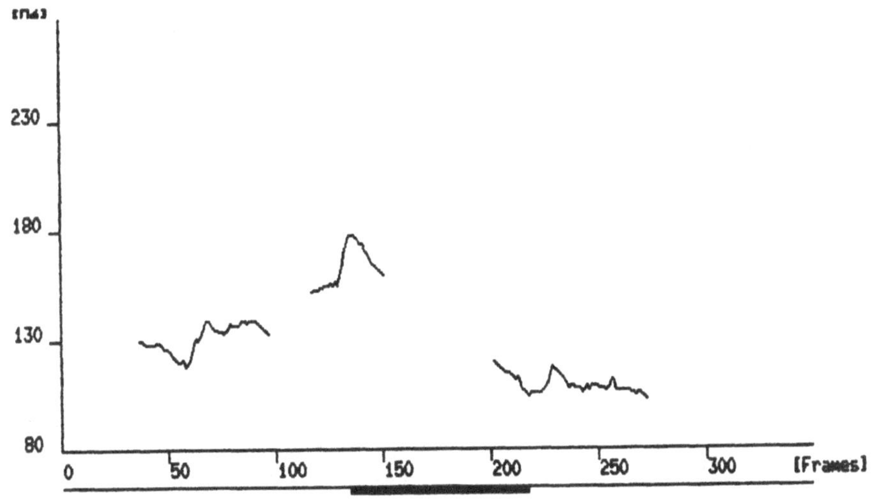

Abb. 18e: Erkennung der Fokusakzente des Materials JOHANNES (Sprecher RB): „Johannes liebt Susanne.“ (Hochakzent)

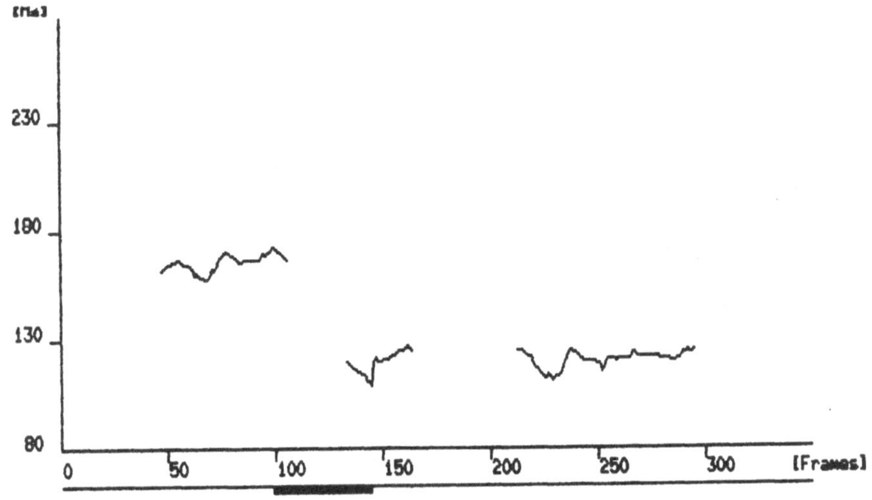

Abb. 18f: Erkennung der Fokusakzente des Materials JOHANNES (Sprecher RB): „Johannes liebt Susanne.“ (Tiefakzent)

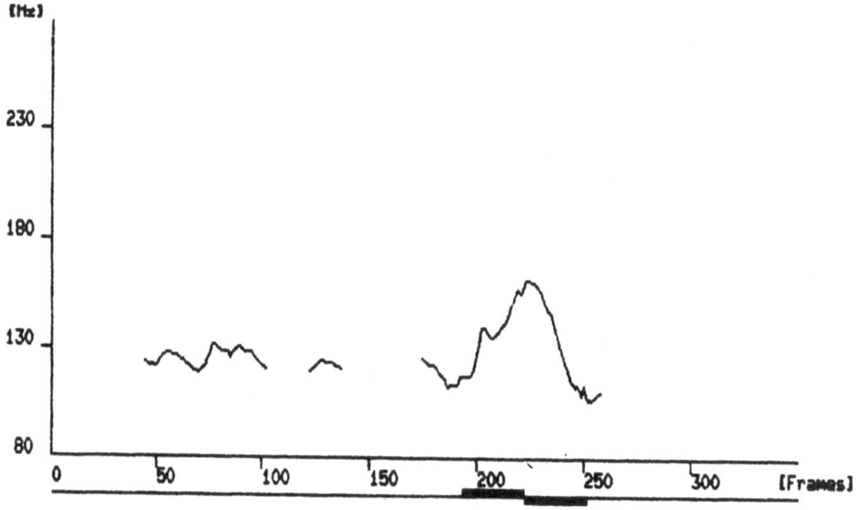

Abb. 18g: Erkennung der Fokusakzente des Materials JOHANNES (Sprecher RB): „Johannes liebt Susánne.“ (Hochakzent)

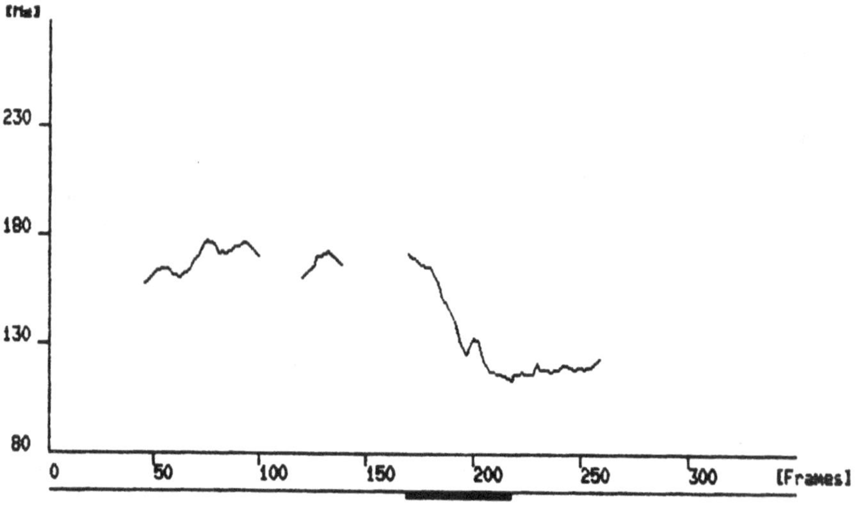

Abb. 18h: Erkennung der Fokusakzente des Materials JOHANNES (Sprecher RB): „Johannes liebt Susánne.“(Tiefakzent)

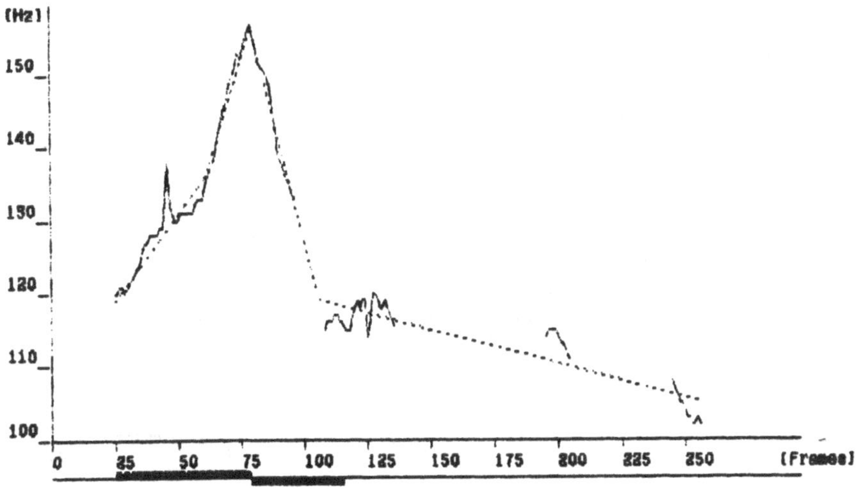

Abb. 19c: **Erkennung der Fokusakzente des Materials PORTIX (Sprecher RB): „Die Máler wohnen im Grünen Mann."**

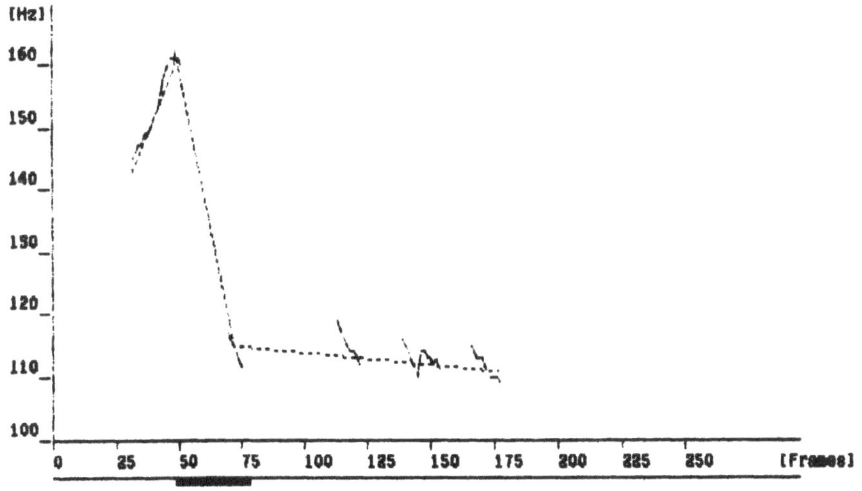

Abb. 19d: **Erkennung der Fokusakzente des Materials PORTIX (Sprecher RB): „Pórtix steht im ersten Stock."**

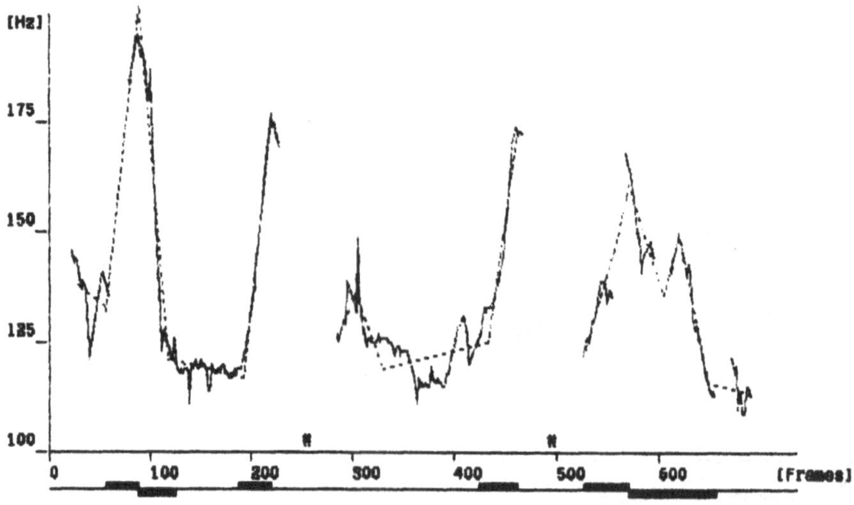

Abb. 20c: Erkennung der Fokusakzente des Materials LANG (Sprecher RB): „Unser dünner Mannilein, der junge Láng, wohnte im Grünen Baum."

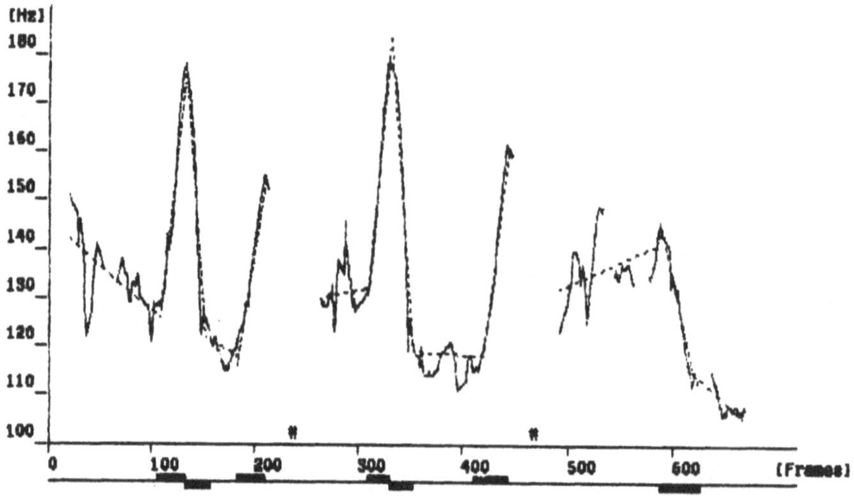

Abb. 20d: Erkennung der Fokusakzente des Materials LANG (Sprecher RB): „Unser dünner Mánnilein, der júnge Lang, wohnte im Grünen Baum."